U0069153

基督與生命訪談錄

人是被光照的微塵

信仰、生命與見證

余杰、阿信 著

目 錄 Contents

第 8 章　從醫治身體到拯救靈魂
——武漢下上堂教會黃磊牧師訪談

誰開了瞎子的眼睛？
誰扶起被壓下的人？

我很喜歡舊約《詩篇》中的一段經文：「我觀看你指頭所造的天，並你所陳設的月亮星宿，便說：人算甚麼，你竟顧念他！世人算甚麼，你竟眷顧他！你叫他比天使微小一點，並賜他榮耀尊貴為冠冕。」（詩八 3-5 節）人，多麼卑微，又多麼高貴！2003 年我受洗成為基督徒之後，每當外部的黑暗和內心的黑暗如青銅或黑鐵般來襲，這段經文總是能給我安慰、給我勇氣和智慧，讓我走出死蔭的幽谷，迎見燦爛的陽光。

從 2009 年開始，我與同伴致力於撰寫「基督與生命」訪談系列，希望以此呈現當代華人基督徒如同雲彩般的生命見證。《人是被光照的微塵》是這一系列中的第五卷，以來自中國、臺灣、香港和北美的八名有公共性的牧者、基督徒學者、基督徒社會活動家、基督徒文化藝術工作者為訪談對象，展示這群信仰者在不同空間、不同領域、面對不同挑戰時，如何在公共領域中靠主得勝、持守真理、榮神益人。這些美好的生命見證，可以激勵同時代的信仰者鍥而不捨地奔跑天路，更可為新世紀的漢語公共神學開啟某種新的可能性。

我們生活在「利維坦巨獸」肆虐的時代

聖經中說，基督徒是這個世上不配有的人，意謂基督徒的價值觀與世俗的價值觀格格不入。換言之，如果基督徒在生活

的每一個領域活出真理與自由，就必然與世界發生衝突，尤其是與「巨獸利維坦」針鋒相對（和合本聖經中曾將利維坦譯為鱷魚，《約伯記》四十一章 1 節中說：「你能用魚鉤釣上鱷魚嗎？能用繩子壓下牠的舌頭嗎？」此種翻譯並不準確。實際上，利維坦是一頭巨大的海獸。牠口中噴著火燄，鼻子冒出煙霧，擁有銳利的牙齒，身體好像包裹著鎧甲般堅固。牠在海洋之中尋找獵物，令四周生物聞之色變。英國政治哲學家霍布斯在《利維坦》一書中，用「利維坦」比喻強勢的國家權力）。

在中國，「利維坦巨獸」就是獨裁的中共政權。習近平上位之後，宗教迫害變本加厲。2015 年 5 月，浙江發佈文件〈浙江省宗教建築規範（試行）〉，為拆毀教堂和十字架賦予合法性；11 月 3 日，中共浙江省委書記夏寶龍赴「三改一拆」、「五水共治」辦公室調研講話，強調「狠下一條心，再幹五年」。浙江地方當局破壞了超過一千五百座教堂或十字架，數以千計保護教堂及十字架的基督徒受到人身傷害，地方公安羈押了二十多位牧師、基督徒及律師。

這一運動席捲了長期苟安的「三自」系統（即所謂的官方教會、愛國教會）。號稱中國最大教會的杭州市崇一堂在網站上直斥「法規褻瀆了基督教的基本信仰，也踐踏了國家法律尊重信仰自由的立法要求和立法精神」，主任牧師顧約瑟指出：「一年多來，我們與弟兄姊妹共同承受浙江教會經歷的試煉。」隨即，顧約瑟被杭州「三自」兩會發文免職，如此粗暴的行徑讓官方控制的金陵神學院的院長陳逸魯也忍不住評論說：「一個省的基督教協會會長，可以如此簡單地被強行撤除主任牧師職務，我們中國教會是什麼樣的教會體制呢？中國教會到底有沒有『自我』，基督教兩會將來的命運會如何？」然後，顧約

瑟被捕且被革除牧師之聖職，成為文革以來官方教會中受到嚴厲迫害的、職務最高的人士。很多不同背景的牧者和基督徒聯名發表公開信抗議。當局的全面逼迫，讓「三自」系統中良知尚存的牧師和信徒也向中共暴政說「不」了。

中國的宗教迫害並不侷限於浙江一省。2016 年 1 月 22 日，貴州省貴陽市活石家庭教會的仰華牧師被當局以「涉嫌故意洩露國家祕密罪」批捕。一個普通牧師，怎麼會知道國家祕密呢？這是欲加之罪，何患無辭。我在離開中國前夕，曾專程前去探訪活石教會，得到蘇天富牧師和仰華牧師的熱情接待。我與這兩位比我年輕好幾歲的、堅韌而熱忱的牧者朝夕相處了好幾天，認定中國教會未來的希望就在這群如春雨般「隨風潛入夜，潤物細無聲」的基層牧者身上。稍後我完成了對蘇天富牧師的訪問，並收入第四卷訪談《大地上的麥子》之中。而本卷訪談的訪談對象之一、基督徒學者張坦，也是活石教會的會友。曾擔任掌管貴州一省宗教事務官員的張坦，在六四之後脫離體制，尋覓信仰多年，終於被上帝揀選成為基督徒。如今挺身而出，公開抗議中共新一輪的宗教迫害。

在香港，「利維坦巨獸」是將魔爪伸向香港的北京當局，以及中共在香港社會各界包括在基督教界安插的「地下黨」。香港的自由和法治傳統走向崩壞，許多教會向強權卑躬屈膝。在小圈子選舉特首的鬧劇中，有未經過民主選舉產生的、代表基督教界的十個席位。香港基督教更新機構總幹事胡志偉牧師（我對胡牧師的訪談收入第三卷訪談《萬縷神恩眷此生》之中），一度希望透過積極參與來改良體制，最後發現是竹籃打水：「教內選委選舉，我曾有兩屆埋身參與及觀察，原以為搞好選舉可提升民主質素，最後發現操作機制本身甚為不公平，

教內無條件可以做好。現今我悔改，不再單純，寧願放棄十席，也好過做幫兇。」

香港社會的危機，同時也是香港教會的危機，置身事外，不能獨善其身。蔡少琪牧師在臉書上大聲疾呼：「香港教會若不敢對中國強暴拆毀十字架發聲，在香港各種不公和極困擾的現象繼續沉默和缺席，我深深懼怕，香港教會的風骨和素質會走上中國五〇年代和德國悲慘時代『怕強權、沒脊骨、失民心、被離棄』的滑坡。香港教會正面臨自 1949 年中國解放以來最大的風骨危機和信心危機。」也就是說，香港教會不僅應當對本地政治事務發聲，也要關心中國的宗教自由議題，與中國受壓迫的弟兄姊妹一同受苦。

相較於中國和香港，臺灣的政治民主化初步實現，教會和基督徒一般不會受到「利維坦巨獸」的逼迫，但另外的試煉或誘惑隨即產生。2016 年，民進黨在大選中大獲全勝，長老教會總會給全體教會發出一封名為「對 2016 年總統與立法委員選舉的信息」的信件，引發教會內外的置疑。身為長老教會牧師的盧俊義在《蘋果日報》發表題為「長老教會不能變成民進黨次團體」的文章，文章指出：「長老教會在這一百五十年來的宣教工作上，一直努力要與被壓迫者站在一起，並不是站在權勢者一邊，否則就談不上伸張正義。如今民進黨是國會強勢者，若是臺灣基督長老教會與民進黨站在一起，那是違背《聖經》的教導，根本就不是基督教信仰應該有的態度。」教會若淪為與之政治立場相似或相近的政黨或政權的附庸，就喪失了先知的寶貴職分。

在北美和歐洲，華人基督徒和教會面對的「利維坦巨獸」，是世俗化的潮流和強勢的福利國家對個人自由的干涉。

歐洲進入蔑視基督教價值觀的「後基督時代」，美國由清教徒創立的建國根基也遭到歐巴馬總統的嚴重破壞，基督信仰從「理所當然」變得「在眾人看為愚拙」，絕對的相對主義讓人們喪失了是非善惡的基本判斷。而生活在西方社會的華人基督徒，在經濟層面進入中產階級，很多華人教會於是變成了「中產階級俱樂部」，牧者思考的重心不是傳講真理，而是如何讓會友感覺更加舒適（更華美的教堂、更高級的音響影像、更可口的飯菜、更優質的兒童和青少年事工等等）。而作為少數族群，由於文化、語言和生活習慣的差異，華人基督徒很難融入西方主流社會，華人傳統文化中的劣質成分，如儒家的威權體制、狹隘的民族主義意識形態等，也悄然腐蝕乃至遮蔽聖經真理。

基督徒如何活出對抗「利維坦巨獸」的見證？

生活在同一時代、不同空間和環境中的華人基督徒，如何活出如神學家米高・奇雲（Michael Kirwan）所說的「對抗利維坦巨獸的見證」？

歐洲政治神學的代表人物之一默茨（Johann Baptist Metz），一直反對歐洲基督教「私人化」或「中產化」。他認為，當代基督教存在著三重障礙：第一，它被啟蒙運動所馴化；第二，神學無法適切地回應二戰大屠殺所引發的問題；第三，漠視第三世界的苦難遭遇。對於華人基督徒而言，更切實的議題是：如何回應仍然在進行中的共產黨在中國的極權統治和即將成為歷史的國民黨在臺灣的威權統治？近代以來的專制主義，包括國共兩黨效仿的蘇俄的列寧式政黨模式，以及東方文化中「兩千年皆秦制」式的皇權專制主義，都需要用作為世

界觀和文明論的基督信仰去洗滌和更新。當然，也需要有先知式的基督徒，「明知山有虎，偏向虎山行」，雞蛋碰高牆並最終將高牆撞出裂縫。比如，在上一卷訪談《大地上的麥子》中，北京家庭教會長老、人權活動家胡石根就是一位幾乎將牢底坐穿的基督徒，此前他因參與八九民主運動被關押十八年之久，而在完成那篇訪談兩年之後，他又在一場全國性的大搜捕中失去自由。

美國神學家霍倫巴赫指出：「當基督宗教信仰成為公共，它就應當有助於促進社會正義，並為建設公共善（公共財）作出貢獻。妨礙社會正義的信仰形式，無論是從神學還是從政治的立場上看，都是假的信仰。參與建設一個更正義的社會，才能給信徒一個更為真實的信仰。」華人教會和基督徒需要一次重大突破或飛躍，即信仰的公共化。這些在各個領域作出美好見證、對抗敵基督的「利維坦巨獸」的基督徒，正是信仰公共化的先行者。無論是處於爭取宗教信仰自由和各項基本人權的中國，還是在市場化和多元化的宗教競爭中的臺灣，以及世俗主義和享樂主義日漸侵蝕清教徒傳統的歐美，政治神學及其實踐，都必需解決如何建構「公義社會」的議題。

在本卷訪談中，我們看到一群基督徒用生命實踐「信仰何以公共」：布農族出身且身體殘障的白光勝牧師，克服原住民和殘障人士的雙重劣勢，唸完神學之後，回到臺東老家，創建布農文教基金會，帶領數百名部落同胞開墾荒地，營建生態農莊，保存民族文化，實現永續發展，真的是如主禱文所說「讓主的旨意行在地上如同行在天上」；橄欖出版的金玉梅總編輯，既是樹林國語禮拜堂一位充滿愛心的師母，又以文化出版為傳福音的管道，在出版業市場日益萎縮的不利的外部環境

中，為著趙天恩牧師所倡導的「文化基督化」的願景而不懈努力，她也堅信，愛讀書愛思考的基督徒，讀書思考風氣濃鬱的教會，必然能夠影響社會的走向；武漢家庭教會的黃磊牧師，放棄受人尊敬、收入豐厚的外科醫生的職業，也放棄移民澳洲的計劃，從醫治人的身體轉而拯救人的靈魂，不僅牧養教會，而且組織「中國基督徒愛心行動」，積極參與四川地震救災工作，統籌安排數百家中國家庭教會，並建立中國首家「愛心食物銀行」；美國普度大學社會學系終身教授楊鳳崗，將信仰融會貫通於學術研究之中，創建「中國宗教與社會研究中心」，成為美國公立大學中唯一一個專門研究中國教會的學術機構，他的學術成果倍受美國學界矚目，而且突破所謂「學術中立」的限制，為遭受中國政府迫害的教會和基督徒發聲⋯⋯他們的工作場域各不相同，面臨的挑戰和壓力也各不相同，但他們謙卑地從上帝那裡領受獨特的異象與使命，他們的信仰、工作與生活正如聖經所說，「在各樣的事上，表明自己是神的用人」。上帝確實讓我們「在各樣的事上」而不是「在一樣的事上」彰顯我們是基督的門徒。我們不能只在教會中才是基督徒、只在禮拜天才是基督徒，我們必須在每一天的工作和生活中、在職場和家庭中，彰顯「因真理得自由」的生命。

我們每個人，都是被光照的微塵

今天的華人教會，需要忠心的牧者，也需要具有堅定信仰和敬虔生活的基督徒藝術家、作家、詩人以及在各個領域貢獻出卓越作品的創作者。換言之，基督徒作家，水準豈能低於非基督徒作家呢？基督徒畫家，水準豈能低於非基督徒畫家呢？基督徒音樂家，水準豈能低於非基督徒音樂家呢？

本卷訪談的對象之一，是兼有藝術家身分的馮君藍牧師。馮君藍既是一位父親或大哥式的、溫柔謙和的牧師（他不是不苟言笑、讓人退避三舍的「傳統牧師」，教會的弟兄姊妹都親切地叫他「阿藍哥」），他也是一位基於信仰而創作的世界級攝影師。他的數個系列的攝影作品「微塵聖像」、「自然園丁」、「肢體」、「靜物」與「草介」等，或者借助聖經中的故事人物，以辯證擺盪在神魔之間的人性；或者在於申論人作為自然照護者的天命；或者申論人在社會中作為一個整全身體上的不同肢體，各司其職彼此成全的和諧狀態。臺灣前輩攝影師阮義忠如此評價馮君藍的作品：「這是近年來我在華人攝影圈所見過最好的肖像攝影，只有最無雜念的心思，且攝影者與被攝者彼此極為信任，才能有這樣純潔自在的作品，每個人本具的靈性突破了現實的藩籬，浮現在容顏上。」

　　馮君藍牧師在一次創作談中說，他在創作時有一個很深的感觸，「人是被光照的微塵」，人卑微如塵土，卻被上帝光照，因具備上帝之形象與氣息，而無比尊貴。這是馮君藍所有作品的主題，也是本卷訪談錄中每一個受訪者的主題，更是整部聖經的主題。比如，媒體人和人權活動家楊憲宏，不僅為臺灣的民主、新聞自由、環保、公共衛生等議題作出重大貢獻，還創辦民間組織「臺灣關懷中國人權聯盟」，竭盡所能地幫助中國的民主人權人士，他固然是獨派，卻不像某些狹隘的獨派那樣對中國的一切漠不關心，而是如聖經教導的那樣以「愛人如己」之心對待外邦的中國人；比如，張坦原本可以憑藉個人的才華，在官場和商場青雲直上、呼風喚雨，卻被在貴州石門坎奉獻一生的宣教士伯格理的精神所感召，轉而研究石門坎並撰寫了第一部關於石門坎的著作《「窄門」前的石門坎》，繼

而被身邊基督徒的生命所吸引，在辦公室開辦「尼哥底母查經班」，最終痛哭流涕地受洗歸主；再比如，不願在中共的奴役下生活的盧維溢，從香港移居加拿大，放棄工程師優厚的工作，從頭攻讀神學成為牧師，一邊牧養一家華人教會，一邊關注加拿大的政治社會議題，不因為自己是移民和少數族裔就自我封閉，在媒體上發表大量評論文章，以基於聖經的古典自由主義原則，批判以「政治正確」自居的福利國家和左派理論，體現了「順從神，而不順從人，是應當的」之大智大勇。

是的，我們每個人都是被光照的微塵，但我們有幸參與上帝偉大的拯救計劃。誠如《詩篇》中所說：「耶和華造天、地、海和其中的萬物；他守誠實，直到永遠。他為受屈的伸冤，賜食物與飢餓的。耶和華釋放被囚的；耶和華開了瞎子的眼睛；耶和華扶起被壓下的人。耶和華喜愛義人。耶和華保護寄居的，扶持孤兒和寡婦，卻使惡人的道路彎曲。」願這本訪談錄中的生命見證，觸動每一位讀者的心靈，讓更多在「正午的黑暗」中尋找光明的人們，找到生命中真正的「大光」。

余杰
2016 年 1 月 28 日
維吉尼亞蓋城不默齋

人是被光照的微塵

基督與生命系列訪談錄

第 1 章

我們都是日光之下的微塵

—— 臺北禮賢會有福堂馮君藍牧師訪談

馮君藍簡歷

1961 年生於香港，三歲時隨傳教士父親來到臺灣嘉義開拓教會，從此在臺灣落腳。1968 年，隨父親工作搬遷高雄，建造教會。1972 年，父親接任東吳大學校牧，舉家遷往臺北。自幼喜歡美術，1979 年進協和工商美工科，受教於版畫家、雕塑家董振平。畢業後從事美術設計工作。1985 年與汪蘭青結婚，育有三子一女。雖然青年時代即蒙召，但內心一直有所掙扎，直到三十五歲才決心作傳道人。1996 至 2003 年，在臺灣神學院學習，獲道學碩士學位。從 2004 年起，在浸禮聖經會任傳道職。2008 年，受按立牧師職，現為臺北禮賢會「有福堂」牧師。

1985 年開始學習攝影，以藝術創作彰顯信仰之本質。1988 年舉辦名為《小孩與名叫愛麗絲的蝴蝶》的第一次個展。近年來，為教友造像而創作《微塵聖像》系列，自我定義為「建立在聖經人類學基礎上的單幅片斷的神劇」。先後舉辦《微塵聖像》、《光照》、《被光照的微塵》、《三個地方》、《在去而不返以先》、《自然的園丁》、《肢體》、《DUST ICON》（紐約）、《卑微的隱喻》等展覽，以及參與法國「PHOTO QUAI 國際攝影雙年展」，並獲得過雄獅美術新人獎佳作、愛克發黑白攝影大賽金牌、中華民國國際攝影藝術大觀優選、教育部文藝創作攝影類首獎、臺北市美展佳作、臺南美展府城獎、臺南美展鳳凰獎，以及全國美展第一、二、三名，上海藝術影像展第一屆《週末畫報》攝影大獎—攝影見證時代「人文類專業獎」等諸多獎項。臺灣資深攝影家阮義忠讚馮君藍為華人世界最有深度的攝影家「他的照片是近年來我在華人攝影圈所見過

最好的肖像攝影之一，只有最無雜念的心思，且攝影者與被攝者彼此極為信任，才能有這樣純潔自在的作品，每個人本具的靈性突破了現實的藩籬，浮現在容顏上」。

採訪緣起

在 2008 年，我訪問臺灣時，經郭明璋牧師介紹，認識了馮君藍牧師。郭牧師告訴我，馮牧師所在的「有福堂」，是臺灣最具藝術氛圍的教會。果然，當我來到「有福堂」，

馮君藍夫婦與余杰夫婦合影

宛如來到一個充滿前衛藝術氣質的藝術展廳，走廊上掛滿攝影作品；在禮拜堂的講臺前，是一個抽象化的耶穌背十字架的鑄鐵藝術品，我相信在其他任何教堂都找不到第二件相同的造像。當馮君藍牧師熱情地走過來時，我一時不敢相信他是一位牧師：他穿著花格襯衣和牛仔褲，身材消瘦，長鬚長髮，更像是北京宋莊藝術村裡一名放浪形骸的藝術家。在華人教會中，我還沒有見過第二名如此長髮飄飄的牧師。但是，一跟馮君藍交談，馬上便可確知他牧者的身分。他臉上的笑容是那麼單純和熱情。我聽到教會中的弟兄姊妹親切地稱呼他為「阿藍」和「藍哥」，就可以知道他是一名被大家愛戴的牧者。

2013 年春節前後，我再度訪問臺灣，全家多次到「有福堂」參加主日聚會，並與妻子作專題分享和主日證道。由此，與馮牧師和「有福堂」的弟兄姊妹們有了深入交往。我們全家

更是受邀到馮牧師家吃年夜飯。他們居住在外雙溪的山上，窗外是雲霧繚繞的陽明山，美景無須裁剪，跳躍著進入眼簾。馮牧師的三個兒子都酷愛藝術，各有所長。師母做了一大桌好菜，讓我們大快朵頤。我們暢談人生和信仰，品嘗美酒和佳餚，陽明山上煙花閃爍，這是我們過的最美好的新年。在這段日子裡，經過與馮牧師數次長談，便有了這篇訪談。

在牧師家庭中沉默地長大的孩子

余杰：馮牧師，你好，很高興再次見面並能對你作訪談。按照慣例，請你從家庭和信仰的歷程談起。聽說你父親是一位受人尊敬的牧師，而很多牧師家庭出身的孩子，由於從小被父母強加給信仰，長大後反倒產生強烈的叛逆傾向，放棄或背叛了孩童時代的信仰。但是，你卻「子承父業」，在走過一段並不平靜的人生之後，呼應上帝的召喚，成了一名牧師。

馮君藍：是的，先從祖父一代開始談吧。我的祖父是一個在加拿大的老華僑，常年在一家餐廳打雜，生活很艱辛。但與當時的大部分華僑一樣，他回到老家的時候，因為手中有加幣，顯得頗為風光，娶了兩房媳婦。他卻沒有能力將家人帶在身邊，只能把他們扔在老家。我父親是二房太太生的，直到三十三歲都沒有見過祖父。

父親是家裡唯一得機會念書、愛念書又很會念書的孩子。在他童年時，抗戰前局勢不好，軍閥無道，祖母帶家人到柬埔寨的姑姑那裡避難。一直到十七歲中學畢業，他才回到廣東，自己尋覓生路。就在 1948 年父親回國時，基督的救恩闖進並翻轉了他的生命。有一次在老家廣東鶴山縣，他被拖去參加佈道會，在佈道會上信主。然後，就去重慶念神學院。兩年之

後，國共內戰愈演愈烈，他被迫轉到上海的由神學家賈玉銘[1]創辦的靈修神學院學習，但這家神學院在中共奪取政權之後被關閉了。父親又目睹了叔叔輩因為國民黨員身分被政治運動鬥死，意識到在共產黨的統治下沒有好日子過，遂逃亡到香港。

父親在香港舉目無親，前途渺茫。上帝給他開道路，他被宋彼得牧師收留，住在他們家米店的倉庫中。有一天，本來宋牧師要去某神學院的校友會講道，因臨時生病，就讓父親去代替。父親講完之後，伯特利神學院院長藍如溪很欣賞他，問他是否願意繼續念書嗎。父親回答說，當然願意了。這才有機會回到神學院體系半工半讀。後來，父親給我取名的時候，在我的名字中使用「藍」字，算是對藍院長的記念。

父親 1956 年畢業，次年與神學院的同學張潔雲女士（我母親）結婚。父親在循道衛理公會牧會，但他就讀的神學院的學歷卻不被承認，長達七年都不能獲得按牧。後來，父親聽說有機會到臺

馮君藍設計的背負十字架的耶穌塑像

1　賈玉銘（1880-1964），山東昌樂人，著名神學家、解經家。曾任教於金陵神學院，創辦華北神學院、中國基督教靈修學院。主要著作有：《神道學》、《聖經要義》、《教牧學》、《靈修日課》等。

灣嘉義開拓教會，經過禱告，就決定去臺灣。於是，攜母親和三個孩子，一起到臺灣，創建嘉義第一家衛理公會的教堂。三年後，他又轉到高雄衛理堂擔任牧師並建堂。五年後，全家又搬到臺北，父親受派在東吳大學擔任校牧。

余杰：你父親是一位有名的牧師，你的信仰是父親強加給你的嗎？小時候，你對父親牧師的身分怎麼看？你們父子之間的關係如何？

馮君藍：我在一個傳道人家庭中長大，一方面我很尊敬父親，看到外人對他的敬意，也感到自豪；但是，實際上我們的關係很緊張，父子之間少有親近的時候。

父親在卅三歲之前，沒有見過祖父。祖母是一個賭徒，幾乎以打麻將為生，每天去打麻將，用贏到的一點錢買米、買菜。父親從小沒有得到多少父母之愛，加上長期的貧困窘迫，一旦基督信仰價值撞擊生命，免不了幾番掙扎，造就他激烈衝突的個性。

作為一個知罪的罪人、一個在基督裡重生得救新造的人、一個戮力學習聖道效法耶穌的門徒、一個蒙主選召感恩圖報的神職人員，父親可謂攻克己身，總是勉力向善、行善，事主愛人。除了牧會，他還進入監獄，長期擔任教仕，勸化鼓勵受刑人，甚至為出獄的更生人謀出路。我對父親最熟悉的有兩個印象：其一是父親每夜挑燈夜戰，伏案陷入沉思的背影；另一則是父親在聖壇前主持聖事，站在證道臺上聲如洪鐘地講道。在教會，他聰明幹練，對所有人都很熱情，在金錢方面更是有潔癖，極有正義感，嫉惡如仇。

然而，那些好的部分，父親大多用以示外人。待他力氣耗盡回到家裡，我們多半得領受他那些難以相處的部分。一個嫌

棄的眼神、幾句刻薄的話語、一記耳光、一頓好打，就此把孩子推得老遠。我不明白他為何對外人寬容，卻對自家人如此嚴苛。我與父親之間的關係始終很緊張。小時候，我表面上是個聽話的孩子，在心裡卻有很強的反抗傾向。雖然家裡有讀經和禱告，全家每週都去教會參加禮拜，但在那個階段，信仰只是家人的信仰，還不是我自己的信仰。

余杰：我讀過很多名人的傳記，他們的父親是牧師，家中宗教信仰的氛圍很強烈，反倒讓他們疏離甚至反對信仰（哲學家尼采就是如此）。在家庭裡，如果「牧師」的身分大大勝過「父親」的身分，有時帶給孩子的反倒是一種創痛的體驗。就你的經驗來看，雖然孩童時代接受洗禮，但還不是重生得救的基督徒。那麼，你真正的信仰經歷是從什麼時候開始的？

馮君藍：我十三歲受洗，但那時對信仰還沒有深入的思考。當我十四、五歲時，參加了一次教會辦的夏令會，被聖靈所充滿，決定以後要當傳道人。但我真正決心去念神學院，是二十年以後的事情。

到了念中學時，我參加少年團契，有了禱告的經驗。上帝也很憐憫，讓我經歷了幾次靈驗的禱告，開始信仰的啟蒙。那時，我對於自己基督徒的身分，逐漸變得很堅持。我記得，有一次上地理課，老師奚落說，基督教是一種很愚蠢的信仰，一大群人聚集在一起記念一個私生子的誕生，豈不可笑？在科學昌明的時代，為什麼還有人信仰處女懷孕生子的荒唐事情呢？我越聽越氣憤，便站起來跟老師激烈辯論。在那個年代，學校裡很強調師道尊嚴，學生見到老師都是鞠躬行禮，課堂上更是老師的一言堂，根本沒有討論的氛圍。我居然站起來反駁老師，大概老師也沒有料到，一時間瞠目結舌。然後，這位老師

向我道歉，說以後要尊重我的信仰，這也是學校裡前所未有的事情。

余杰：信仰有高潮，也有低潮。每個人在少年時都會有一段迷惘乃至迷失的歲月，然後才是「浪子回頭」。你是不是也有類似的心路歷程？

馮君藍：在我的青少年時期，內心的衝突和掙扎很大。我很早就確信人都是罪人，靠自己的努力不能克服罪。我也深知自己心裡有很可怕的陰暗面。中學時期，有一段時間，我有一種不可抑止的偷竊癖，忍不住去書店和圖書館偷書。我很喜歡讀書，前前後後偷了很多書。每一次，要去偷書時，我都會禱告說，上帝啊，不要讓我被抓住，這樣就羞辱了主的名和父親的名譽，大家就會說，一個牧師的孩子是小偷！那麼，為了主的名不被我羞辱，就不要讓我被逮住。但是，在每一次偷竊行為結束後，雖然沒有被抓，我卻經歷了更強烈的羞愧和恥辱。另一方面，我仍然真實地信仰著上帝，在禱告中求上帝除去我的偷竊癖。禱告很久，卻沒有成功。直到畢業後工作，領薪水的那天，這個罪才在我身上徹底結束。

在那個階段，我的信仰是一種選擇性的信仰，選擇我要相信的那部分，而聖經中有一部分是我不願相信的。我讀聖經時，喜歡某些人，不喜歡另一些人。比如，新舊約中上帝的不同形像，很難讓我同時接受。我對為人類的罪而死的耶穌基督心悅誠服，但對舊約中的上帝，那個帶來毀滅的、嚴酷的上帝，卻拒絕接受。我覺得有新舊約有一種內在的斷裂，猶太教是如何過渡到基督教的，兩者如何產生必然的聯繫？對此我很困惑。後來，我才發現，很多藝術工作者都會遇到這樣的問題，藝術家通常願意相信一個他們要相信的上帝，也就是一個

人是被光照的微塵

基督與生命系列訪談錄

容忍人類敗壞的、沒有那麼道德化的上帝。

余杰：你後來選擇走上藝術道路，你的父親如何看待你的這個選擇？一般而言，父母都不願子女從事藝術創作，因為藝術家的飯碗最不穩定，也會吃很多苦頭。尤其是你父親是一位牧師，他知道你有過全職奉獻的決定，但你又沒有實踐這個決定，他是不是感到很失望呢？

馮君藍：我從小就不是一個愛學習和會考試的學生。我對臺灣教育界流行的那種填鴨式教育很反感。中學時，我通常都屬於班上成績最差的那幾個學生，勉強在升學班中「吊車尾」。臺灣的中學，一般分為升學班和「放牛班」兩種班級，前者是那些有希望上公立高中、上大學的好學生，後者是那些考不上公立高中、上不了大學的學生。我原來在「放牛班」上稱王稱霸，覺得挺愉快，後來被調到升學班之後，始終學得很痛苦和吃力。

於是，我決定進入技職學校學習。我從小就喜歡美術，參加過臺灣的兒童繪畫比賽，獲得過不錯的成績，便一心想念美工。父親當然反對，他希望我繼續往上念，即使學美術也應該上大學的美術系，但我堅持自己的決定。父親不得不作出讓步，同意我初中畢業就進入職業學校。學美術的那幾年，我很快樂，因為是做自己喜歡的事情。老師對我很好，我在學校的表現也很好。我是以第一名畢業的。

余杰：做自己喜歡做的事情，是人生莫大的幸福，大部分人都沒有勇氣去實現這一點。在這個階段，你跟父親的關係是否有所改善？

馮君藍：沒有。學美術要使用很多工具、耗材，大都很昂貴，但父親對我不太體貼，不能滿足我學習上的需要。我很難

向他開口，總是透過母親轉達，但往往是要一百給五十甚至給三十，總不能足數。我不得不外出打工，到工廠焊接電路板，做這種廉價的代工，才能有錢買材料。

我印象最深的一次是，畢業要完成一項製作，需要一筆比較大的費用，因為我計畫做一組聯作雕塑作品。老師就說，你回家跟父母商量，家裡要資助你五千台幣。但父親從皮夾掏出五百元。那一刻，我覺得很受辱，就對他說：「不用了，我自己想辦法。」父親說：「真的不用嗎？」我回答說：「真的不用。」他居然把掏出來的五百元收了回去。當時，我覺得很屈辱憤怒，我平時儘量不給家裡增添負擔，但父親連我的畢業展都不願幫忙。後來，我靠幫七個同學出點子做作品，然後每個同學為我負擔一部分材料費，這才完成了畢業製作。

在我卅三歲時，父親在加拿大去世，東吳大學為他舉行了一個追思禮拜。那一次，有很多東吳大學的畢業生來參加。有兩個父親當年的學生，在追思禮拜後來找我，說當初他們因為家貧被迫休學，是父親知道了以後，主動幫他們繳了學費，他們才得以繼續留在學校學習，父親對他們的幫助前後持續兩三年之久。我回想起來，那正是我念高職的時候。那一刻，我的內心五味雜陳。一方面以父親為榮，他願意奉行耶穌愛人如己的教導。父親做的這些事情，沒有告訴任何人，連母親也不知道。另一方面，我自己步入中年，逐漸理解父親的「不體貼」和嚴厲，反過來想，也正是在這樣的環境下，鍛鍊出了自己的獨立精神。

在父親的晚年，他患病之後，我們全家去加拿大陪他。有一次，我在房間裡訓斥小兒；出客廳後，父親皺著眉頭對我說，對孩子不能太嚴厲了。我覺得可笑，就回了一句：「爸，

人是被光照的微塵

24

基督與生命系列訪談錄

要是在從前，換作是我們，你早一巴掌打過來了。」父親突然神情變得憂傷：「我真是這樣嗎？我得懇請你們原諒了；你如果知道爸爸從前這樣對你們是錯了，自己有過痛楚的經驗，又何苦重複我的惡行報應在你自己的孩子身上？」聽到他這樣說，我立刻羞愧起來，後悔打了孩子，也後悔刺傷了父親。

余杰：父子關係是人類最複雜的一種關係。其實，你一直都很在意父親對你的評價，你也一直努力獲得父親的肯定。

馮君藍：是的。我小時候，每逢學校成績單發下來，如果考得比較好，我就會拿去給父親看。但父親永遠是一副不置可否的神情，只是簽個名就還給我，從來不說一句表揚的話。有時，我甚至覺得我在他眼中無足輕重。一直等到我與父親一樣走上神職道路，這才明白，父親在基督裡的價值體系實迥異於世界：好成績、好學歷、世俗的成功，遠遠不及他所關注的屬天價值：對自我的否棄，對人對萬物對神的愛。

有一天，我突然領悟過來，明白自己即使在父親過世後，仍然不由自主地想辦法討好他，迎合父親對我的期待，遂不由悲從中來。只是，在基督信仰的光照下，我漸漸能明白，得與失、詛咒與祝福、宿命與抉擇、限制與自由，往往不過是一體之兩面。

在破碎的人生中尋求整全性的信仰

余杰：我們繼續談你在信仰上的追尋。畢業之後，你工作與生活的情況如何？基督信仰在其中起到了怎樣的作用？

馮君藍：畢業後，我做了十幾年設計方面的工作，其中有三年是服兵役。剛開始，還真不容易。我愛好自由，不願意到公司任一個正式的職位，就選擇作自由設計師。萬事開頭難，

雖然我覺得自己的設計能力應該還是可以的，但並不意味著我有作業務的能力。比如，我很難跟人家談價錢，一談到錢，我就很痛苦，這跟我的性格有關，也跟父親清教徒式的生活方式的影響有關。直到後來籌組工作室，由工作室的同事去處理談判的事情，我才能安心作設計，也才有了穩定的收入來維持生活。到了後面幾年，收入不錯，生活狀況有了很大的改善。

但是，在父親過世前幾年，我的婚姻出了嚴重問題。

中學時候，我跟太太在是在同一個團契中認識的。太太的性格比較叛逆，我們戀愛了十年才結婚。到了第八年，她離開我有兩年時間，令我受傷很深。那正是我退伍之後的兩年，一直在存錢準備結婚，她卻突然離開了我。我感到非常痛苦，完全沒有料到會出現這種情況，自己的性格又比較固執，很難接受這樣的事情。

在最痛苦的時候，有一個學妹介紹她姐姐跟我認識，我們戀愛了半年左右。我賭氣地想，既然這個女孩對我這麼好，我們結婚吧。忽然有一天，我醒悟過來，意識到我並不是真的那麼愛她，而是如同溺水的人那樣隨意抓住一塊浮板。但我這樣做，其實很自私，簡直是混蛋，也因為這個經驗，我進一步認識到人的侷限與罪性，並對於我竟如此狠心傷害一個無辜的女孩感到強烈的羞愧與自責。遂逃到香港去，冷靜了一段時間，然後又到中國大陸旅行，去了絲路、西藏等地，重新整理自己性格中的問題。以前老是認為我沒有錯，足夠愛對方，如今意識到，被愛是一種恩典，不是自己做了什麼才值得被愛，上帝的愛不是因為我很好，而是即便我不夠好，上帝也純然地愛我。

回來後，我跟小青重逢，她主動與我重修舊好，我們很快

就結婚了。第二年，有了老大。但是，孩子出生後，小青就患上嚴重的憂鬱症，我覺得自己是在跟一個不認識的人一起生活。我除了工作之外，還要照顧母子倆，早上起來做好三餐，把午飯在電鍋裡。下班回來卻發現根本沒有動過。那一刻，感到無能為力。有幾次我在她面前跪下來，問：「你到底想要什麼？」她回答說：「我不想要什麼，我想死，我很痛苦。」也因為這段長達十年灰暗的日子，老大在性格上有一些缺陷，有極深的不安全感和控制欲。

在我們婚後的第七年，又發生了另一些嚴重的問題。令我們陷入更大的痛苦中，發生失常的爭執。家庭和婚姻的試煉，讓我甚至有厭世之心，但我又不可能自殺，因為基督徒不能自殺。我也想過，婚姻只能走到這裡了，乾脆離婚吧，但我們誰都不願放棄兒子。

在最艱難的時刻，我和妻子重新回到信仰裡面，上帝用體貼的方式幫助我熬過難關。我們痛哭流涕，在上帝面前認罪，作為基督徒很多年，跟隨自己的多，跟隨主的少，我們有一定的自由，但不是認識真理的自由，是對自我的放縱，對人性破敗面的體諒，容忍自己的軟弱，辱沒了上帝給的身分，羞辱了婚姻，讓孩子在我們失敗的婚姻中痛苦。我和妻子一起痛哭，我們重新回到上帝面前，互相認罪和立約。

余杰：正是在這個時候，你知道了父親罹患肝癌的噩耗，是不是又遭到一次沉重的打擊？

馮君藍：1994 年，父親得知自己罹患肝癌，到了末期，已經轉移。他主動寫信告知我們這個情況。冷靜、坦然的字裡行間沒有一點情緒波濤，卻令地球彼端的我數夜不能成眠。稍後我與妻子商議，決定拋下手邊的工作，帶著兒子去加拿大陪伴

他阿爺度過在世的最後日子。父親在電話的那頭先是拒絕，說他不願打斷我們的家庭和工作。但終於熬不住我們的堅持，他最後說：「你們一定要來就來吧。」

作出了這個決定後，我們開始籌措旅費。前幾年，我組建工作室，將賺來的錢都消耗殆盡，手中沒有什麼存款。一家三口的旅費以及得繼續付在台房租等，至少需要三十萬台幣。於是，那段時間，我非常努力地接工作，但由於我正與妻子重修情感，衝突掙扎仍然很大，有一次爭執，她甚至作出傷害自己的事情來，拿起螺絲刀，戳自己的頭，頓時血流如注。我送她到醫院，縫了好幾針。醫生還認為是家暴。從醫院回家已是半夜，我情緒蕩到谷底，太太說，我們讀聖經吧。我說，我得趕工作也讀不下聖經，就打開收音機，心想一邊聽輕音樂好平復自己，也支撐疲倦的身軀以繼續工作，不料，當第一首音樂結束之後，收音機傳出一個男聲，說：聖經是神所默示的話，是能安慰人的話。聽到這裡，我們兩人都淚流滿面，在上帝面前再一次認罪謝恩。

那段時間，我們被痛苦所折磨，上帝用很大的耐性挽回我們的心。有一次，當我心裡感到巨大的痛苦，就試著吸了一次強力膠，我高中時就懂得吸食強力膠能產生幻覺以逃避當下的痛苦。此前，我報名參加一個全國性攝影比賽，初選入圍後，主辦單位通知我送去複賽的作品。我禱告說，如果獎金不給我，我就不去參加了。但我聽到天上有聲音對我說：「這是我給你預備的。」這才花錢裱裝作品送去複賽。但當我吸食強力膠之後，又有一個聲音對我說：「你不配得到上帝的恩典。」那天晚上，一位著名的攝影家，也是評委之一，打電話告訴我，他跟另外一位攝影家都覺得我的作品是參賽作品中最

好的，應該得第一名。但有一個評委毫無理由地給出很低的分數。他告訴我：「我也不明白為什麼要打這個電話給你，我是問了很多人才找到你的電話，就是要把這個壞消息告訴你。」聽完這個電話，我馬上跪下來懇求上帝的赦免。第二天，有人打電話給我，說有設計給我做，但必須一個星期之內完成，設計費為八萬塊，正好是獎金的數額。

余杰：我們每個人在信仰的歷程中都會經歷若干神蹟。到加拿大陪伴父親的那段時間，你與父親和解了，對父親有了深入的認識。而父親的期望和鼓勵，讓你最終下定決心放下世間的工作，走事奉上帝的道路。否則，你可能仍然邁不出這關鍵的一步。

馮君藍：是的。一個半月後，我們帶著積攢的三十萬台幣到加拿大陪伴父親生命中的最後一段。剛看到父親，我很激動，他原來碩壯的體格瘦了一大圈。經過兩次化療，頭髮掉得很厲害，乾脆剃了個光頭。

父親在溫哥華牧會八年，即便患病期間，仍然堅持教會的服事，甚至照常外出探訪會友。在教會主日證道時，有執事體貼地為他準備一把高椅子，總被他推到一旁。在講道時，父親猶奮力發出鏗鏘有力的聲音，只是聽得出來有點勉強了。而一旦證道完畢，他便頹然癱在講員座位上，像力氣耗盡的士兵。

在陪伴父親兩個多月過後，正要返台前夕，記得是一個下午，我為了激發父親的生存意志，就問他：「爸，從前你不是說，退休以後想回到嘉義鄉下，寫下你的信仰和牧養的經驗嗎？」父親當然看透了我的心意，勉強對我苦笑：「寫什麼呢？有什麼非我寫不可的呢？」他沉默了幾秒：「倒是，我記得你讀初中的時候，曾經立志當傳道人，現在呢？你該好好想

想了。」沒有想到，父親反過來將了我一軍。

我就回答說：「爸，你知道我今年都卅三歲了，有老婆孩子要養，更何況我高職畢業的學歷，想要讀神學，那可是六、七年的事情，談何容易？不可能了，太遲了。」父親卻一臉嚴肅地回答我：「阿藍，什麼時候，你覺得該是兌現你對上帝的承諾，就永遠不嫌遲。我知道你喜歡美術，喜歡你的工作。我只是說，當時候到了，總不嫌遲。」

那一天，父親的話讓我很不高興，覺得父親真是很難討好，我幾乎沒有得到過他的稱讚。即便在美術上取得一定的成績，他亦視而不見。他讓我想一想少年時代立志成為傳道人的理想，不就是瞧不起我當下的工作嗎？但是，父親既已病重，我也不能說什麼。

父親走了以後，那一次的經驗就一直在我心中縈繞。雖然我繼續設計方面的工作，但我開始對這些事情感到不能忍受：我設計的那些廣告，無論如何精美，也不過是商品的包裝，其功能是刺激人的物質欲望，有什麼永恆的意義和價值呢？

兩年之後，我跟太太感情越來越好，我就對太太說：「上帝挽救了我們的婚姻，我不能繼續逃避上帝的呼召，我想進神學院學習。」我們一起為此禱告，太太也一再鼓勵我趕緊進神學院。

余杰：這臨門一腳是父親臨終前為你踢出去的。三十五歲才重新規畫人生，選擇服事神，這不是一個容易作出的決定。何況現實中還有很多困難需要克服。

馮君藍：我並不是不想作傳道人，而是確實有一些阻擋。第一，我的性格中有很多缺陷，我不是一個機靈的人，沒有組織管理的能力，而有藝術家熱愛自由的天性，我害怕這種愛自

由的個性，不符合傳道人嚴謹的工作模式，害怕為此羞辱主的名。

其次，此前我沒有念過大學，在知識儲備和學術訓練上有很大的欠缺。雖然我喜歡讀書，但我不是那種象牙塔裡的知識分子，不是那種理性很強的思辨型人才。要作傳道人，就要上神學院。如果上神學院，我就必須從大學部念起。我選讀教會與社會系（教社系），念了四年，繼續念道學碩士，一共是七年。這期間遇到種種困難，但在主的幫助下，都一一順利度過了。

第三，是經濟上的壓力。我是自費去念神學院的。父親在金錢上有潔癖，我受其影響，七年從來沒有寫過一封募款信。經濟上的壓力一直是有的。後三年，有時間到教會實習，有一點點實習費；後來還在課餘時間接一些案子，比如為基督教出版社做書籍裝幀設計、為原住民的博物館做展覽設計等；然後就是美術比賽的獎金。這樣才算堅持著把七年神學院念完了。

我還要特別感謝太太和孩子的支持。太太在我讀神學院的後三年，憂鬱症明顯改善。有過那段幽谷的歲月，對我們實際牧會很有幫助。太太在教會裡是熱心服事的師母，與弟兄姊妹互相搭配，親密無間。有一次，我發現她為弟兄姊妹的困難而掉淚。她原來是一個很堅強的人，生孩子的時候，那種撕心裂肺的痛，她都忍著沒有出聲。但上帝讓她在服事中心軟下來。我也是如此，我發現，服事上帝，是對太太、對自己、對家庭的救贖。在服事中，得到最大幫助的，不是服事的對象，而是我們自己。

余杰：我聽很多讀神學院的年輕人說，他們本來是抱著服事主的一腔熱血去讀神學的，結果念了幾年下來，幾乎變得不

信主了。這種經歷表明，當下的神學院的教育體制存在一定的偏差，太強調知識的傳授，而忽略生命的傳承。你在神學院的七年時間，感覺如何呢？有沒有這樣的挑戰？

馮君藍：我在神學院裡也有過很多困惑和徬徨。我念的是長老會系統的臺灣神學院，在硬體方面算是臺灣最好的神學院。一方面我很感恩，遇到不少好的老師，有藏書豐富的圖書館等。另一方面，我也遇到一些自由派的教授，他們教授的內容並不符合聖經真理，讓我很懷疑他們的信仰狀況。而且，長老會長期關心政治和參與社會事務，這當然沒有錯，但後來他們的政治敏感度過於敏銳，甚至到了病態的地步，導致內部鬥爭不斷。在校園裡，我發現所有政治鬥爭的手段，比如黑函、謊言、偽造文書等，都出現過，這讓我一度十分沮喪，神學院亦非人間淨土。學校的生活環境很好，但精神氛圍並不太好。加之我本人不屬於長老會系統，一說話，就被別人認為是什麼派，推測背後有什麼人。我只好謹言慎行。後來，我經過禱告就更加堅信，要仰望神，不要看人。

神學院畢業後，我不敢馬上去牧會，覺得心裡有很多東西需要被清理掉。於是，我與家人一起外出旅行，我們到了中國西部藏人居住的區域，在那裡生活了一段時間。我對藏傳佛教並沒有興趣，只是對那裡的地理環境、風景和少數民族的文化有興趣。孩子也需要離開臺灣一段時間，他們的生活太安逸，在臺灣接受的教育太僵化，容易成為井底之蛙。很多臺灣人過度強調「臺灣意識」，在我看來是一種很愚蠢、很狹窄的「自我催眠」。所以，我想跟全家一起去一個與臺灣完全不一樣的區域，感受和體驗另一種生活方式。

本來，我們計畫在藏區生活一年，結果剛去半年，教會就

打電話來說，胡牧師病倒了，是急性肝炎，命在旦夕，不能繼續工作，需要我趕回去頂替他，否則教會就會陷入群羊渙散的境地。就這樣，我們提前終止旅程，匆匆回到臺灣，我是在無可奈何的狀態下接手教會的各項工作的。在當時看，是偶然事件，但現在回顧起來，一切在神的計畫裡。

藝術家的敏感與牧者的心腸如何平衡？

余杰：從藝術家的身分轉換為牧師的身分，可以說是翻天覆地。藝術家都是個人主義者，敏感而不易與他人相處；牧師則需要有廣闊的胸襟和管理的才能，耐心細緻地牧養各式各樣的信徒。

馮君藍：我服事的這家教會是最初由美國宣教士成立的，屬於美國南方浸禮聖經會，是一個保守的小教派。胡牧師從華神畢業後，就到這裡牧會，胡牧師病倒後，我頂替他帶領這個教會。我始終認為自己能力不足，希望成為配搭性的角色，而不是主任牧師，上帝卻給我一個考驗，讓我獨立挑起大樑。

開始當然遇到一些困難。華人的文化，不像西方式個人主義，並不是真的個人主義。在西方，既有個人主義的那一面，同時又具備合作精神。比如，西方的管弦樂團，能奏出複雜的和聲，一個龐大的群體展現出如此精巧的搭配，讓人驚歎不已。但華人文化中缺乏這種合作精神，中國的音樂，大都是單一的樂器，一兩樣還可以，再多加入幾種樂器，就沒有辦法互相呼應了。所有的華人音樂家都是如此，除非受過嚴格的西方音樂的訓練，否則合奏起來要不是單調就是慘不忍睹。這是西方人在基督教文明之下，有教會生活的體驗，個人化和彼此配搭是一枚硬幣的兩面。

就此而言，華人教會還有很多要學習的東西。華人教會大都是家長式的，或靈恩教會。比如靈糧堂，整個團隊有上百個牧師，竟能協調統一，都伏在周牧師的領導下，已經是一個神蹟，但一個擁有這麼多人才的教會，到底有沒有展現出足夠的豐富性來？我卻有一點點懷疑。我們是否既能具有多樣性，又能達到一定的深度，創作出深刻的東西來？我們「有福堂」就在朝這個方向努力和摸索。

余杰：你們教堂的裝飾很有特點，像一處開放的藝文空間，傳統教會通常不敢如此大膽和創新。「有福堂」面積雖然不大，但其中每個空間都呈現不同的風格，讓人身處其中，既感覺舒適和溫馨，又對神產生敬畏感。這是我到過的一間最具設計感的教會。

有一位記者專門寫過一篇報導《最像藝廊的教會—有福堂》，文章寫道：「為了在狹窄的空間中製造出「穿透感」，善用透明玻璃做隔間；雖然教堂不大，但不容易一目了然，因為走不到幾步路，又是不同的主題空間，教堂內多處擺設沙發與桌椅，營造出家的感覺。會堂內一處紅磚弧形牆面，並列十幅作品，是馮君藍精心打造的一處小型展示空間。樓梯旁的屏風，運用線條勾勒出耶穌釘痕手的形狀。「不論目光落在哪一處，都是一個景，希望藉此啟示出神的真理。」更別出心裁的是，主堂在樓下，內部裝飾也極有特色，「走入地下一樓，是有福堂的主堂。祭壇前裝飾成窄門與墳墓，蘊含著信仰的重要記號－聖徒要走窄門與耶穌死而復生。背起十字架的人，表達十字架不是一個符號，而是「動作」，提醒聖徒謹記《聖經》上的教導：「天天背起十字架跟隨神。」仰頭一看，有大型的水彩畫，意旨通往永生。」那麼，是否可以介紹一下你們建堂

的過程以及教堂設計的靈感。

馮君藍：我們原來隸屬浸禮聖經會，聚會的地方，是美國宣教士擁有的一塊地，就在捷運劍潭站附近。當年，宣教士方面說，要把這塊地賣掉，賣掉之後，再買一個地方給我們使用，因為我們只有五十多個人，不需要這麼大的地方。我們離開那裡，租地方聚會，等待他們賣地的結果。拖了兩年左右，那塊地一直賣不掉，按合約我們希望回去聚會，但對方不同意。後來，對方甚至拒絕與我們聯繫，把地賣掉之後的錢全用在其他地方了，完全不管我們無處聚會的困窘處境。

那段時期，胡牧師壓力很大，前後九年時間，教會四處漂泊，很多人都離開了，後來只剩下二十多人。就在最困難的時刻，胡牧師病倒了。我回來以後，努力牧會，慢慢地聚會人數有所增加，剛開始二十七、八人，一年半後達到四十人。直到我們建堂，並且加入了郭明璋牧師擔任顧問牧師的臺北禮賢會，與原有的那間臺北堂成為姊妹教會。禮賢會是一個來自香港華人教會的小教派，最早是由德國萊茵派牧會早年傳入廣州及華南地區，以萊因的廣東話發音，譯為「禮賢」（英文原文是 Chinese Rhenish Church）。

那段時間，我們租的公寓地方很小，後來房東要賣房子，我們又不願意買，就趕我們走。我們到處找地方，當時教會也沒有積蓄建堂的基金，教會存款只得一百多萬，當然買不起聚會的地方。沒有固定聚會的地方，教會的發展就受到侷限。

余杰：臺灣雖然不存在中國那種殘酷的宗教迫害，但從你們聚會的情形來看，也有過租公寓聚會的階段，有點類似中國的「家庭教會」。不過，表面上看是磨難，但經過那些風雨，能留下來的弟兄姊妹，都是忠心的門徒。我在「有福堂」聚

會，特別有一種「教會如家」的感覺，這種內在的凝聚力是長期風雨兼程而形成的。

馮君藍：我們買堂的過程就是一個神蹟。有一個晚上，我經過如今「有福堂」這個地方，看到門口掛著一個招牌，說這裡可租亦可賣。我突然聽到一個聲音對我說：「就是這裡。」於是，我就跪下來禱告，聽到這個聲音繼續對我說：「你們把它買下來吧。」我以為這是出於私心，但這個聲音很頑強，反覆出現在我耳邊。到底是買，還是租呢？一連三天我都在此懇切禱告，尋求神的旨意。我想，如果真的是上帝的心意，可能上帝還會給我一些跡象。

我就去找郭明璋牧師商量，主要是出於禮貌和尊重，因為多年來我們都在跟郭牧師和柯志明老師合作編輯出版《獨者》雜誌，我擔任雜誌的美術設計。而郭牧師相當於我們教會的顧問牧師，教會的很多事務，我們都徵求他的意見，他就像大哥哥一樣。

余杰：我很喜歡《獨者》這份雜誌，就我所知，這是華人世界中最有深度的基督教的文化和學術雜誌。這份雜誌上的文章，不僅討論教會內部的問題，以及一些神學的議題，也關注現實社會，對墮胎、死刑等公共

2006 年，余杰第一次訪問有福堂，與馮君藍牧師、胡紹明牧師（右一）和柯志明教授（左一）合影

議題發表基於聖經真理的看法。

馮君藍：是的，知道我們的想法後，郭牧師跟師母到當時我們租的會堂跟我見面。我告訴他們，我找到一個地方，想帶

他們去看，請他們給一個意見。郭牧師立即說，不用看了，你們把它買下來吧。郭牧師的這種斬釘截鐵的反應，跟我聽到的聲音一樣。

郭牧師又問，你們有多少錢？

我回答說，一百萬。這點錢遠遠不夠，對方開價是兩仟肆佰萬。

郭牧師就說，那你們募款吧，如果你們募到兩百萬，加上原有的一百萬就有三百萬，我們就相對的奉獻三百萬，加起來就夠付頭期款了，此後你們每花一塊錢，我們就付出相對的一塊錢，直到把貸款償清。我當下紅了眼眶，郭牧師和師母真是上帝忠心的管家，是全然委身的僕人。

結果，一個半月光是有福堂會友就募到了六百萬，這簡直是一個神蹟。比如，有一位黃月萍傳道，她工作多年的存款有三十萬，在一次車禍中獲得七十萬的賠款，她全部拿出來作建堂用。我們花了一個半月完成買房手續，再花一個半月裝修，三個月就完成了建堂。2005 年，我們就搬進來了。

余杰：聽說胡牧師跟你是中學同學，是從小一起長大玩伴，如今又在同一個教會互相配搭，真是一段佳話。

馮君藍：2008 年，我們將胡牧師找回來，2012 年我把主任牧師的位置交給胡牧師，因為他比我更適合主任牧師的位置，我自己保持「半職牧師」的身分，當然「半職」只是一個說法，實際上還是全職，不過我只領取半薪。

胡牧師跟我是童年的夥伴，但在牧會的過程中，我們的方式和習慣都有很大的差異，也經過一段磨合過程。彼此相愛是一個大前提，他對我幫助很大，在聖經的學習和鑽研上，我從他那裡學到很多。同時，他也試著理解我的關注點，意識到教

會中有很多藝術家，在這個部分我可以使上力氣。當然，我們也有過爭執，甚至是重大的爭執，但最後彼此饒恕，並誓言活出彼此相愛的見證來。

余杰：你們教會具有一般教會的特徵，是信徒的家，是福音的管道，是聖靈的殿堂；但又有自身的特質，換言之，耶穌對每個教會都有不同的託付。據我在「有福堂」聚會的經驗，我發現教會會友中，大部分是居住在附近的普通居民，有年邁的老人，也有年輕的學生。當然，有不少會友是藝術家和知識分子，有電影導演、歌劇院的演唱家、畫家、設計師等，也許你本人兼有藝術家的身分，「有福堂」便成為一個充滿藝術氛圍和活力的教會，吸引這些從事藝術工作的弟兄姊妹到這裡聚集。雖然不能說你們是一個藝術家的教會，但至少藝術家的比例遠遠高於普通教會。那麼，牧養藝術家群體跟牧養普通會眾有那些差異呢？這些年來，你有怎樣的經驗可供大家參考？

馮君藍：這幾年來，教會中的藝術工作者的數量在增加，我們帶他們信主，然後他們留在教會。我們鼓勵他們在創作中表達信仰，跟他們一起討論和成長。我是一個傳道人，也是一個影像工作者，兩個身分不是分離，而是融合的。我希

布展完成後大家開心的一刻

望能牧養到這個區塊，促使這些藝術工作者慢慢知道，在工作的場域中把信仰融合進去。

這些藝術家需要在上帝的話語中被造就。最近幾年，我們

在教會中努力推行讀經，採取「陪讀」的方法，一般是一對一或一對二。只要他們願意，就找出可以配合的時間，陪同他們讀聖經。透過這種方式，幫助他們建立起穩定的查經生活，既然他們很難自己查經，我們就陪同他們一起查，這也是一種督促。我發現這樣做很有用，當他們進入上帝的話語之後，就被造就。當然，開始他們會有排斥，但慢慢就接受了，在上帝的面前順服下來。

余杰：是的，帶領會友讀經是一個好的牧養方式。美國牧師、神學家狄馬可（Mark Dever）在《健康教會九標誌》一書中，分析了教會作為一個生命共同體的特質，他說：「過基督徒的生活意味著彼此負責。基督徒個人的生活是以耶穌基督為中心之群體生活的一部分。大家

馮君藍在展覽開幕式上暢談創作感想

相處的時候，我們不得不去處理想要逃避的那些部分；因為我們彼此相愛，我們禱告，揭露生命中的這些部分，並且悔改。透過作為教會會員享有的這些責任和義務，更多學到什麼是真正的基督徒的愛。」我覺得，這也正是「有福堂」吸引弟兄姊妹的地方，在這裡，每個人都在學習如何過彼此相愛、彼此負責的生活。

馮君藍：我相信，生命改變了，藝術也會昇華。我期待這個教會產生出一些帶有信仰精神的作品。比如，你熟悉的楊順清導演，他在教會聚會了三年，每一次寫出新的劇本來，都會拿來給我讀，希望我給出一些意見。我們彼此的討論是坦誠和

愉快的。

　　我也希望在這些信徒的生活中進一步幫助他們。藝術家是個性化的，不喜歡被約束。但是，一個基督徒應當是認認真真的基督徒，不能把信仰當作點綴，要作出好的見證來。我們會如此要求弟兄姊妹。

　　那麼，有沒有可能我們最終變成一個藝術團體，即便在個體表達的時候，也彼此支援，展現出集體的力量來呢？這是我近來思考的問題。終於，今年（2015年）我跟教會裡的一群藝術工作者，一起完成了一個取名為「肢體」的聯展。

　　余杰：通常，藝術家都有他們的「次文化」，比如對酒、菸、情色的癡迷和放縱，比如生活習慣上是「夜貓子」等等，這種「次文化」跟教會文化是有差異甚至衝突的。作為牧師，你如何處理這個問題呢？

　　馮君藍：我是這樣理解藝術家的「次文化」的：上帝造我們作為有個性、位格的個體，個性化本身不是問題，基督信仰是愛的信仰，強調關係性的倫理，愛能拯救那些負面的個性。我與他們分享這個概念，個性沒有問題，信仰不是消滅個性，耶穌也是一個充滿個性的人，同時是愛的實踐者，在愛中從來沒有苟且。耶穌實踐他在這個世界上的任務，承擔世人的罪責。如果學習基督的愛，個性就不是問題。不是去馴化藝術家的個性，而是希望他們慢慢養成好的生活習慣，我們會盯住他們的生活習慣、婚姻關係等面向。從某種意義上說，信仰是一場漫長的拉鋸戰，需要牧者長期的陪伴和鼓勵。比如，這段時間，胡牧師就陪楊導跑步，在跑步中幫他堅定信仰。

　　我們盼望自己對這個群體有更多的體貼，我本人也是這樣走過來的，有感同身受的部分。但是，在另一些部分，又不能

完全體貼他們的軟弱，始終要對他們有壓力。他們的某些生活方式需要改變，我不相信散漫的生活方式是藝術表達所必須的，個性不一定藉由這個方式來表達，很多藝術家都是遵循嚴格紀律的人。個體的特殊性不必在放縱自我中展現出來。對藝術工作者，光是體諒，一定是沒有用的，生命必須被改變，愛能拯救個性。我相信，很多弟兄姊妹看到我和太太生命的改變，看到我們付出的代價，更有了盼望。

余杰：在這個面向上，改革宗信仰或者清教徒傳統能起到「歸正」的作用。我注意到，儘管禮賢會本身是路德宗的傳統，但你們在神學上汲取了加爾文神學的精髓。1561 年，改革宗基督徒在《比利時信條》中指出：「如果所有的事情都照著神純正的話語去管理，排拒所有違背神的話語的事情，並且承認基督耶穌為唯一的元首。憑此可以確信真教會的實質。」美國神學家威爾斯認為，清教徒時代的牧師清楚地知道，他們最重要任務是忠實地教導神的話，並且忠實、正直地執行紀律管教。但是，在如今的教會，牧師常常揣摩會眾的心意，而不是上帝的心意；教會為了尋求單方面的人數的增加，不斷增添各種娛樂活動和物質誘惑，而廢棄了對真理和紀律的堅持。這是非常危險的。

馮君藍將教會佈置得如同畫廊般優雅

馮君藍：教會絕對不能片面地去迎合世俗文化的潮流。如果教會自身形成一種強大的文化，基督徒的藝術家就會沒有藉

口去追逐世俗文化。今天的藝術太多描述惡、墮落、混亂了，這樣的藝術並不缺乏，這個世界上充斥的都是這些東西。一個基督徒藝術家難道只能把玩這些東西嗎？比如，就我熟悉的攝影圈來說，很多全職藝術家並沒有多少成果出來，抄襲、懶散、滿足、放縱是他們的生活模式。我不能這樣，我在牧會的忙碌中擠出有限的時間，每年都要求自己有作品出來，有速度，每一年都有可以辦一個展覽的量，跟那些全職藝術家相比也不遜色。這種嚴謹的工作態度，對弟兄姊妹也是一種激勵。我常常會「壓迫」一下教會從事藝術工作的弟兄姊妹，敦促他們生活有規律，像個工人，藝術家本來就是作藝術的工人，要幹活，要事生產。憤世嫉俗是沒有用的。

再比如，我們教會有個做服裝設計的弟兄，他參與徐克的電影《狄仁傑》、《龍門飛甲》的服裝設計，那段時間，工作壓力大，他幾乎過著「黑白顛倒」的生活。我就邀請他一起查經，剛開始，他查了一會兒，就會跑到外面去抽菸。但一段時間過去後，他慢慢感覺到查經對他的生活有很大的幫助，無論怎麼忙都儘量不中斷查經。他的生活漸漸受到一定的約束和制約。反之，什麼時候中斷查經，就會「打回原形」，他自己也知道這是不好的。

確實跟我有些關係吧，這幾年來，教會裡藝術工作者越來越多。但是，如果他們的生命沒有改變，牧師簡直要累死。不過，我並不認為藝術工作者的基督徒，一定比一般的基督徒難搞。比如，在公司上班的基督徒，在生活中面臨賺錢升職等問題，未必更容易處理，同樣面臨信仰上的挑戰。

余杰：我很喜歡「有福堂」的裝飾風格，也很喜歡你們的音樂以及會歌《有福的確據》。你們小小的詩班比有些大教

人是被光照的微塵

基督與生命系列訪談錄

會的大型詩班還好，有點像香港的「善樂堂」。有藝術家的參與，教會在這些領域就會顯得很精彩。那麼，你是如何鼓勵這些藝術家的弟兄姊妹參與教會的服事呢？

馮君藍：從事藝術的人很顯眼，投入教會的事奉，容易被看見，會給原來的弟兄姊妹帶來衝擊。我們就想辦法讓兩者成為一個團契，共同參與，有交集。不能變成專業藝術人的團契，那樣會讓彼此之間難以理解、融合、認同，也不像個教會。

比如，我們教會有過一位專業音樂人，讓他彈電子琴，他不願意，他只願彈管風琴，後來他離開了。這個例子讓我意識到，要教導作僕人，愛弟兄，互相配合，成為肢體。要讓他們進入主的教會，不能成為旁觀的批評者。我在講道中教導說，重點不是做事情，不是把事情做得多好，更重要的是在主的家庭中一起成長，對軟弱的肢體更要支撐，教會要形成這種氛圍和共識。

有時候，我們也會說重話，這一點，柯志明弟兄教我很多，基督徒的生命需要不斷被糾正，我們身上有些東西是屬於基督的，有些則不是，不是的就要被拿掉。由於自己的婚姻家庭有過嚴重的挫敗，幫助我面對教會內有些弟兄姊妹婚姻的痛苦，可以去理解和對症下藥，我也不害怕對他們作見證。

我越來越認同耶穌基督僕人的生命哲學，僕人必須順服主人要求，這些理念需要像種子一樣種在這群弟兄姊妹心中。我能做多少不曉得，這不是我一個人就能做完的，我不過是拋磚引玉，希望在有限的面向上努力，吸引基督徒藝術工作者嚴肅看待信仰與生活和創作的關係。

對整個教會未來的發展方向，我們還沒有一個完整的、長

遠的規畫。目前聚會人數在九十人至一百人左右，許多都是最近這些年受洗的第一代基督徒。這樣，就有一定的彈性和可塑性，我們期望以改革宗神學和體制作為基礎建構教會。目前還沒有按立長老，但知道長老制的優點，也會慢慢實踐起來。

余杰：你們教會一方面紮根社區、服務社區，一方面也很有國度的觀念，要用信仰去影響社會，也對全球宣教有承擔。我在你們的週報上看到教會為其他地方受迫害的教會和弟兄姊妹禱告，你們辦的雜誌《獨者》也如同放在燈檯上的燈。

馮君藍：我只是《獨者》的美編，2003 年柯志明老師與胡牧師、郭牧師以及成鳳樑牧師等討論創辦這份刊物的時候，就深感臺灣教會乃至華人教會都需要有深度的信仰，需要有這樣一份刊物，正如柯老師在發刊詞中所說，我們不執意成為世間諸多學術或文化事業之一，而竭力在各個思想或學術領域呈現我們因追隨基督而有的心靈。我們更看重基督徒的各種思想，這些思想將直接或間接地表明基督信仰，表明耶穌基督的精神，表明上帝的無邊之愛、真理、良善、美妙、神聖與榮耀，當然也必包括隨之而來對世界的種種回應與批判。這份刊物不會有太多的讀者，不會暢銷，是郭牧師和師母在背後默默給予經濟上的支援。但是，我認為這份刊物中探討的問題，很多都是華人教會不可迴避的。

用人物攝影展示基督教的人觀

余杰：最後，再來談談你的影像創作。你是在牧會幾年之後重新開始攝影創作的，那是一個什麼樣的契機，讓你又燃起藝術的激情？這一階段的創作，跟以前的創作相比，有什麼本質的差異？

馮君藍：當年，我從學校畢業後，很快就進入工作中，從事應用美術行業，基本上是做產品的包裝廣告，跟純粹的藝術關係有很大的差異。首先要考慮行銷和市場，以及流行文化的因素，而不會太多考量美學意涵。在最初工作的那些年，我沒有做過任何嚴肅的創作。

反而是進入神學院之後，我被派到原住民教會實習，可能是因為我長得像原住民吧。我就順便在部落裡做記錄工作，這就開始了攝影。我在學校沒有學過攝影，到大陸旅行的時候，借朋友的相機來用，才學會如何操作。拍的照片，在一個攝影藝廊裡辦過小型的個展覽。我這才發現自己原來拍得還可以。

最近幾年的攝影，跟信仰密切相關，可以說就是信仰的表達。我對人比較敏感，比較容易去接納和愛別人。特別是對人的臉孔有敏銳的感覺，陸續拍了一些肖像。大約是 2009 年，有一個會友在畫廊工作，他告訴我畫廊有一個檔期，有另外一個攝影家提供了一些作品，但數量不夠，需要兩個人聯合展覽，就問我可不可以拿一些作品出來展覽。我就整理了一些作品給他們，結果獲得一些不錯的迴響。由此我才開始嚴肅地對待攝影創作。

攝影是一項神奇的藝術。就某種角度觀察，攝影確實與古老的煉金術，以及關在某個昏暗陰森的房間內，藉著已死之人的遺物、咒語和水晶球以召喚死者亡靈的巫術頗有相似之處。那些曾經待在漆黑的暗房裡、僅僅藉助微弱腥紅的安全燈光作業的相片沖印工作者，當他把在放大機上曝光之後的相紙浸泡在盛滿化學顯影液的盆子中，不多時，相紙上銀鹽粒子隨顯影液所促發的化學變化，而逐漸呈顯出一張人的臉孔……這神祕的一幕，不是現代科學的召魂術或煉金術又是什麼？經過顯影

而被最後一道定影程式固定下來的清晰影像，不正是承載了上帝形像的亞當嗎？

余杰：很多基督徒藝術家，信仰與創作是分裂的。換言之，如果單純從他們的藝術作品中，看不出他們的信仰狀態來。而另外一個極端是，有些基督徒的藝術家，將藝術作為圖解信仰的工具，其作品宛如政治宣傳畫，喪失了信仰更為深邃的內涵。你卻將藝術與信仰融為一體，即便是非基督徒的阮義忠也如此評論說，看到你的作品，「人人本具的靈性在攝影師的引導之下自然而然地形之於外，煥發出人們無法漠視的光彩，吸引人們的凝視、流連與眷顧。作品的內涵轉化一切，使這個黯淡的過道成為強化對比的必要，就像黑暗之於光明、污泥之於蓮花、醜之於美、罪之於贖」。那麼，你如何處理兩者之間的平衡關係？

馮君藍：我認為，一個有自主性的基督徒藝術創作者，應該以創作來傳遞信仰，不論你要傳遞的具體內容是什麼，信仰都應該輻射出你生命中的一個部分。我希望透過作品表達基督教的人學、人觀。基督教是一個完整的世界觀、宇宙觀、人生觀、生命觀。除了聖經之外，我還沒有在其他地方讀到過如此精準的對人的描述。作為一名傳道人同時又是攝影師，我試圖用攝影的方式見證基督教的人觀。同樣一個觀點，因著信仰，你將可以有更好的詮釋；同樣一件事情，因著聖靈的帶領，你將會帶給世界更深一層的視野。

如果我只是傳道人，只接觸弟兄姊妹以及他們帶來的朋友，反而很少有機會接觸非基督徒，這樣生活就封閉了，這是一個很大的問題。我當然甘願服事弟兄姊妹，但也應當站在社會的第一線，跟別人尤其是非信徒溝通，介紹和傳播自己的信

仰。影像也許是一個很好的方式和媒介。在展覽的時候，我會跟看展覽的人談我的想法，介紹基督教信仰，對方不會覺得我是在說教，一般都會樂於傾聽我的言說。有趣的是，那個畫廊的老闆和太太後來就到教會聚會，還在那年的復活節受洗了。

後來，我的作品在當代美術館展覽，被歸入當代藝術的範疇。藝術的喜好者，很多都是年輕人。由此，我接觸到很多年輕的非基督徒，比如臺大、清大、政大的學生。我透過展覽和座談，直接跟他們討論基督教信仰，而不是開佈道會。這種方式反而很簡便，我一個人就可以跟觀眾溝通。他們看到我的作品，看到作品中呈現的人的高貴，往往會感歎說，這個時代現實生活中的很多人，真的不像「人」，我們卻在你的作品中看到了人可貴的一面。他們進而聽到我介紹創作的過程以及這些作品所展示的基督教的人觀，都很有感觸。

當然，我的作品在臺灣也並不是完全被接受。也有人罵我沽名釣譽、不務正業，身為牧師為什麼去辦攝影展？有一次，展出了一張我拍攝的兒子小時候的裸照，就有基督徒寫信來罵我「有傷風化」。不過，我並不怕出現爭議。我意識到，一個基督徒不應當在社會的各個領域中缺席，而應當在各個專業和崗位上作見證，不能把教會當作「保護區」，躲藏在其中，而任由其他區域都被敵基督的力量佔據。

余杰：我非常同意你的看法。在當代藝術中，基督教藝術被邊緣化，這種邊緣化很多時候是教會和基督徒自己造成的，一步一步地退卻，退回到有形的教會中。我們不應當如此軟弱，而應當為主征戰，把那些失去的領域重新奪回來。

我尤其欣賞你拍攝的《微塵聖像》系列。你拍攝的對象多半是普通人，卻冠以「聖像」之名，說明你試圖挖掘人身上的

神聖性、人不可剝奪的自由與尊嚴。有評論認為：「馮君藍雖受愛德華．寇帝斯（Edward Curtis）影響，卻另闢新徑，以牧師的身分試圖從教友身上揭露聖經的啟示。而他也的確成功地傳達了信仰令人寧靜、充實，使人堅定、圓滿的神秘力量。這些肖像呈現了心靈提升的氣韻，悠悠地訴說著卑微如塵土的人，也能由凡轉化為不凡。攝影最強的特性就是把瞬間凝住，馮君藍的作品卻剛好相反，彷彿是在緩慢釋放著時間的流動。禮拜、生活、創作，一切事物都會回到敬拜者最深處的根基，彰顯生命的原始樣貌。」中國生活雜誌的主編夏楠則評論說：「打開照片《預備著的童女》，瞬間我停滯，一種情緒擊中我，感動極了。」這些評論家都不是基督徒，但在你的作品中看到了信仰的力量。

榮幸的是，我也當過你的模特兒，從而瞭解和體驗到你的整個創作過程。你的攝影棚是一間狹小的辦公室，我稱之為臺灣甚至全球最簡陋的攝影棚。如果我不是到了這裡，很難相信那些撼動人心的作品，全是在這個普通的空間拍攝出來的。而且，你使用的是老式的、便宜的傳統底片相機。可見，你早已超越了技術的制約和侷限。

馮君藍攝影作品：《童女》

馮君藍：這一系列肖像逾越了客觀記錄的層次，我稱之為「靈魂的肖像」或「單幅戲劇」。這在現代藝術中並非一個

嶄新的概念。我拍攝的對象，都處於一種角色扮演的狀態，換言之，我不是在為他們拍攝肖像，而是讓他們作為演員演出某個聖經中的角色。我力圖表現華人的信仰者，生活在漢文化之下，這兩個身分是如何共融的。

正如你所知，我不是一個善於去克服技術層次的難題的人，我很笨拙，不會使用電腦，也沒有手機，我的攝影是用原始的方式完成的，我只有一部相機、一個鏡頭，都是廉價設備。大部分作品不出這個房間，拍攝的對象大都是會友。而且，由於牧師的工作沒有上班和下班之分，隨時可能有一個電話打來，某個教友需要幫助，我又得趕過去，就不得不中斷拍攝。不過，讓我欣慰的是，教會的弟兄姊妹慢慢認同了我的攝影。他們知道我不是去獵奇，而是基於信仰的表達，所以很樂意配合我。

余杰：阮義忠[2]對你走向攝影之路影響甚大，他也對你的作品有極高的評價。他曾經評論說：「有了信仰、歸依，他手中的相機鏡頭也多了一重維度，也才有能力為靈魂造像。」其實，攝影作品可以分為兩種，一種是有靈魂的，另一種是沒有靈魂的。《微塵聖像》系列最打動我的有兩點：第一，很多人物有一種逝去的民國的味道，他們的表情有一種在離亂與苦難中的篤定，不像是這個和平時代的那些六神無主、淒淒惶惶的人物。儘管每個模特都是現實生活中活生生的人物，你的呈現

2　阮義忠（1950-），臺灣攝影師、紀錄片攝影者，作品以人文紀實為主要風格。在其長期的攝影生涯中，創作了大量優秀作品，並著有相當多的文章與書籍，對全球華人地區的攝影教育貢獻卓越，被喻為「世界攝影之於中國的啟蒙者與傳道者」。他與妻子袁瑤瑤於 1990 年創辦攝影家出版社，1992 年創辦中、英文雙語版之《攝影家雜誌》。

卻跟這個時代有奇妙的錯位。第二，很多攝影的人物都與聖經中的人物和故事對應，同時揭示出人的尊榮與卑微，這是很難表達的對立的概念。當代藝術家，要麼從啟蒙主義和理性主義出發，炫耀人的征服欲望、人的強大、人的自信；要麼如同寫實主義那樣，透過人的苦難、痛苦和災難，來批判社會結構和制度的罪惡和不公。你的作品超越了這兩者的侷限。

馮君藍：我的作品建立在基督教人類學的基礎上，我特別強調「人是具有永恆意識的有限存有」這個概念。也就是說，任何一張照片絕非純然的客觀，你所相信的決定了你能看見什麼。《國家地理》雜誌的攝影者看見的是「人乃是環境的產物」，報社記者看見的是「人是政治、經濟、社會性的動物」；科學雜誌主張「人是複雜的生化機器」；而透過宗教信仰，我相信「人是一具有永恆意識的有限存有」，他活在有限的時空、日漸頹敗的肉身與對永恆的鄉愁之中。一張照片因此不單是對過去懷舊的憂鬱對象，也是承載對不可知的未來，對永恆的焦慮的對象。

按著此一「人觀」所反映出來的人，不是浩瀚宇宙中一連串盲目的偶然性所衍生的意外、不是裸猿、不是欲望的主體、不是「有文化的動物」；卻是物質與神靈的揉合，是被賦予永恆意識的有限存有。另一方面，雖然人所承載的神性形像，許多的時候不是以神聖，卻是以對有限的焦慮，甚至是以其反面，以背逆神的魔性被彰顯出來。這一系列肖像同時反映出，我對時間與人類歷史的興趣。但基督教的時間與歷史觀，既不是一個迴圈不已的封閉宇宙，也非盲目隨機的演化；卻以一種緩慢而隱晦的方式，啟示著上帝的臨在。

作為拍攝者，我同時又有牧師的位分，是上帝話語的思想

者與傳播者；而作為「被拍攝者」，也就是我的攝影對象，他們首先是基督徒，然後是華人。如何整合這些層面，我仍然在摸索的過程之中，不能說已經有了答案。

比如，我有一幅名為《童女》的作品，拍攝的是一個小女孩，很像是林海音的小說《城南舊事》裡的小英子。我拍攝她的時候，她還是個稚氣的小學生，現在已經長成成熟的少女了。我透過這個人物表述聖經中「預備好自己的童女」的故事，她隨時等候上帝的到來，然後獻上自己。

還有一幅是一名穿著長袍、手捧菊花的年輕男子，給人的感覺宛如清末民初的知識分子，那個時候的國家民族處於一種危難狀態，那一代知識分子希望迅速改變這種處境，他們的內心和表現出來神態都很焦慮。

我喜歡幾十年前的老照片。攝影術剛流行的時候，那些原來畫畫的人，為別人畫肖像畫的人，轉而成為攝影師，因為畫畫不如攝影那麼逼真。但是，因為他們有繪畫的功底，攝影的時候對光、對手勢、對身形都很講究。他們有嚴格的美學上的追求。一般採取慢速曝光的方式，攝影對象一般要把一種狀態保持很久，就要採取一種比較舒適的姿態。這樣拍攝出來的照片，有一種將要突破時間的限制的效果，不止是對一個瞬間的捕捉，而有一種從畫上破土而出的動感和魅力。同時，他們的作品還呈現出一種人物的莊嚴的姿態，跟古典繪畫很相似。

另外，我拍攝的幾乎都是黑白照片。我認為，黑白有一種抽象的效果，它抽離了色彩，既是具象的，又不完全是具象的，更容易讓人聯想起人的精神層面。

余杰：藝術家一般都容易驕傲，尤其是成功的藝術家。這些年來，你的作品獲得了不少獎項，也有藝術評論家給予很高

的褒揚。你卻說，攝影讓人謙卑，你為什麼會有這樣的認定？

馮君藍：我堅信，攝影讓人謙卑。在攝影中，我會發現，我不是創造者，我只是複製現實中存有的東西。攝影提醒我，讓我知道對象先於作品，作者只能透過對象說話。

有一次，我在拍攝一個人物時，已經是下午四點多，陽光正在減弱。我的攝影全部都採用自然光，不用人造光。陽光從窗外照進來，我從鏡頭中清楚地看到，有灰塵在光中飄落。我就想，我們每個人，相對於宇宙時空，像灰塵一樣微小。但是，灰塵亦可在陽光之下閃耀，上帝也給它以榮耀的時刻。從某種意義上說，我們就是被光照的微塵。那一刻，我有很深的感動和感恩。後來，就將這組作品命名為《微塵聖像》。

余杰：這個人物系列作品，你還會持續下去嗎？我覺得，這些人物攝影，既是藝術品，又是當代華人教會史中最為鮮活的一部分。

馮君藍：我會繼續做下去，已經有了一個未來幾年的工作計畫。目前拍攝了大約一百個人物，整理出來的有六、七十個。我計畫整理出一百個人物時，做一個大型展覽。再下去，就是三百幅的計畫，做具有相當規模的展示。有了規模，別人就不能忽視我的意圖，教外的人士亦會嚴肅面對這批作品。另外，我在拍攝時，亦同步研讀聖經，思想聖經的人物和上帝的話語，透過影像來表達聖經真理。對我來說，拍攝一個人物就像寫一篇講道稿一樣。

當然，如果不是上帝允許的，我個人就不敢冒進。這幾年，上帝藉多種方式來鼓勵我，給我確切的信號。比如，我在禱告之後，得到過幾個很明顯的回應。一是經濟方面的問題。攝影是一項很花錢的創作方式，攝影甚至比繪畫還要花錢。我

在教會只領取一半薪水，差不多兩萬台幣，沒有辦法養家。於是，我就拿作品去參加比賽，連續三年拿到全國美展第一、二、三名。巴黎、紐約、波士頓、上海、杭州等地邀請我去展覽。這些我都當作是上帝的回應，讓我持續往下做。這個過程，真的很不容易。我也受到過質疑，包括同工也有質疑，但後來他們慢慢理解了我的想法。

其次是時間上的問題。我的大部分時間都在牧會，只能用零星的時間攝影。比如，晚上在辦公室加班，很多時候就睡在辦公室的沙發上。我對家人很有虧欠，沒有更多時間陪同太太和孩子。孩子說，常常好幾天都見不到爸爸一面。我也知道，如果我有完整的時間，可以把作品做得更好。但是，牧會很難允許我一段時間「神隱」。我也漸漸接受了這種狀況，我的作品本來就是在比較困難的狀況下創作出來的，我的掙扎的痕跡也留存在其中。

余杰：在新教的傳統裡，尤其是在華人教會的傳統裡，有反智主義和反對藝術的一面，亦即將美和善對立起來。這是基督教藝術一直很薄弱的原因之一。佛教進入中國，經由佛教藝術征服中國的過程，僅僅是一部《西遊記》，以及一個敦煌，其影響力就超過多少部佛經。然而，基督教的文化和藝術始終在中國處於邊緣的地位。我想，上帝若興起更多基督徒藝術家，慢慢改變這種狀況，讓基督教藝術在整個藝術領域佔有一席之地，也就等於多開了一條福音的管道。

馮君藍：就華人世界的各個藝術領域而言，基督教的音樂相對還好，其他文化藝術領域就比較差了。為什麼會這樣呢？我們需要對新教與文化的關係作一定的梳理。一方面，很多教會和基督徒將信仰教條化，對很多東西過分敏感，扼殺了藝術

的靈性和創造力。另一方面，他們又去追隨世俗的流行因素，以功利實用為出發點去包裝被簡化甚至扭曲的福音，而不是生命的表達，那樣作出來的自然不是第一流的作品。

在音樂上，我們公認的最好的音樂家是巴哈，他不僅僅是「最好的基督徒音樂家」，他倘若演出和傾聽巴哈的音樂，他的人和音樂都成了美好的見證。視覺藝術的表達也如此，文藝的作品也不僅僅是「最好的基督教音樂」。不管是不是基督徒，是不是在教會中，人們都喜歡復興時期的拉斐爾、米開朗基羅、荷蘭畫家林布蘭，還有我特別鍾情的魯奧等等，深刻地表達出藝術家的信仰，是嘔心瀝血的表達，別人沒有辦法跳過他們的作品。

現在華人面臨的問題是，很多教會將藝術看作是一種無足輕重的附屬品，是教堂裝飾中的點綴。基督教失去了影響文化乃至引導文化的胸襟、抱負和高度，很多基督徒的藝術家和知識分子，不願花力氣去整合信仰與藝術、聖經和神學，只是做點皮相的描摹，而在受到挫折之後很快便放棄了。

在我看來，基督教藝術家的信仰與創作，要經過很長一段磨合的時間，如果不能熬過去，就不能出現新的生命和新的作品。要在主的道理紮根很深，深深地反省信仰，進而認識到創作不是作為工具性的用途，而是生命的表達。為什麼某些藝術家在成為基督徒之後，作品的品質反倒下降了，表達信仰的時候變成了簡陋的圖解和宣傳？我們考察當代西方純藝術領域，發現仍然有一些藝術家在表達聖經的主題，他們不會將其變成一種宣傳的方式，他們的信仰內化到生命中，就可以讓別人自然而然地在作品中體驗到獨特的信仰氛圍。就我個人而言，還在摸索之中，我自知才情有限，卻不敢把上主的託付埋在地

裡，只是期望以基督信仰作為表達的依據，很自然地流露出信仰的精神面貌來。作為奴僕，我不敢評價自己，但上主若要使用，我不敢怠忽。

2013 年 5 月初稿

2015 年 12 月定稿

第 2 章

基督徒理應成為捍衛人權的先鋒

——基督徒媒體人、人權活動家楊憲宏訪談

楊憲宏簡歷

1953 年生於臺灣彰化縣，資深媒體人、人權活動家，「臺灣關懷中國人權聯盟」創會理事長、臺灣中央廣播電台第五屆常務董事兼《為人民服務：楊憲宏時間》節目主持人。

楊憲宏自臺北醫學院牙醫學系畢業後，考入臺灣大學醫學研究所，1981 年取得生理學碩士的資格，旋即赴美，進入柏克萊加州大學專攻公共衛生碩士。在臺大唸研究所時，便在《民生報》擔任醫藥版編輯，後轉為專欄組記者；赴美學成歸國後，歷任《聯合報》採訪組副主任、《首都早報》副總編輯、《中時晚報》資深記者室主任、《人間雜誌》總編輯、《首都早報》副總編輯、民間全民電視公司（民視）新聞部經理、三立影視總經理室總顧問、《Taiwan News》總編輯、臺灣數位資訊協會理事、法務部逐步廢除死刑研究推動小組成員。

作為基督徒和人權活動家，楊憲宏長期關注中國的人權和宗教自由狀況，在電臺節目中常與中國民主人權人士越洋對話，力促臺灣政府和民間聲援中國人權。2011 年 5 月 14 日，楊憲宏參與創設「臺灣關懷中國人權聯盟」，並出任首任理事長。他主張臺灣應用民主人權、自由法治來跟中國大陸交往，強調民主、人權、自由和法治是「臺灣唯一的籌碼」，並倡議「人權標準」應納入《兩岸經濟合作架構協議》（ECFA）的談判。

楊憲宏的主要著作有：《走過傷心地：一個記者的公害現場觀察筆記》、《公害政治學：楊憲宏臺灣環境筆記》、《羊入狼群：知識分子的原力與本懷》等。還曾參與多部電視紀錄片

的策畫製作。曾獲「曾虛白先生公共服務報導獎」、「吳三連獎報導文學類」等重要獎項。

採訪緣起

我在北京生活期間，常常接受楊憲宏的越洋電話訪問，有時候電話突然被切斷，再換其他電話，如此者反覆多次。楊憲宏告訴我，這是他採訪中國異議人士時經常遇到的情況，他已視之為家常便飯。

後來，我到臺灣訪問，有機會與楊憲宏會面，並到圓山的央廣總部接受他的採訪。在臺灣的知識分子中，關注中國人權問題的人本來就不多，像楊憲宏這樣長期地、持之以恆地關注的人更少。因此，我們成了朋友。

楊憲宏是一位既可伏案寫作、下筆千言的

民報舉辦選後政局走向座談會，左起楊憲宏、游盈隆、劉志聰、彭百顯、林嘉誠、黃國昌

姚立明（右）、楊憲宏（中）《重磅新聞》中分析柯P政策

作家和記者，也是一位奔走呼號、運籌帷幄的社會活動家。基督信仰是他關心人權和自由議題的動力，也是他生命中最深沉厚重的依託，即便在宗教信仰自由的臺灣，像他這樣在公共

領域彰顯信仰的基督徒亦寥寥可數。所以，我便產生了訪問他的想法。

2013 年春，我第三次訪問臺灣，並有較長時間的停留。在此期間，我不僅再度赴央廣接受楊憲宏的訪問，也與他約定時間，在誠品書店的咖啡廳中跟他有一段長談。這一次，我與他位置發生了有趣的更替：我成了訪問者，他成了被訪問者；我提問，他回答。這是我們交往的歷史上第一次出現的場景。此後，我們又多次通話和通電郵，補充新的觀點和材料，遂有此篇訪談。

從我媽媽的信仰到我自己的信仰

余杰：楊先生，你採訪過我很多次，今天輪到我來採訪你了。當然，你也接受過很多次訪問，不過，我訪問的重點在於信仰。你是什麼時候開始接觸基督信仰的？跟你的家族有關嗎？

楊憲宏：是的，在我的家族中，從曾祖父、曾祖母那代人開始就是基督徒。我考察家族的歷史時發現，在十九世紀末，西方宣教士藍大衛來到彰化，跟我的曾祖父那一代人有了接觸，向他們傳福音，他們成了當地最早一批長老會會友。

當時，我們家是當地的一個大家族，開放家庭當作聚會場所，引起其他民間宗教團體的抗議，甚至有人到我家潑大便。可見，當時臺灣對於基督信仰相當排斥。

我查詢彰化基督教醫院的檔案，發現我們家族與這個醫院有十分密切的關係，醫院的土地就是祖父、母他們捐助的，他們在逼迫中持守信仰，並熱心公益事業。

我的祖父名叫楊木，跟賴和同屬一個詩社「應社」。我在

《應社詩抄》中發現一張有詩社八個同仁的照片，其中就有祖父在裡面。與賴和一樣，祖父是醫生，也是當地的意見領袖。同時也是基督教傳播的先驅，他認為基督教對臺灣非常需要，臺灣是一個由逃難者組成的社會，逃難者身上根植著一種深深的不安的心態，需要基督信仰來安慰和憐憫。

再往上追溯家族的歷史，我們楊氏家族，曾在與陳家的械鬥中，整個家族都被滅族，只剩下一個女孩子，藏在水田沒有死亡。後來，她被葉家帶走，當作童養媳養大。生了孩子以後，葉家把最後一個男孩冠以楊姓，以便讓楊家傳承下去。後來，這一支楊家，絕不跟姓陳的通婚（因為是仇敵），也不能跟姓葉的通婚（因為是近親）。

在當時的生活環境下，信仰顯得異常重要。如果唯讀中國的詩書，人們心中仍然覺得空虛。在時代的動盪不安中，臺灣沒有國家的觀念，只有家族的觀念，差不多算是一個氏族社會。臺灣人沒有國可以治理，更不用說天下了。

余杰：新教傳教士到臺灣，比到中國大陸早兩百多年。你們家也算是傳教士在臺灣結出的最早的一批「果子」。

楊憲宏：我清楚地記得，小時候跟第二代的藍醫生（藍大弼）見過。他在臺灣長大，父親藍大衛希望他用醫療的方式傳道，等他成年後帶他回倫敦學習四年的醫學。那時，我祖父是彰化的名醫，他義務幫藍大衛出任彰化基督教醫院院長，等四年後藍大衛回來，再將醫院交給對方。可見，他們之間情深意重。

祖父開醫院時，若有病人沒有錢付診費和藥費，他就答應他們寫張欠條。年底，他派護士或會計，根據借條，一家家地去訪問，看他們有沒有辦法還錢。大部分都收不到錢，於是，

過年的時候他就一把火把借據都燒掉了。過年前一個月，是祖父義診的時間。基於基督信仰中十一奉獻的觀念，他利用這段時間無償地為窮人提供服務。

當時，長輩都有穩定的宗教生活。父親和母親固定參加教會的禮拜，也有家庭的禮拜。家庭敬拜的形式，跟一般的禮拜差不多。禮拜是主日，除了主日之外，牧師也會在一個星期內安排時間，到一個個的家庭中探訪，並帶領全家敬拜。家庭敬拜的規模相對小，不一定有鋼琴，大家便清唱讚美詩，還有讀經、禱告等。

小時候，我印象最深的是過耶誕節，那一天我們這些孩子都可以晚睡、甚至可以不回家。一般是晚上十一點到教會集合，我們家有五個孩子，大姐、二姐、大哥、三姐，還有最小的我，我們排著隊，到處敲門，給鄉親們唱聖歌、報佳音。

還有一個深刻的童年記憶是，我的爸爸是醫生，同時很熱愛音樂。週末，他教我們五個孩子合唱德國、日本的讚美詩。我們家有一部手搖的留聲機，可以放黑色石英板的唱片。我們邊聽邊唱，有時候是我來搖動留聲機。

我們唱的大多都是聖歌，用臺語唱。我母親是日本人，她用日語唱，她讀日文的聖經。大人讀聖經時，我也慢慢跟著讀，感覺到聖經中有一種巨大的力量。我學會了禱告，禱告真的很有用。大人跟我講，很多事情不是我們的智慧能決定的，所有的都要交給上帝

我在教會也上主日學課程，聽到幾乎所有的聖經故事。不過，雖然知道這些故事的來龍去脈，但並不明白故事背後的聖經真理。

余杰：青少年時代，你怎樣開始閱讀和領會聖經的？

楊憲宏：我小時候讀的是臺語聖經，很多地方翻譯有問題，看不明白。我念高中時，有一個大學生基督徒常跟我來往。我問他，聖經為什麼很難懂？那個大學生就說，聖經不難讀啊，在英國，有很多大文學家、哲學家、神學家翻譯，從希臘文、希伯來文的原典翻譯成通俗易懂的英文，你不妨從英文聖經讀起。於是，我就開始讀英文聖經，正好那時我的英文能力大大增加，讀的時候感覺到舒暢，也逐漸體會到英文敘述的優美。很多年以後，我在英國書店看到若干個聖經的版本，還買一些來收藏。

先讀了英文聖經之後，再來看中文聖經，就沒有什麼障礙了。不過，我也理解先輩在困難的條件下能完成翻譯非常不容易。我也期待，有一天可以有一個更好的臺灣版本的聖經，由臺灣最好的文學家、神學家和哲學家來重修。臺灣若要成為一個「基督的島嶼」，聖經和聖詩的內容都要重新翻譯和改寫，使之接近我們日常使用的語言，像英文聖經那樣淺白與動人。

余杰：那麼，你是如何認信和受洗的呢？

楊憲宏：我在很小就接受了洗禮，但並不懂得基督信仰的本質和真義。我記得是念國小的時候，父母說，時間到了，就與教會的牧師聯絡。教會的基督徒家庭，一般小孩到了七八歲的時候，就會安排洗禮。先是牧師到我家中，跟我談了一番話，到了禮拜日，我跟其他受洗的孩子排成一排，站在教堂前面接受洗禮。長老會的洗禮儀式很簡單。

十七歲時，我接受了堅信禮。我們教會的規定是，青少年在接受堅信禮之後才能領取聖餐。之前，每到領聖餐時，我只能坐著看別人領，心裡覺得很失落。我對聖餐的禮儀，有一種特別的感動和盼望。在十七歲之後，終於能領聖餐，感到歡欣

雀躍。

余杰：那段時間，信仰方面有沒有反覆？有沒有懷疑？

楊憲宏：當然有。那時我最大的質疑就是，每個禮拜日，牧師講道，很多時候只是簡單引用聖經，並沒有貼近我們的生活。教會的崇拜成了固定的程式，讓人感到僵化沉悶。

在我的青年時代，臺灣的社會氣氛有了很大的變遷。經濟起飛，政治鬆動，人心思變。一般大眾，對價格關心，對價值不關心。在 1970 年之後，臺灣持續有一百六十個月的景氣時期。但是，經濟越景氣，人心越迷惘，信仰上的迷失十分明顯。

那個時期，我從高中升入大學，先後換過幾個教會，沒有哪個教會讓我滿意。每個禮拜日的聚會，表面上看都很好，聖歌、聖經都是我熟悉的，但這些並沒有內化成生活方式。我就產生了懷疑：教會的功能在哪裡？我認為牧師的牧養有問題，羊已經迷失，雖然形式上還在羊圈裡，但靈魂已經不在了。

那是我的一段「跟曠野契合」的時期。踏入社會之後，更少去教會，有基督徒邀請我去教會，我反倒跟別人辯論說：「那些牧師的講道無關痛癢，有什麼意義？」我在教會中發現人們都很善良，但在教會外卻發現，很多基督徒跟其他人一樣，使用不是正人君子的手段害人。基督徒會如此缺乏愛心、缺乏容忍心嗎？

尤其是我當了記者之後，記者的批判性超強，觀察也很敏銳。我發現，在臺灣這個激烈競爭的、不平安的社會，很多基督徒的行為背離聖經，跟他們一起作禮拜，我覺得不舒服。儘管教會中的音樂很優美、很崇高，對我有吸引力，但我感到很多人來此是出於虛偽的目的。當年馬丁・路德批判說，天主

教的教堂變成了用金錢交換贖罪的地方。我也警惕在每個時代和每個地方都有可能出現此種情形。在臺灣，馬丁‧路德指責的所有問題，都一一出現。

余杰：幾乎每一個年輕人都會有一段憤世嫉俗的時期。你後來是如何回歸到教會中的呢？

楊憲宏：我在中年以後經歷了信仰的回歸。主要受母親的影響，母親在臺南生活，每天閱讀和抄寫聖經，禱告很多次，每個禮拜都去教會，數十年如一日。那些耳聰目明的人常常違背基督信仰，但年邁的母親沒有，她做自己當做的事情，做聖經教導的事情。

母親在年輕的時候，跟父親一起開醫院，日子過得很辛苦。父親去世後，她更加仰仗聖經，在信仰中得到很大的滿足。這個過程中，她很充實和幸福，從不擔心死亡。她已經九十歲了，很多人覺得她比實際年齡年輕二十歲，都不相信她有九十歲，她每天都生活在基督徒的喜悅裡。

母親是一個家庭主婦，是一個平凡的女人，一生中沒有驚天動地的事情，但她善解人意，沒有煩惱，兄弟姊妹遇到難題，她時時關心和幫助，從無抱怨。從她身上可以看到，有信仰是一件多麼美好的事情。母親經歷過兩次世界大戰，一出生就是一戰，所有二十世紀的苦難，她都經歷了，但到今天仍然維持樂觀的態度，偶然跟我們敘述戰爭期間的生活，雲淡風輕。

母親在家裡煮了一輩子的飯，她煮的大都是很清淡的素菜。後來，我去高俊明牧師家，品嘗過這種家常菜的味道。這是南部基督教家庭中司空見慣的素菜，用紅蘿蔔、洋蔥、馬鈴薯這幾種最便宜的東西煮在一起。教會聚餐時，大家都請母親

煮飯，她很快就煮好很多人吃的飯。我從小在教會中生活，有一個深刻的印象是，吃「大鍋飯」，吃不同口味的「百家飯」。

作為兒子，我曾經感到詫異：為什麼母親從來都是喜悅的？我跟母親請教，母親告訴我，你要好好讀《哥林多前書》，上帝教導我們要愛、要忍耐。我站在母親的肩膀上，見到了自己以前沒有見到的東西。

余杰：你有一位敬虔愛主的母親，是上帝對你最大的祝福。基督耶穌教導的真理，是活出來的真理，而不是寫在紙上供神學家研究、討論的真理。所以，在像你母親這樣的平凡的信仰者身上，散發出基督徒特有的馨香之氣。

楊憲宏：這幾年，我常常回到臺南陪伴母親，從母親身上感受信仰的力量，也從另外一個面向上反省自己的人生。現在，我去教會，不再像年輕時那樣用批判的眼光去看教會的方方面面，發現這也不好，那也不好。我陪媽媽去教會參加禮拜，懷著一顆感恩的心，一顆謙卑的心，並分享母親身上無盡的喜樂。

年輕時代，我的性格比較孤僻，熱愛讀書，高中到臺北念師大附中，像地毯式地找書看。當時《文星》雜誌、水牛出版社、志文出版社出版的書，我大概都買光了。讀了很多書之後，也產生寫作的欲望。如何表達自己？剛開始找不到方向，後來重讀《紅樓夢》、《老殘遊記》，找到了簡潔有力的寫作方式。

那個時代，臺灣出版了很多西方現代主義的哲學著作，讓我增長很多知識，但在思想上帶給我的正面和負面的因素幾乎一樣多，如果沒有足夠的判斷力和反思力，就不知道這些學說的陷阱在哪裡，就會被這些哲學家的思想征服和踐踏。我讀了

太多哲學書籍，比如尼采、卡萊爾、懷德海等人的著作，覺得哲學家最睿智，而聖經太簡單、太絕對。

余杰：七〇年代的臺灣，有點像八〇年代的中國，是一個知識爆炸的時代，是一個理想主義的時代。

楊憲宏：那時候，我閱讀很多哲學著作，對幼年時代建立的基督信仰產生了動搖。後來，我又學醫，再從醫學和科學方面，對聖經中某些段落敘述的情境，產生極大的懷疑。其實，那時我的智慧不足，卻驕傲、狂妄地作出自己的判斷。年輕時代，總覺得自己讀書多，鶴立雞群，捨我其誰。現在，回過頭來才發現，這些哲學家不僅不能自圓其說，而且他們的生活通常是悲劇性的。

醫生、記者與環保先驅

余杰：我們接著談你的職業和志業吧，我知道你在大學是學牙醫的，這本來是一個收入豐厚、受人尊重的職業，後來為什麼又放棄了呢？俄國作家契訶夫、臺灣文壇前輩賴和，都曾經是醫生呢。

楊憲宏：我父親是醫生，祖父也是醫生。本來，父親熱愛音樂，但祖父強迫他學醫。我也是這樣，我熱愛讀書，想念圖書館系，整天都可以跟書在一起。但長輩不同意，只好遵從他們的意思學醫。

我先在臺北醫學院學牙醫專業，又到臺大念生理學研究所，因為我覺得單單研究牙齒的問題還不夠，希望全面瞭解人體的功能，就多學了兩年的生理學。畢業後考取牙醫執照，但後來沒有執業，而是轉入新聞界。

余杰：當時，記者的社會地位遠遠不如牙醫，你是如何義

無反顧地轉行當記者的？

楊憲宏：醫生本來就不是我喜歡的職業。我在醫院實習時，越來越意識到，醫生是醫病的人，但更重要的是，在病情泛濫之前，就要在預防上著手，所以我轉而研究怎麼預防疾病。我進而發現，很多人的疾病都是由社會結構性的問題引發的，比如環境污染、公害等等。

大概是 1979 年、1980 年吧，臺灣發生很多事情，尤其是公共衛生領域方面，出現了毒性化學物質摻入食用油的事件，致使兩千多人受害，很多受害者都是弱勢群體，比如臺中惠明盲校的學生。這一事件對我衝擊很大，我意識到，作牙醫只能解決少數人的牙病，而無法解決公共衛生方面的事務。政府系統將監管的責任推得一乾二淨，你可以看到最爛的官員每天在那裡肆無忌憚地講假話。我發現，只有記者可以去挖掘真相，然後提出批判。

當時，我已經在《民眾日報》當編輯，便主動請纓去採訪報導，坐車到惠明盲校，一進去就聽見他們在唱歌。關於此事的報導，我差不多是一揮而就的，第二天就見報了。那篇文章就是我第一次得獎的作品《哭泣的教堂》。

余杰：那麼，本來你已經在新聞界嶄露頭角，為何又有了出國深造的念頭？

楊憲宏：主要是日本腦炎疫苗事件的刺激。當時，我發現很多醫生的孩子都不打這種疫苗，但衛生機關為什麼要推廣呢？我發現一些打這種疫苗產生副作用的案例，就寫報導提出質疑。

我的報導引起公眾關注之後，臺大公共衛生研究所的教授就批評我說，這個記者不懂公共衛生問題。我就火了，公共衛

生有這麼難嗎？我就跑到美國加州柏克萊大學讀公共衛生專業，並拿到碩士學位。

余杰：公共衛生議題，已經是一個複雜的政治問題了，越是在專制國家，這個問題的敏感度越高。你在做這類報導的時候，有沒有遇到壓力和阻力？

楊憲宏：有了公共衛生方面的專業知識，我就意識到，政治本身就是一個公害。公害問題並非你置之不理，就可以置身事外。如果我們說，公共衛生問題是由專業人士和政府官員負責的，平民百姓不必去管，那不僅是自私，而且是無知。因為它照樣會找上了、傷害你。

余杰：你是記者，是公共衛生專家，是環保先驅，公共衛生和環保都是政治的一部分，處理這些問題的時候不能刻意地去「政治化」。請你講一講你早期報導的一些重要個案。

楊憲宏：在那個年代臺灣的記者裡，我大概是唯一的公共衛生方面的專家。專業知識讓我如虎添翼。

1983 年，《聯合報》在臺灣是最有影響力的媒體，我很幸運地「誤闖叢林」，成了《聯合報》的記者。我處於各種社會議題的最前線，掌握很多資訊，學院內的學者反倒不具備這樣的條件。我在報導中要求政府改善環境問題，政府反倒過來諮詢我。我在相當程度上被認為不僅是記者，而且是專家。《聯合報》給我很多特權，讓我有很好的條件作調查、研究和報導。我的很多報導都圍繞環保議題展開，比如空氣污染問題，污染來了，不分黨派、不分貴賤，人人都會受害，獨裁者也會被呼吸有毒的空氣，他能置身事外嗎？他能否定和反對我的報導嗎？

那時，還是戒嚴時代，在翡翠水庫附近，文化大學和實踐

大學都想選址建校，但設計過程中，他們對污水的處理沒有通盤的考量。翡翠水庫是臺北的水源，污染了水源，可是一件大事。有環保學者提出質疑，但政府部門不作回應。

於是，我就寫了一篇報導。但是，這兩所大學的校長，一個是當時的副總統謝東閔（實踐大學），一個是國民黨中常委張其昀，他們都是位高權重的人物，每週都與蔣經國見面會談。我供職的《聯合報》的主管說，你的報導太「敏感」，不能刊登。我跟主管辯論，他仍不同意。我就跟他吃宵夜，用英文交談，我告訴他，水源污染了，蔣經國也會受害，「蔣經國有自己的水庫嗎？他們撒一泡尿，蔣經國也會喝到啊！」這句話打動了他，他就說，那你給老闆寫報告吧。

我就請編輯寫報告給老闆，看老闆的態度。當時，《聯合報》的老闆是國民黨中常委王惕吾，他批示說，有證據就寫。我們拿到尚方寶劍，立即就完成報導並很快見報。報導出來後，輿論大嘩。第二天，行政院長孫運璿馬上說要調查。之後，蔣經國在中常會上指示，不准兩個學校在翡翠水庫附近建校。

後來，我接受訪問，記者問我，蔣經國是不是看到你的報導後才作出決定？你感到光榮嗎？這件事是否表明蔣經國從善如流？我的回答是，蔣經國只是利用此事，提升李登輝的地位，打擊當時的副總統謝東閔，蔣經國遵循的是權力鬥爭的邏輯。不過，這也說明獨裁者本人也害怕環境被污染。翡翠水庫的這篇報導，算是「擦槍走火，誤中目標」，但結果對臺灣是有利的。

我深信，有基督信仰的記者，有一個特別的好處，就是他知道自己在做什麼，知道如何去說服別人，不會去計較別人的動機。同時，堅信一切都是上帝的安排，就是蔣經國做事也是

上帝的權柄之下。所以，我感謝上帝富於深意的安排，連蔣經國也被上帝帶領做此事，而我對蔣經國本人、對國民黨政權並沒有感激。包括解除戒嚴也是一樣，蔣經國主要還是為自己，不過這個決定也是出於上帝的旨意。在歷史進程中，每一個人都必須作出努力，只要上帝與我們同行，連惡人也會跟我們一同做事。

我不同意有些人對蔣經國作出過高的評價，甚至認為他是民主推手。蔣經國一輩子都沒有真正的民主理念。有時，我們會覺得這個世界很不完美，不是所有的獎賞都給那些受苦的人，壞人也會收割部分的果實，就如同在臺灣的民主化進程中，蔣經國佔據過高的地位，那些失去生命的先賢反倒被遺忘。我接觸很多中國知識分子，他們一再說，中國需要蔣經國這樣的人物。我聽了之後很不是滋味。

儘管如此，我認為，最重要的是盡力完成上帝交給每個人的使命，不必考慮是否有成效，以及能獲得什麼榮譽。這條路是上帝為我們開闢的，有坎坷，也有坦途，在這條路上，我們會經歷迷失和失敗，但禱告是克服迷失和失敗的法寶。

余杰：那個時代的記者，堪稱無冕之王。聽你的講述，讓我想起中國八〇年代那批滿懷理想與激情的記者，比如劉賓雁等人。

楊憲宏：還有一個例子，我寫了一篇關於石門水庫的大壩上不得走車的報導，發表之後引發很大的波瀾。行政院長俞國華看到這篇報導，立即撤換水庫管理局局長。當時的局長是一名中將。俞就說，為什麼不讓文職來做？為什麼不讓專家來做？從此，這個職位就換成由文職擔任。當時，跑行政院的記者告訴我，俞院長很看重你的報導，你要去看看俞院長。我一

直沒有去，我覺得我的報導是寫給公眾讀的，不是寫給官員的奏章。當然，能影響政府的決策，我樂觀其成，但我不想由此跟官員拉上關係。

還有味全奶粉事件。當時，不少嬰幼兒發生突發性抽筋，我經過調查發現是因為味全奶粉的鈣磷比例有關。我去找衛生署的官員報告此情況，官員說，他們惹不起財大氣粗的味全，除非《聯合報》先報導，他們才能介入調查。後來，報導發表的時候，因為味全是《聯合報》最大的客戶，就把味全的名字刪去了。即便如此，讀者都知道寫的是哪家公司。味全的老闆當天上午就趕到《聯合報》興師問罪。王老闆問他：「我們這個記者有沒有寫錯？」對方還算誠實，就說：「每個字都說對了。」王老闆後來對我說，他覺得那一次，那一瞬間，他作《聯合報》老闆很有面子，因為連被批評者也承認，他的記者寫的每個字都對。後來，味全老闆父子都成了我的朋友，經常向我請教關於食品衛生方面的問題。

我很快成了報社的紅人，接下去就有了「三級跳」，成為老闆器重的部門主管，未來似乎一片光明。但我此時捫心自問：這個位置是我要的嗎？是上帝給我的嗎？我就跟老闆說，我要當第一線的記者，不願當行政管理者。《聯合報》專門為我設立「資深記者」的制度。後來，我報導許信良闖關回臺灣的機場事件，嚴厲批評警方的做法，在會議上惹得王惕吾臉色鐵青，他最後說了一句：「道不同不相為謀！」他的這句話，使我下定離開《聯合報》的決心。

然後我進入余紀忠創辦的《中時晚報》，擔任資深記者室主管，負責調查報導和社論部分。報社的第一篇社論就是我寫的。半年後，我又離開了，因為我積極參與報社的工會。本

來，作為部門主管，我被認為是資方代表，但我很支持工會。余紀忠就說，搞工會的人都是共產黨，一下子開除三名員工，並要安排我去日本旅遊，離開事件的漩渦。我想，如果我接受的話，等於是出賣朋友，第二天我就辭職了。

我發現，兩大報都一樣，都是龐大的官僚體制。我不願過這種「摸壁鬼」的生活。「摸壁鬼」是臺灣話，意思是摸著牆壁走，沒有牆壁就不會走路。戒嚴時代的記者就是如此，解嚴之後相當長一段時期仍然如此。我記得離開《聯合報》時，王惕吾跟我談話，他說：「十年後你就是總編輯，你不能忍一忍嗎？」我說：「我十個月都不能忍了，我忍你十年？」此後五年時間，我選擇自由寫作的狀態，不加入到體制之中。

余杰：臺大新聞研究所作過一本名為《黑夜中尋找星星》的「走過戒嚴時代的資深記者生命史」的訪談。其中有一篇你的訪問，題目就叫《科學精神的人文記者》，訪談者評論說：「楊憲宏從 1980 年代展開一連串公害環保報導……把寫作視為磨劍的他，透過報導文學的亮光，感染了許多年輕的心靈，在解嚴前後把記者視為值得追尋的一項志業。」你是基督徒，有信仰的高度，有愛人如己的價值觀，故而鍥而不捨地批評社會上不公義的現象，為弱勢群體發聲；而你又是醫學專家，受過嚴格的學術和科學的訓練，故而你的報導言之有物、邏輯嚴謹、資料充分，很有說服力。請你談談你的醫學背景是如何幫助你在新聞業中打拚的？

楊憲宏：我在戒嚴時代處理過很多公害問題、消費者保護問題，背後都有醫學院的訓練支撐。有一套巨細靡遺、有定理、有公式，然後有具體說法的科學思維方法，是非之間，沒有模糊的空間。我當記者之後更真切地體會到，記者應該用這

樣的嚴謹思考作報導。可惜，後來很多記者都是道聽塗說，對一知半解的東西胡亂評論。

所以，雖然我的學歷都在醫學院，而經歷全部都在新聞界，但我並不認為我的學歷、經歷是斷裂的，反之，是相輔相成、水乳交融的。

余杰：後來，你又是如何「觸電」（進入電視業）的？最近我讀中國八〇年代著名電視片《河殤》總撰稿蘇曉康的回憶錄《屠龍年代》，他論及當年從報告文學進入電視的身分轉換。當時，人們普遍看不起電視，認為電視淺薄，直到「觸電」之後才發現這是一片新天地。我相信你也有一段相似的心路歷程。

楊憲宏：是的。有一天，張繼高請我吃飯，邀我加入公共電視。他是國民黨內的老派知識分子，是西南聯大畢業的，是臺灣公共電視制度的建立者。但我當時對電視沒有興趣，認為電視沒有辦法表現深層次的思想。他再三勸說，我終於答應下來。

我到公共電視後，擔任籌委會新聞部主管，我作出的最重要的決定是，將攝影機直接交給原住民。那時，馮賢賢是公共電視最好的製作人，我請她訓練原住民的新聞記者，訓練出來的人都能獨當一面。本來是一週一次的節目，後來變成原住民電視臺。一開始，原住民拍攝自己的故事，其他人都表示反對，我就說，現在閒置的設備很多，放在那裡，每年都會折舊，這不是浪費嗎，為什麼不讓我們用？後來，大家看到原住民節目的成果，才轉而贊同。

此後，我到過多個電視臺工作，尤其重視節目的細節和品質。

有異象的基督徒和有使命感的報人

余杰：在解嚴時代，你跟很多老一代的報人合作過，儘管彼此之間存在一定分歧，也發生過一些爭執，但你從他們身上發現了如今不多見的使命與風骨。請你談談這段經歷和感悟。

楊憲宏：老一代的報人有文人氣質，他們作這個行業有光榮感和使命感，也非常關心和竭力提拔下一代，可以說惜才如金。像王惕吾、余紀忠，他們原來並不是這個領域的人，半路出家去作，卻作出了輝煌的成就。我覺得他們有一種類似於宗教信仰的力量，因此很堅持，很虔誠。

我覺得那個時代過去了，不只是這些人已經凋零，連他們所共有的文人特質都沒有了。這種精神是無法拷貝的，是人類文明在特殊時代的表現，現在全都消失了。

余杰：媒體不僅是公司、企業，有商業和盈利的目標；媒體更是「第四權」的代表，媒體應當展現社會的公義和公益。看看現在的《聯合報》與《中國時報》，居然墮落如斯，為了開拓中國市場，他們罔顧基本事實，並不惜顛倒黑白，簡直就像北京《人民日報》的海外版。若王、余兩位前輩地下有知，一定會淚如雨下、傷心欲絕。

不久前，中共在北京召開海峽兩岸傳媒前瞻論壇，不少臺灣的「粉紅」媒體受寵若驚地受邀出席，接受中共高官接見，一派奴顏婢膝的模樣。與此同時，長期對中共持批判態度的《自由時報》和《蘋果日報》卻被拒之於門外。可見中共採取的是「分而治之」的策略。中共打壓新聞自由不遺餘力，獄中關押上百名記者和作家，有什麼資格「前瞻」兩岸媒體的未來？臺灣立法委員陳其邁指出，中國媒體駐台多半具有情蒐任

務，以中國封殺媒體的模式，臺灣媒體為了登陸就自動消音，這樣的兩岸媒體交流反而箝制臺灣的新聞自由。我非常贊同此看法。

媒體人應當有所為，也有所不為。有人說，記者應當保持中立和客觀的立場，但從你的記者生涯來看，你有強烈的參與意識、問題意識和自己的立場。你是如何從公共衛生問題的報導進入到政治和人權領域的呢？

楊憲宏：我常常被批評為「參與型記者」，我甚至上過黨外的演講台，當時要冒相當的風險，但我並不怕。我相信我的所言所行，符合上帝的教導，既然是對的，就要勇敢地去做。

在這個過程中，有幾個有趣的事件。當時，陳菊擔任臺灣人權促進會會長，他們有一個很好的辦公地點。我正介入流浪狗的救助工作，臺北滿街都是流浪狗，衛生局下令虐殺，而善心人士希望救助。我寫了相關報導之後，很多團體都站出來，籌畫開一個記者會。我去跟陳菊講，我們要為流浪狗請命，能不能借用你們的辦公室開記者會？她說，我們是人權協會，開狗的發佈會不妥吧？她這樣一問，我愣了一下，我只是想到場地是否好，倒是沒有想過兩者之不同。於是，我思索了一下回答說，你應該這樣想，你們連狗權都關心，自然更關心人權了。陳菊就說，好吧，我們把地方借給你使用。

另外就是我策畫了拒絕二手菸運動。當時，我在消基會作環保委員，反對在公共場所吸菸。但是，臺灣那時吸菸的風氣很盛，回應著寥寥無幾。我工作的《聯合報》，一到晚上，四樓的編輯部可謂煙霧騰天。編輯和記者大都抽菸，他們看到我寫的支持反菸團體的文章，立即就扔掉，可見抽菸的人囂張到何種程度。於是，我在辦公桌的玻璃板下寫了一張紙條：抽菸

很好，但請不要吐出來。如果是亂扔垃圾的行為，每個人都會鄙視。垃圾是固體，菸卻是氣體，直接侵入人家的肺。抽菸的人難道不比亂扔垃圾更糟糕嗎？抽菸的人連一點羞恥心都沒有嗎？如此，很多同事才有所收斂。這件事讓我發現，記者要寫自己相信的事情，要為讀者設身處地。你呼籲戒菸，沒有人聽，但你從拒絕二手菸入手，則會形成壓力。因為這是一種社會文明，一種對他人的禮貌。這樣，我在其他領域也利用此種思路，獲得很大的成功。

我去日本旅行，寫了幾篇報導，最重要的一篇是寫日本五〇年代發生水銀中毒事件的那個地方。我看了日本拍攝的長達八小時的紀錄片，就想，這是一種「公害政治學」，公害的背後是政治體制。下游是很多受害人，上游則是很壞的政治在操作。我進而想，如果只寫衛生問題，忙死也寫不完；必須去尋找「病灶」、尋找「魔王」，那就是政治的腐敗。如果我想當一個虛幻和虛榮的「英雄」，可以選擇不去碰政治，就環保談環保，一篇報導出來，使小官吏、小企業被懲治，大家拍手稱快。同時，刻意不去觸及大企業家和大官吏的利益。但這樣做跟我的信仰是背離的。所以，我的報導才不管對方是誰，比如，我寫過王永慶企業的污染問題，當時報社裡的同事都覺得很恐怖，因為王永慶跟王老闆是好朋友。但我在寫稿的時候，從不考慮避開「雷區」，不能受人情世故的左右。

正是我的基督信仰，讓我對公共人物內在的英雄主義情結有了反省的維度。我固然有能力去救人，看到河邊有人面臨滅頂之災，每天都可以跳下去救人；但是，我更要去追問，他為何落水？是誰把他推下水的？所以，僅僅處理公共衛生領域是不夠的。

那些年，我得到很多獎勵和掌聲。但我常常覺得，作為一個基督徒，上帝是不是只讓我做這些事情？心裡有一種缺憾。如果只是記者行業的想法，我已經將記者行業的最高獎項拿到，已經功成名就，就該滿足嗎？

我不能滿足，環顧今天周圍臺灣媒體的現狀，不禁憂心忡忡。1993 年 3 月，我在臺大新聞研究所舉辦的「多元社會、公民意識與新聞報導倫理」研討會中，指出了十項在臺灣新聞界存在多年但一直未解決的倫理問題：記者採訪過程中，受訪對象主動或被動提供車馬費或報酬，媒體主管有無處理原則？記者本身有買賣股票的投資，其負責路線與股市可能相關或不相關，媒體主管有無設定處理規範？記者接受邀請出遠門訪問，其所需費用若由邀請者支出，媒體主管是否有常規的處理原則？記者與政治人物之間的交往，與他處理此一政治人物新聞之間的尺寸掌握，記者本人與媒體主管之間是否有一常規處理原則？記者接受禮物餽贈，媒體主管是否有設定價值上限？媒體對於記者經手廣告的問題，有無限制的規定？媒體刊載醫療廣告，是否注意到這些廣告的內容與官方核准內容一致？記者在處理犯罪新聞時，特別是偵查中案件，是否對於嫌疑者採取「還未經判決者以無罪相待」的報導態度？對於報導受害者時，有無盡到保護的責任？媒體是否還存在以「工商記者」為名義，進行廣告新聞化的業務採訪？編輯部與業務部的分離規範，是否有常規處理？媒體對於純淨新聞與評論的分離規範，是否有常規處理？這樣一些尖銳的問題，若無信仰的高度，無法作出正確回答。

余杰：臺灣的民主運動，記者和律師是兩類重要的專業人士的參與者，在受迫害的人當中，記者和律師也最多。我相

信，如果沒有這兩類人的參與，臺灣的民主化進程一定會延宕很多年。你是臺灣民主化進程的參與者、觀察者和報導者，如今回頭看那段歷史進程，你有哪些特別的感悟？

楊憲宏：我們都有義務思考八〇到九〇這關鍵的十年，臺灣到底發生了哪些事情。如果從基督信仰的角度去看，蔣介石晚年才成為比較真實的基督徒，蔣經國比較接近基督教，後來蔣經國選擇接班的李登輝更是虔誠的基督徒，就會發現這一切都在上帝的掌管之下。李登輝的接班絕對不是一個意外事件。

我聽到李登輝講過一段談話，他反問說，我們有沒有走太快了，我們是否留下了太多欠帳？就像刷信用卡一樣，把民主的信用卡刷爆了。我們沒有足夠的存款放在那裡備用。換言之，很多制度性的東西沒有完成，人民的水準等也還有很大的欠缺。但不管如何，臺灣已經走上民主這條路。

反之，某些沒有信仰的人，即便是美麗島事件受刑人，後來的所作所為卻戕害臺灣，成為「民主敗類」。

李登輝曾說，他像摩西帶領猶太人出埃及，帶領臺灣人走向民主。當年的埃及人走了四十年，今天的臺灣不知還要走多久？我常常想，基督信仰如何才能變成整個臺灣的信仰，臺灣能否變成一個「基督的島嶼」？我們的目標還很遠。

余杰：你認為你的信仰在你的新聞事業中起到怎樣的作用？你的長老教會的信仰經歷，是不是你反抗精神的來源？

楊憲宏：我是在臺灣南部的長老教會中長大的。我成長於醫生家庭，臺灣長老會的很多骨幹，都是醫生。

在國民黨統治時代，長老教會被打壓，雖然蔣介石夫婦自稱基督徒，但臺語教會與國民黨的關係充滿疏離和對抗。那時，我們在公立學校講臺語，要被罰款；但我們在教會卻堅持

使用臺語，誦讀主禱文也是用臺語，用國語反倒有點不連貫。我們如同生活在兩個世界裡。這就造成我從小有一種反抗強權的心志。

戒嚴時代，長老教會在逼迫中成長為臺灣影響力最大的宗教團體。對那個時代的知識分子來說，對強權的批判性思考，對人權的關切，多多少少都會受到長老教會啟迪。而對我這樣的基督徒來說，長老教會的教導是第一位的，這個位置從來沒有消失過。臺灣其他宗教團體，其社會參與一般都集中於慈悲、施捨、教育方面，有一定成就，影響也很大，但他們主動與政治區隔，從不批判強權。而長老教會認為，改變臺灣的政治狀況，是上帝給每一個信徒的使命，並從聖經中找到切實的根據。我在跟教會的人在一起時，總是互相鼓勵，覺得神給我們不可推卸的使命，要為臺灣這片土地打拚。1979 年前後，美麗島事件爆發，長老教會總幹事高俊明牧師因為救助施明德，被當局逮捕關押，那是長老教會與國民黨政權衝突最劇烈的一個時期。

余杰：解嚴之後，長老教會的社會影響力反倒下降，在公共領域，似乎也少有聽到基督徒公共知識分子的聲音。

楊憲宏：基督徒應當勇於涉足政治，對公義的主張，在政治上是絕對必要的，因為最不公義的地方就是政治。但是，教會的使命在於傳福音和拓展神的國度，對具體的政黨和政治人物應當持一種超然的態度。即便是持相同或相近主張的領導者執政，教會也不應對其俯首貼耳，仍然要監督和批評他。教會尤其不能黨同伐異、完全一邊倒。這是長老教會的一個盲區，比如對陳水扁執政時期一味讚美，對陳水扁明顯的貪汙行為默不作聲。再比如，長老教會推動設置「國家祈禱會」，本來是

好事，但陳水扁主持完禱告會後，隔天就去廟裡燒香，這難道不是「消費」教會嗎？從我們的信仰來看，這樣做是不對的，但長老教會的牧師們卻不出來表明教會的立場，僅僅因為陳水扁是綠營選出來的總統，就無條件支持他。這是我無法認同的「以人劃線」的做法。

政黨輪替後，我的很多新聞界的朋友當官了，但當得好的人並不多。我也有當官的機會，但我在第一時間就拒絕了，我說：「請尊重我的專業！」

臺灣現在的問題是藍綠壁壘分明，反倒忽視基本的是非、善惡的判斷。這是「非我族類，其心必異」的思維方式，對民主的發展和鞏固很不利。我被視為偏綠的人物，但我也嚴厲批評民進黨在臺上時的某些作為，基督徒應當「憑愛心，說誠實話」。然而，這樣的表達，在臺灣不是主流。

臺灣的基督徒公共知識分子不多，在這個面向上努力不夠，未來臺灣跨向哪個方向，亦缺乏先知式的人物來引導，這是一個很危險的狀況。我認為，與其高言大志，不如先踏實下來，凝聚起一群人，與聖經同在，回歸聖經，一起讀聖經，然後再謙卑地規畫臺灣的未來。

究竟誰在「為人民服務」？

余杰：我們的結緣始於央廣的「為人民服務」節目。你是這個節目的主持人，也是訪問我次數最多的臺灣的媒體人。算起來，我接受「為人民服務」的訪問先後不下於十次，談的問題範圍亦很廣，如《零八憲章》、獨立中文筆會、宗教信仰自由、臺灣大選以及我的著述等。

我周圍的朋友，大都接受過你的訪問，幾乎可以說，你把

中國的民主人士「一網打盡」了。劉曉波入獄前，多次在我面前提及接受你採訪的情形，他說，楊憲宏是真正瞭解中國的臺灣知識分子，很多港臺記者的訪問，常常提一些弱智的、無知的問題，而楊憲宏的問題大都一針見血、切中肯綮。

這一次訪問臺灣，我又親身到了位於風景優美的劍潭的央廣總部演播室接受你的訪問。從隔著海峽的電話採訪到面對面地談話，宛如隔世。

在這裡，能否請你介紹一下這個節目是怎樣誕生的？

楊憲宏：《為人民服務・楊憲宏時間》，是臺灣中央廣播電台的節目，每週一至週五以短波播出。該節目係依據中華民國公共媒體中央廣播電台的法定任務營運方針，宣揚臺灣自由、民主、人權、多元文化等核心價值，以追求、捍衛國家利益為依歸，代表國家向國際發聲，幫助兩岸和平、加速中國大陸的民主化進程。開播以來，我越洋訪問了上百名中國重要的維權人士、被迫害群體，亦常採訪臺灣政界及人權活動家，解讀臺灣、中國大陸及國際的重大新聞事件，關注兩岸的民主及人權對話，力促臺灣對中國人權的聲援。我在一次演講時以「中國大陸的地下電台」形容此節目角色。

這個節目於 2005 年 1 月開播。它的設置源自 2004 年我與時任總統的陳水扁的一次對話。陳水扁鼓勵民進黨政府應積極關懷中國人權、開展人權對話；並憂心臺灣社會主流商、政界漸因商業、政治利益而噤聲，若臺灣不去累積兩岸人權對話，臺灣將失去和中國交往中的真正談判籌碼。

後來，陳水扁在一次國安會議決定「臺灣必須關照中國的人權狀況與民主發展」。於是，作為以往對中國的心戰喊話窗口，中央廣播電台便承擔起發揮關懷中國人權的功能。央廣的

董事會就來找我製作《為人民服務‧楊憲宏時間》節目。

　　為什麼節目的名稱叫「為人民服務」？這本來是由毛澤東提出的中共政治宣傳中的一句口號。我認為，這句話少了一個主詞，誰為人民服務？毛澤東用這句話欺騙中國人。那我就用這句話來給大家看看，誰在真正為人民服務？央廣官網的節目介紹中指出：「難道只有共產黨才能為人民服務？新時代的觀點是，應該由人民來為自己服務。」

　　余杰：是你這個基督徒記者在「為人民服務」啊，彼岸那些共產黨官員都在忙著貪汙。這些年，「為人民服務」一天天做下來，你順理成章地成了臺灣研究中國人權問題的「首席專家」。據我幾次訪問臺灣的體驗，中國人權議題在臺灣是一個非常邊緣的議題。臺灣民眾要麼是漠不關心，認為這是一個遠在天邊的問題，跟大家的日常生活關係不大；要麼就是刻意迴避─因為他們在中

楊憲宏召開新聞發表會，揭露阿里巴巴真相

國大陸有各種生意或有諸多利益糾葛，不願得罪掌握巨大資源的中共。趨利避害，亦是人之常情。

　　也正是在此種狀況之下，你的節目為臺灣公眾打開一扇視窗，讓臺灣民眾從中瞭解中國掩蓋在高速發展的經濟之下的真實的社會狀況。

　　這幾年，我惡補了臺灣民主運動的歷史，發現今天中國的人權運動，有點像臺灣七、八〇年代黨外運動。不過，由於中

共的極權統治，其殘酷和暴虐程度超過當時威權體制的臺灣，所以中國人權活動家的處境更艱難，更需要得到海外的關注和支援。在這個意義上，你們的節目功不可沒。

楊憲宏：我們的節目不同於早年國共對立時期「心戰喊話」節目那樣充滿宣傳性，從一開始起，我就希望直接打電話進中國，和第一線的、被迫害的那些維權人士對話，讓中國民眾自己講述中國的人權狀況。以真人真事為基礎，談起來就更具說服力，同時也讓這些異議人士有一個抒發情緒的管道，讓他們說明自己受迫害的案例，甚至有機會和臺灣人士對話。

積累下來，這個節目成了訪遍中國維權人士的、當代中國的「維權史」。幾乎所有「重量級的中國維權人士」都被我訪問過，而且每集長達四十五分鐘（現為三十分鐘），有些訪談連續數集，深度和廣度是一般的廣播談話節目中所罕見的。例如，諾貝爾和平獎得主劉曉波，在得獎前就是這個節目的常客。我還邀請當時的陸委會主委吳釗燮直接和劉曉波對談，這是中國民間人權活動家與臺灣內閣閣員的第一次對話。

余杰：在我看來，這樣的對話的意義，遠遠勝過連戰到北京朝拜胡錦濤的所謂「破冰之旅」。胡錦濤是黑箱操作出來的獨裁者，沒有經過選舉，不具備代表性，連戰則是過氣政客，在臺灣也沒有民意基礎。而你發掘出在中共嚴密封鎖和壓制之下的一群捨生取義的反抗者，並由此呈現出魯迅所說的「活的中國」、「帶著血的蒸氣的中國」，中國的未來隱藏在其中。

楊憲宏：我們的節目是中國維權人士面對臺灣社會乃至國際社會的一個重要管道。

我可以講一個例子：幾年前，陳光誠的妻子袁偉靜在節目上口述了一封給馬英九的公開信，希望我能幫她轉達。我送給

總統府之後，便沒有下文。

後來，網路上流傳一段陳光誠遭軟禁毆打的短片，在國際上引起很大反響，我順勢召開記者會呼籲臺灣關注陳光誠的處境，並再次把公開信拿出來。這次在國際媒體的關注下，馬總統主動找這封信，府院黨也都有人找我要這封信。後來總統府第一局局長打電話給我，表示「總統會在適當的時機對陳光誠表示關切」。

這封公開信「曲折離奇」地經過兩年，馬總統才收到。由此可看出，《為人民服務》確實扮演了兩岸人權對話橋樑的重要角色。

余杰：隨著兩岸關係的變化，在臺灣，你的節目有沒有受到什麼壓力呢？央廣畢竟是政府撥款維持的官方電臺。另外，中國方面有沒有透過什麼管道傳話給你，讓你放棄這件事？

楊憲宏及友人歡迎陳光誠夫婦來台訪問

楊憲宏：《為人民服務》從 2005 年走到今日，我很慶幸歷任中央廣播電台董事長並沒太為難我，讓我有很大的自由和空間作這個節目。雖然有時會碎碎念說時機太敏感等，但都不至於對節目橫加干涉。這也是託臺灣社會民主化之福。

我認為，以兩岸交往的歷史來說，這個節目至少在官方與非官方色彩間，多了一個臺灣真實關心中國的管道。雖然這只是一個廣播節目，但這是每天活生生播出的，很多人都覺得還

好有這個節目，否則臺灣直接關心中國的人權就是「掛零」。

當然，由於廣播節目有即時性，這些節目播放之後就過去了，除了少數有些人有時會上網下載過期的節目來聽，一般人很難找到。這些第一線的直接訪談，成了觀察現今中國維權歷史發展的豐富資料庫。曾有中研院學者建議我把這些節目文字化，整理成歷史檔案，甚至挑選其中重要的部分出版。但礙於經費不足，以及我的工作太忙，目前並無打算這麼做。盼望未來有一天這個計畫能實現。

中國方面沒有跟我接觸過。我們的記者黃美珍曾赴山東拜訪陳光誠的妻子袁偉靜，當時陳光誠即將出獄，在當局嚴密監控下，黃美珍一到當地就被盯上，並被警察短暫扣留。還好，她後來順利返回臺灣。

總而言之，《為人民服務》節目走過這麼多年，應不負當年設立的目的與使命。

余杰：雖然《為人民服務》的節目未能整理成文字材料出版，但後來你們編輯出版的《中國生死書》可以算是一本「濃縮版」的中國人權狀況普及讀本。很榮幸，我也是作者之一。

楊憲宏：我們在 2013 年編輯出版《中國生死書》。我們以關切政治犯、良心犯這個主題出發，邀請當事人親自以白紙黑字把自己的經歷寫下來，在這風雲際會的年代，我們做了什麼？我們說了什麼？讓這些呼聲與作為成為這個世代的標竿。所以，《中國生死書》是一本從正確的歷史視野定位見證當代，前瞻未來的「航行者臉書」（Navigator's Facebook）。

《中國生死書》的概念指的是，獨裁專制政權關押了政治良心犯等於把自己國家的生存之路都堵死了。有些國家所關押的竟是後來自己國家的總統，這樣的國家怎會有生路？胡錦濤

說中國不走老路也不走邪路，他搞錯了，不論是老路或邪路，只要中共還繼續迫害政治良心犯，中國走的都是死路，只有釋放這些良心者，中國才有生路。過去南非曼德拉被關，南非簡直成了地獄，緬甸軟禁了翁山蘇姬，同樣斷了自己生路。

反之，當曼德拉、翁山蘇姬被釋放後，南非與緬甸，整個國家馬上從黑白垃圾廢墟變成七彩鑽石黃金。希望中國也有相同的歷史機遇。兄弟登山，一起努力。這是一本廣交友而並肩壯遊改變歷史的書。面對黑暗大山，不但不怕，還要呼群保義。《中國生死書》出版的目的在讓更多的人有參與高舉公義的機會，不論從歷史觀或現實批判或對未來有展望的角度都是這本書收錄的重點。

為什麼臺灣人要關心中國的人權議題？

余杰：近年來，你的工作重點轉向創立和推廣「臺灣關懷中國人權聯盟」，請你介紹一下這個組織的宗旨和成立的過程。

楊憲宏：臺灣關懷中國人權聯盟（英文：Taiwan Association for China Human Rights，簡寫 TACHR），2011 年 5 月 14 日在臺北成立。我擔任理事長，主要成員包括中國流亡政治活動家阮銘、臺灣中國事務專家賴怡忠、前臺灣新聞記者協會會長暨前中央廣播電台副總台長楊偉中、立法委員田秋堇、

楊憲宏大聲疾呼聲援中國人權受難者

前立法委員姚立明、陳嘉君、鄭元豐、林立生、中央廣播電台製作人黃美珍、東吳大學人權學者暨前國際特赦組織臺灣分會秘書長王興中、人權律師暨前臺灣人權促進會會長魏千峰、律師朱婉琪、作家張鐵志等。

該社團法人之目的在督促中華民國政府將人權作為兩岸談判的前提，特別是關注中國大陸內部的人權狀況，呼籲台海兩岸當局之間建立類似中美之間談判的「人權對話平臺」機制，並推動中華民國政府儘速制定《難民法》或是《政治庇護法》，以協助受迫害的中華人民共和國良心犯及異見人士。

很多臺灣朋友問我，你為什麼要關心中國的人權問題？這跟我們臺灣有什麼關係？中國專制，就讓他們專制去，我們自己打掃門前雪，莫管他人瓦上霜。我回答說：近年來，臺灣與中國之間交往頻繁，在這種交往中，我們透過許多朋友瞭解到，許多台商、特別是一些年輕人到中國大陸去親身體驗感覺到，中國大陸的人權狀況、自由的狀況與臺灣相比，差別太大。大家都擔心：如果臺灣政府繼續與大陸這樣往來，由於人權標準不一樣，對自由的見解不同，甚至中國在法制上不夠完整，也不是一個有民主的地方，臺灣可能會受害。我們感覺到，臺灣政府方面對中國的人權議題發出的聲音太小、甚至不夠，它往往在社會的壓力之下才會表示，凡是牽涉到中國人權的問題，臺灣政府的反應都太慢。甚至在 ECFA（兩岸經濟合作架構協定）簽署的過程中，其中很多內容如果沒有放進人權標準，簽了等於白簽。比如一些商業爭議機制，如何調解、如何仲裁，這類問題紛紛牽涉到法制與人權問題。兩岸之間在法制與人權問題上落差太大。這也促使我們成立一個非政府組織來督促政府在與中國交往過程中，將有關人權問題提升為關照

人是被光照的微塵

基督與生命系列訪談錄

的價值之一。

我們也特別告訴臺灣民眾，不要一切都向「錢」看，只關注臺灣的利益。這些都是小利益，重要的是人權、自由、平等、法制、民主等問題。如果這些問題在雙方的交往過程中不予提出，那麼，我認為交往的意義就不大。應該賺的錢，臺灣都已賺了。剩下的兩岸如果保持一個穩定的關係，人權必然要成為一個重大項目。這一點，無論是民進黨、還是國民黨內部的有識之士都十分清楚。但是尚未成為這兩個政黨在兩岸問題上最為關心的問題。其實是社會壓力不夠。

我們認為，兩岸人權自由落差太大，穩定的兩岸關係需要「人權標準」。因此主張臺灣應用民主人權、自由法治來跟中國大陸交往，強調民主、人權、自由和法治是「臺灣唯一的籌碼」，並倡議「人權標準」應納入《兩岸經濟合作架構協議》（ECFA）的談判。我們呼籲中華民國

臺灣舉辦「救援中國政治犯公聽會」。右起：傅希秋、楊憲宏、彭佳音、王天安、陳學聖。

總統府人權機構設置「六四翻案小組」，促使中華民國政府實質提供人道救援。

余杰，我觀察到，你們推動的最重要的一項工作，就是倡議並遊說立法院通過「關注及救援中國良心犯」決議。這個目標是怎樣實現的？

楊憲宏：自 2012 年 1 月「臺灣關懷中國人權聯盟」發起之初，其草擬第一工作要點是「敦促立法院，依兩公約行法的精神，每年提交有關中國人權的國會決議文，詳列中國境內被

關押的良心犯名單、被拒絕回國的黑名單人士等內容，要求中國政府落實中國公民的權利」。

在 2012 年國際人權日，臺灣數個人權團體代表，包括代表「臺灣關懷中國人權聯盟」的我、國際特赦組織臺灣分會理事長林昶佐、臺灣圖博之友會會長周美里、華人民主文化協會常務理事林佳龍、華人民主書院董事會主席王丹、法輪功人權律師代表朱婉琪及臺灣人權促進會會長賴中強等，一起呼籲中國釋放良心犯。

次日，立法院跨黨派無異議通過「關注及救援中國良心犯」決議，並且要求行政院在未來必須經由立法救援遭中國政府關押的四千零三十三名良心犯。該決議由臺北律師公會理事長、立法委員尤美女提案，要求中華民國政府應依《公民與政治權利國際公約》第十八條以國會立法落實兩公約。此決議是「聯盟」推動「人權國會」的首次行動。

這個提案對於維權人士、獄中作家、法輪功學員、藏人、維吾爾人四千零三十三名被中共政權關押的人士表達聲援之意。從這一天起，中國良心犯這個名詞與四千零三十三名被迫害的政治犯名字，都進入了臺灣國會的正式紀錄。

推動這個中國良心犯名單通過的原始構想其實很單純，兩年多前，一群關心臺灣未來與中國問題的朋友們一致認為，終有一天兩岸都要進入全面談判的時代，而國民黨所提出來的虛幻的「九二共識」不可能成為對話的基礎，民進黨的「臺灣共識」還需要進一步理解，而什麼是不變的普世價值，不但臺灣朝野可以有共識，甚至中共不能反對，美日歐盟可以支援？這是這群朋友所要追求的目標。

余杰：這是我目前所知的最完整的一份中國良心犯名單，

這項工作本該由中國的海外民運組織完成，遺憾的是，那麼多民運組織陷入爭權奪利，卻不做這種踏實的、有益的事情。看到這張名單，不由得不對你們的努力萌生由衷的敬意。請接著介紹你們近年來特別關注的一些個案。

楊憲宏：我們作過呼籲中國政府釋放劉曉波夫婦的活動，與華人民主書院、圖博之友會等人權團體召開「空椅子兩週年：中國政府釋放劉曉波夫婦／聲援中國人權受害者」記者會，呼籲馬英九總統以實際行動關心中國人權，將人權問題納入兩岸談判內容。我在記者會上強調「臺灣無以為保，唯民主、自由、人權等價值，才是臺灣真正的保障」，呼籲大家要關心中國的人權，因為中國的人權與臺灣的民主價值息息相關，如果中國沒有人權，臺灣未來也會被中國用那樣的方式對待。

我們還邀請中國維權人士陳光誠訪問臺灣，陳光誠的臺灣之行是臺灣人權團體一連串自由民主骨牌推動的一個重要環結。陳光誠受邀到立法院演講，這是中國維權人士第一次到臺灣國會發表演講。雖然馬政府害怕得罪中國當局而刻意回避與陳光誠接觸，但陳光誠在臺灣掀起的旋風，讓臺灣民眾接受了一次洗禮。

余杰：兩岸交往，人權為先，這個思路正逐漸成為臺灣社會的共識。

楊憲宏：用我的說法，就是以「價值」外交取代「價格」外交。在下個階段兩岸進入政治對話前，臺灣必須進行熱身，坐到談判桌邊之前，臺灣應盤點一下，到底有多少籌碼可以進場。最重要的是如何以價值觀為核心主導未來的攻防。民主、人權、自由、法治其實一點也不抽象，也是臺灣可以拿出來，

必須拿出來的具體項目。其中又以人權關懷更是無可閃避的責任與義務。兩岸之間在進行了多年的「價格談判」之後，將無可迴避的要進入「價值談判」的時代。以人權法治自由民主為共識的談判，必需由臺灣來主導，臺灣不再是籌碼，臺灣是玩家。

2012年總統大選，中共政權介入臺灣政局甚深。讓許多人驚覺，臺灣正走在「失樂園」危機之路。我們的創社宗旨之中言明「左鄰右舍有人不自由，我們就不可能感覺自由，假如不為自由人權奮戰、自由將隨時離我們而去。」也就是自由、人權是逆水行舟「不進則退」。臺灣與中國的交往，明顯地造成了臺灣自身的自由、人權的緊縮，讓以商逼政、統戰圍城的戲碼天天都在臺灣人生活的四周上演。這也促成了臺灣人權團體開始集結，甚至大學生的學生運動也應運而起。

余杰：顯然，你們這些工作也是遵循聖經中「愛人如己」、「愛鄰舍」的教導，在混沌的臺灣社會發出先知般的呼喊。

楊憲宏：「臺灣關懷中國人權聯盟」成立之初，曾注意到臺灣社會的徬徨與迷惑。臺灣與中國之間頻繁的交往，雙方在各種議題上的互動觀點有異有同，解決之道有易有難，可是核心價值觀卻南轅北轍，今天年輕一代的視野存在著各種障礙，他們看不見未來；特別是臺灣與中國年輕一代可以共同期待的未來，正面的未來。

許多人在私下討論這個問題時，都不約而同說出相同的困惑。答案其實非常明白，臺灣的年輕人希望到中國，再也不必懷著說不出來的恐懼感，能夠像在臺灣一樣，無顧慮的思想、生活、說話、做事，可是要怎樣的耕耘才會有這樣的收穫呢？

我深信，不努力去主張自由，人權是不可能從天上掉下來。每天在中國發生的人權不幸事件，都需要來自臺灣的人道慈悲及人文關懷，特別是年輕一代挺身而出，這個世界才會一步步走向年輕人所夢想、期待的方向。

余杰：我想，中共當局一定將你們當作危險的敵人來看待，臺灣那個親共的政商聯盟也視你們為眼中釘。面對巨無霸式的中共，這個小小的機構如何長期堅持下去？

楊憲宏：據「自由之家」提出的報告，「中國領導人對市民要求合法權利並監督政府，仍缺信心和容忍，維權律師和非政府組織受到更強的壓迫，中國政府對法輪功、西藏、新疆也未放鬆鎮壓。中國等十個國家被列為惡中之惡。」人權是中共的痛處，對於任何試圖揭露中共破壞人權的努力，中共一定會百般刁難和打壓。

中共不只是在中國內部壓制人民的聲音，臺灣社會主流商、政界也因為商業、政治利益而噤聲，對於關懷中國人權的努力因而遭忽略，若不去累積人權對話，臺灣將失去和中國交往中的真正談判籌碼。

臺灣民眾無法想像，在中國民眾的人權仍廣泛受到中共政權迫害的同時，這個「惡中之惡」的中共政權不斷宣傳讓利臺灣的承諾，如何可能為真？用大白話說，「當中共還殘忍虐待中國人的時候，怎有可能善待臺灣人？」正是基於這種質疑，臺灣的執政黨政府與民間商貿人士進行改善兩岸關係的同時，如果全然無視於中國的人權狀況並有所表示，就一定無法消除民眾對於兩岸關係發展的焦慮感，而得到民眾的信任與支持。

余杰：習近平上臺之後，對臺灣的統戰步驟加緊，媒體統戰、宗教統戰，可以說步步為營，企圖將臺灣窒息而死。比

如，被中共統戰部、宗教局控制的中國「三自會」和所謂基督教「兩會」，聯手臺灣部分親中教會人士，在臺北舉行首屆所謂「兩岸基督教論壇」。這是一次企圖假借「信仰合一」的交流，透過「宗教統一」的假像達到「政治併吞」的企圖，其心險惡。臺灣很多基督徒和教會不瞭解「三自會」的真相，為了追求自己的利益，與狼共舞，羞辱主名。幸而長老教會抗拒此逆流，召開記者會揭露此論壇之真相，你也出席記者會並發言，還撰文告誡臺灣的基督徒和教會，希望你的聲音被更多臺灣的肢體聽到。

楊憲宏：在兩岸宗教交流上，我我特別贊同長老教會的觀點，與家庭教會來往，而不與三自教會來往。長老教會在牧函中指出：「我們記念那些不畏懼中共政權，堅持信仰良心而受迫害的許多中國的基督徒；為中國的宗教自由祈禱，期待有一天中國的基督徒可以秉持信仰，行公義、好憐憫、存謙卑的心與上帝同行。」

反之，「兩會」就嚴格的定義來說，並非教會，而是中共政治工具，甚至是與魔鬼共舞的敵基督（Antichrist）。他們協助中共控制基督教徒，對之馴化、約束，使其「愛黨愛國」，在共產黨創立周年時，「唱詩班」還會為黨唱「紅歌」。這種與魔鬼交易的反基督卻無恥地打者「基督教會」的旗職跨海而來，這是一次對臺灣基督教徒重大的試煉，可以看到誰是出賣靈魂的假先知，誰才是真正堅定的基督信仰者。在我看來，「兩岸基督教論壇」其實是一場「審判日」的預演。在會中不能為家庭教會受中共政權迫害的肢體聲援的，等於是與魔鬼共舞。

我們聯合立法委員和其他人權組織，在立法院舉辦「防範

人是被光照的微塵

基督與生命系列訪談錄

中國宗教統戰記者會暨公聽會」，並作出一系列結論：建請國安局、內政部、外交部、針對服貿協定可能大開中國假投資之名，行滲透之實進行專案研究，同時針對與中國「三自會」交流之團體進行調查，於立院會期開始後，擇日進行專案報告；建請國安局建立「人權惡棍資料庫」，防範破壞人權之中國人士來台，參照美國 DS-160 非移民簽證表格，要求中國人士來台以書面回覆是否有破壞人權、海外遭受控告與涉及國安之行為，若填寫不實者，應駁回申請並遣返出境；宗教專業人士身分之確定，應由宗教自由國家或地區的相關宗教機構來認定，不應由中國官方單方認定。

余杰：謝謝你們的努力。聖經中說：「唯願公平如大水滾滾，使公義如江河滔滔。」願我們彼此激勵，一起為公義而戰。

2013 年 3 月初稿

2015 年 11 月定稿

上帝眷顧我們原住民

——布農文教基金會執行長白光勝牧師訪談

白光勝簡歷

白光勝牧師，1954年生於臺東縣延平鄉桃源村（布農族）。孩童時代，因為臺東山區醫療條件差，患小兒麻痺症後造成身體殘疾。但父母教養「一視同仁」，兄弟姊妹上山務農，他也要跟著做，造就堅強的意志，即使後來求學及就業處處挫折，亦從未被打倒。先後求學於臺北基督書院和臺南神學院，獲神學碩士學位。

畢業後，白光勝放棄留在大城市牧會的機會，回到從小生長的臺東布農部落擔任延平教會牧師。1993年，成立布農身心障礙者及老人工作室，又成立文化工作室，期望擴展族人文化的關懷深度，並創造了族人的經濟能力。1995年2月17日，成立「布農文教基金會」，乃是第一個由原住民成立的基金會。布農文教基金會成立以經營布農部落的形式，實驗保存原住民生活風貌、結合文化傳承與休閒產業的可能，成功地重建原住民文化、找回原住民的自信心，並提供其他族群體認原住民文化的機會。

目前，由白牧師主持的布農部落，既是一個原住民生活居住的村莊，又是一個對外營業的休閒農莊；既是一個大家庭，又是一個信徒團契。布農部落目前規畫有部落民宿、部落劇場、有機蔬菜區、生態公園，並持續舉辦藝術展、河川保育營、青少年狩獵營、海內外巡迴演出、戲劇營、兒童編織營，期望藉由有機農業、文化研究、藝術創作、環境保育、生態復育、工藝傳承、青年養成、幼兒教育、老人福利，以基督信仰為基礎，為走向原住民社會發展自主、開創生機的模式，為原住民部落的未來尋找出路。

採訪緣起

2013 年春，我在臺灣訪問時，應橄欖出版社之邀，借用《基督教論壇報》之會場，與妻子作了一場關於生命與信仰的分享會。在我分享時，不經意間發現，下面坐著一位相貌英俊、雙目炯炯有神、輪廓宛如印第安人、鬢髮花白的男性聽眾，一直聽得全神貫注，旁邊大概是其妻子和女兒。他的座位下放著一副枴杖，或許身體有殘疾。他是誰呢？

等到演講會結束，他走過來自我介紹說，他是白光勝牧師，今天帶家人專程過來聽我們分享，他讀過我和妻子合著的自傳體小說《香草山》，還推薦給很多朋友讀。白牧師告訴我們，他住在臺東布農部落，邀請我們去那邊小住幾日。此後，我在網路上蒐索白牧師的資料，發現他有非凡的故事和成就。於是，我們透過電郵有了一些交流。

2014 年再到臺灣訪問，我們全家專程到布農部落去拜訪白牧師，計畫為他寫一篇訪談，並應邀向布農族的弟兄姊妹分享信仰歷程。在此前我訪談的對象中，沒有一個是中國的少數民族或臺灣的原住民的牧師，這次是極好的機會。當我們來到布農部落，發現這裡青山隱隱、綠水悠悠。早餐在蝴蝶飛舞、流水潺潺的蝴蝶谷享用，人與自然融為一體，超過任何一間五星級飯店的享受。白牧師說，你們先自由自在地玩兩天，體驗布農族與上帝創造的天地的和諧關係。白天，我們在園區內觀賞布農歌舞、品味咖啡、茶點及各種手工美食；晚上，我們在房間裡聽到壁虎的歌唱。

第三天晚上，我們應邀到白牧師家晚餐。白牧師的家就在園區內，是一棟布農傳統風格的木屋，內部設施很現代化，跟

城市居民相差無幾。這是一個熱鬧而親密的大家庭，幾個神采飛揚的男孩女孩讓房間裡生氣勃勃。飯後，我與打著赤膊和赤腳、肌膚黝黑的白牧師促膝長談，並於次日到布農部落的咖啡屋繼續對談，遂整理成這篇訪談錄。

上帝為什麼讓我身體殘疾？

余杰：白牧師，我們先從您的童年時代談起吧。這裡就是您長大的地方，桃源村確實像是一處世外桃源。不過，比起半個多世紀之前來，這裡有了很大的變化，比如這個生態園區以及周圍的有機農業，在貧瘠的土地上欣欣向榮地發展起來，簡直就是一個奇蹟。

白光勝：我們族人原本居住在大山深處，日本統治時代被強迫遷居到現在的桃源村，美其名曰「方便管理」，實際上是要搶佔我們的山林的檜木、紅豆杉等臺灣最好的木材。東京的神社用的檜木就是從我們布農族擁有的山林中砍伐的。

回溯到我出生的那個年代，1954 年的布農部落，還是原始偏僻的未開發地帶。延平鄉有五個村，桃源村是行政中心，由桃源、上里、下里、鹿鳴四個部落組成。我出生在鹿鳴部落，住家有四十多戶，都建築在險峻的山坡上。那時的鹿鳴部落，沒有電、沒有腳踏車、沒有雜貨店。我們非常貧窮，食不果腹、衣不蔽體。主食是小米，每週輪流吃南瓜、地瓜、芋頭、玉米，這些都一起煮來吃。小孩子最不喜歡吃玉米糊，除非加上一點山豬油，吃起來才會很香。

國民黨政府對我們的政策並不比日本人好，他們全面嚴禁使用母語和日語，禁止原住民打獵，部落分享、分擔的團隊組織結構逐漸消失。我們的後代變得不會說布農語、不懂文化祭

典、不會八部合音。其實，我們的祖先雖然沒有現代文明，卻是與山林共舞的族群，積澱了深沉的智慧與生存法則，懂得對自然界感恩，這些品質反倒是現代人應當學習的榜樣。

這段經歷，讓我日後成為為原住民權益而奔走呼號的牧師。

余杰：是像潘霍華那樣的人權鬥士的牧師吧。在生態園區內，我發現很多跟基督信仰有關的元素。那麼，布農部落的基督信仰從何而來，您從小就是基督徒嗎？

白光勝：從西方宣教士馬偕、馬雅各來到臺灣的原住民村落傳福音以來，到現在大約有一百五十年了。具體到我們這個部落，是六十多年前，長老教會年輕的胡文池牧師從臺北跋山涉水到關山，先建立宣教基地，隔年前往延平鄉布農族部落巡迴傳道，爾後帶著第一代青年信徒四處到全台各地布農族部落傳福音，一度讓在南投、高雄的整個布農部落都信了主。

我的奶奶正是在那個時候信主的。他們那一代人，現在最年輕的都八十多歲了，大部分已蒙主恩召。福音的種子傳到我這裡是第三代。原住民一般都是上一代被上帝揀選，下一代就自然地信主了。

那是一個小兒麻痺症流行的年代，此疫情在 1970 年後才被控制住，在此期間部落有很多孩子患上這個小兒麻痺症。我三歲的時候因發燒罹患小兒麻痺，在山村裡沒有即時得到醫治，造成身體殘疾，雙腿不能正常走路，必須倚靠柺杖。上學對我來說是很艱難的事情，每天要花兩個多小時在路上，大半都是崎嶇的山路。但是，周日去教會，卻是我最大的盼望，在教會可以上主日學、學詩歌、背聖經，禮拜之後，孩子們常常會得到一張宛如聖誕賀卡一樣精美的卡片，我把這些卡片貼到

屋子的牆上，就像獎狀一樣。

如果按照部落的傳統習俗，我這樣的殘疾孩子會遭到歧視和冷落。但是，因著爺爺奶奶、爸爸媽媽都是基督徒，他們相信上帝賜予的每一個孩子都是好的，沒有放棄我，鼓勵我要勇於面對自己的缺乏，更不忘要持續接受教育，不斷讓自己長進。我從小就熱愛讀書、刻苦學習，但當時家人不能提供額外的教育經費。

余杰：身體的殘疾造成您在求學之路上的種種坎坷。您有沒有灰心喪氣、乃至抱怨上帝的時刻？

白光勝：我從小在家中得到家人的愛，但身體殘疾帶來的不便始終存在。我在國中讀書時，學習成績名列前茅，但不能上體育課，有時被人指指點點、被人看不起、被人當作怪物。這些都只能默默忍受，流淚向上帝禱告。

國中畢業後，我考上南投的一所師範學校。當我讀了一個禮拜之後，教務處發現我患有小兒麻痺症，而當時教育部要求師範學生必須身體健全，殘障人士不能當老師。老師將我叫去辦公室，嚴肅地對我說：「你是小兒麻痺症患者，不能念師範學校。即使念完，也沒有學校會聘用你。」就這樣，我被迫退學了。

那時，我真的感到很絕望，我心裡想：「我喜歡小孩，也知道如何捉住他們的心、吸引他們注意。我實在不知道，為什麼我不能當一名老師？」我開始有了自暴自棄的想法：對於我這樣的殘障人士，讀書有什麼用呢？但媽媽一直在旁邊鼓勵和支持我。

那時，一般的學校都已開學十多天，再轉去別的學校很不容易。大姐到處打聽，發現臺東商校還有名額，便逼我去那邊

上課。大姐的想法是，原住民沒有商業貿易的概念，常常被外面的人欺騙，如果我讀商校，會對家庭和部落有所幫助，至少有一技之長、可以自食其力。

在商校，我有幸遇到一位基督徒老師。在高商一年級後，他教我英文和珠算，給我很大的幫助。他不僅撥出時間細心教導原本對數字很頭疼的我，甚至還幫我繳交珠算檢定的報名費。當然，我也沒有讓老師失望，畢業時順利地通過珠算一級檢定。更重要的是，這位老師在信仰上給我很多啟發，讓我更深入地思考從童年就有的、似乎是自然而然的基督信仰的意義與價值。但遺憾的是，在我畢業時，沒有留下那位老師的聯繫方式，後來失去了聯繫。

畢業後，我又面臨人生的選擇，是當公務員，還是當銀行職員？那時，正好有臺東公務員的考試，但在體檢中，我被宣佈不合格，不能參加筆試。我跑去問醫生，醫生說，政府有明文規定，小兒麻痺症患者不能參加公務員考試，政府需要的是健康的人。我再次遭遇沉重打擊，覺得越想努力讀書往上爬，卻越遭受到社會的不公平對待，一度真的很想放棄自己。因為窮、因為殘障，我特別敏感，當部落裡英俊的年輕人一一結了婚，我只能特別努力地讀書。當醫生告訴我「你是小兒麻痺不能考試」時，我感到非常絕望，為什麼政府和社會要拒絕我？

我再也提不起書的興趣，回到家鄉當失意喪志的農人。那時，我正處於青春叛逆期，跟爸爸一起勞動七個月，在家除草、種花生、種玉米，情緒很低落。我一方面埋怨媽媽，為什麼當初要讓我唸書呢？唸書根本沒有用啊，照樣被社會拒絕和排斥，還不是回來當農民。另一方面，我也抱怨上帝，為什麼上帝要讓我身體殘疾？為什麼上帝不給我健康的身體？我們是

一個敬虔的家庭，我和我的家人都沒有嚴重的犯罪行為，為什麼我會招致如此殘酷的懲罰呢？

余杰：這段故事讓我深受感動。我想起聖經中的一段故事：耶穌看見一個生來是瞎眼的人。門徒問耶穌說：「拉比，這人生來是瞎眼的，是誰犯了罪？是這人呢？是他父母呢？」耶穌回答說：「也不是這人犯了罪，也不是他父母犯了罪，是要在他身上顯出神的作為來。」我想，您的殘疾不是無緣無故的，上帝是要在您身上顯出莫大的作為，只不過一開始的時候，我們都不知道上帝的計畫是什麼。我們只能謙卑地等候。

白光勝：是的，成為原住民、成為殘疾人，不是我自己願意的。但因為耶穌基督，讓我成為一個自豪的人、更有自信的人。基督信仰在我最灰澀的那一年中，仍尚存一絲較正面的價值觀，不致讓我落入沉淪的深淵，並進而讓我體會到上帝要在不同的人身上成就不同的事。

多年以後，我對於過往所經歷過的一切歧視也好、坎坷也好，願意以過來人的身分來勉勵其他殘障朋友，我要告訴他們：「殘障不是自己所願，更不是一個烙印，這只是一個事實而已。自己絕不能因此灰心喪志，要先自我肯定，並且不論在任何崗位上，都要努力追求新知，具備一技之長，要作個誠實、幽默、負責、樂觀進取的人，這都是未來在談論婚姻情感的要件。殘障不是藉口，說不定是一種化妝的祝福呢！」

果然，當我彷彿處處碰壁、走投無路時，上帝給我開了一條新路。有一天，我讀著聖經，一個聲音告訴我，再回去唸書吧！因著上帝的感動和姐姐的鼓勵，我前往關渡基督書院就讀。一般學校拒絕我，但上帝的學校不會拒絕我；一般的工作領域拒絕我，但上帝的工場不會拒絕我。

一進入這所基督教學校，我立即發現，那裡跟別的學校不一樣，有一種彼此相愛的氛圍。基督書院當時有八百多名學生，它的強項在英文教學上，任教的大都是學富五車的西方宣教士。書院用英文教學的策略吸引許多考不上大學的年輕人來此讀書。除了神學課程，我主修英文、輔修日語。那時在語言上打下很好的基礎，讓我今天可以跟講英文和日文的客人自如地交流。

在普通的學校裡，我很少感受到同學之間的愛；但在這裡，同學那麼地愛我。當然也有男女之愛，在自己的部落裡，沒有女子愛我這個身體殘疾的男子；但在基督書院，我唸到四年級時，還是小學妹的白師母出現了，我們奇蹟般地相愛，再後來步入了婚姻的殿堂。

余杰：基督書院提供的職業教育多於神學教育，您當時並沒有作牧師的呼召，畢業後又去世界上找工作。那段經歷是怎樣的？

白光勝：在基督書院讀書時，我在信仰上並不是特別地追求，我追求的是人間的知識。我覺得，學好英文，總可以找到一份好工作吧？儘管我很愛教會，但我不願當牧師，因為當牧師沒有很好的收入，壓力還特別大。另外，我也不願回到貧瘠落後的家鄉，希望畢業後在都市找一份收入不菲的工作。這是我當時的真實想法。

在基督書院畢業後，我開始四處找工作。先是去一間航空公司應聘地勤人員的職位，作英文和日文的翻譯以及會計方面的工作。面試時，總經理親自跟我談，他講英文和日文，我都侃侃而談、對答如流。我看到對方眼睛流露出欣賞的神色，知道對方對我比較滿意，我可能被錄用。果然，總經理說，我們

可以錄用你，一個禮拜內會給你通知書，你就來上班吧。我欣喜若狂地回答說，謝謝你，我一定珍惜這份工作。但是，當我站起來往外走，他突然發現我走路不方便，臉上立即露出為難的表情──我眼睛的餘光看到，他在後悔地抓太陽穴。果然，我回家等了整整一個禮拜，錄取通知一直沒有郵寄來。這樣，我就知道，再也不可能得到這份工作了。這就是作為弱勢群體的殘障人士在職場上的遭遇。上帝給我們一定的能力和智慧為社會服務，我們卻被社會拒絕在外，真有「壯志難酬」的痛苦感受。

之後，我在一間工廠，為一名日商廠長當助理和翻譯。那間工廠有六百多人，有很多生產線，工作非常繁忙。儘管收入不錯，但我內心一直有一個聲音在對我說話，說這樣的人生不是上帝所喜悅的，上帝在你身上有更美好的計畫。

我就想起了在基督書院唸書時的一段經歷。一年級的暑假，我們基督書院的山地福音隊一行三十多人到高雄那瑪夏鄉的布農教會短宣。我們要去的那瑪夏鄉不通汽車，下車後需要走路一個多小時。我們去拜訪一位在布農族部落服事了一輩子的牧師，他是第一代紮根於布農族部落的牧師，那時已經六十多歲了。

我們在這個村子裡住了半個月。那個村子跟我從小長大的村子很相似，但我們家鄉沒有牧師帶領，這裡卻有一個忠心耿耿的牧師。整個村子裡的人全都是基督徒，這位牧師一人身兼數職，因為在教會服事沒薪水，所以每天要作農夫、顧家庭。在教會的工作是主日講道、教主日學，晚上帶領大家作詩歌教學、家庭禮拜、查經班等很多的服事。他很疲勞，卻也很喜樂。

那些日子裡，我也幫助這位牧師帶領村民查經學習，跟大

家建立了親密的關係，離開的時候大家都依依不捨。我看見全村人對神話語的渴慕，以及當地牧者為族人的擺上，受到很大的激勵。我為什麼不能像這位牧師一樣服務自己的族人呢？有一天晚上，我帶領大家查經完畢，大家逐一散去，我要準備就寢時，一個人到房間外面休息，仰望天穹，心中忽然有一個感動，我開口禱告說：「主啊，我在這裡，請你差遣我，作為布農族的牧師。」那個夜晚的感動直到如今，現在我已作布農牧師 32 年。

才德的婦人誰能得著呢？她的價值勝過珍珠

余杰：我們再回過頭來談您和師母之間的愛情故事。我從網上稍稍看到一點，比我和妻子的《香草山》還要傳奇。您們也應當寫一本愛情自傳，一定能感動無數的心靈。當年，他是一個世居在臺東縣延平鄉桃源村的布農族殘障青年，從小在山間長；她是一個居住在北臺灣基隆海邊的漢人女子，自小與海為伍。這兩個成長背景差距如此之大的人，卻在關渡的基督書院結識，進而相知、相戀、結婚。當初，您們結為夫妻的願望，遇到強烈的反對和阻攔，聽說師母的家人很長時間都不同意這門婚事。

白光勝：我雖然身體殘疾，卻是一個生性浪漫、幽默的性情中人，我唱歌的聲音很動聽，會唱原住民的情歌和教會詩歌，還會彈吉他。所以，我在基督書院跟很多男女同學建立了純真的友情。也有一些美女同學在我身邊，但我始終不敢有非分之想。我當然憧憬過美好的愛情，但不敢去嘗試。對我這樣的殘疾人來說，從不敢奢望有女孩子喜歡我。臺灣是一個注重外表、財富和地位的社會，我是一個貧困的原住民家庭的殘疾

人，誰會愛我呢？當時，我向上帝禱告說：「若要我一生是單身的，請讓我成為一個快樂而不會孤單的男人吧！」

然而，上帝的計畫是多麼奇妙。大四那年，我認識了此生最好的朋友，我也相信是上帝賞賜給我的一份禮物——李麗雪，她當時還在唸大學一年級。可是，青澀的麗雪卻勇敢而堅定地接受我，絲毫不以我的原住民背景和殘障狀況為意。若不是上帝的恩典，我至今還是一個單身的老男人呢。

麗雪的雙親堅決反對我們交往。知道這個情況後，我並不意外也不氣餒，換了我是她的父母，我也不願女兒嫁給一名身無分文、原住民的殘疾人。我也知道，兩位老人家是因為不瞭解我，才不放心將女兒的幸福交付在我的手中。我要讓他們認識到我外表下面的心靈。

在我們交往的那四年期間，每年 1 月 1 日，我一定陪麗雪回家，準備面對終究要來的考驗。然而，每次我們倆在基隆車站打電話回家，她父母總是拒絕和我見面，使得我們倆人不得不在濛濛細雨的基隆街頭散步良久，然後我悵然離去，她則獨自回家。就這樣度過一年年的元旦。

到了第三年，麗雪的父母終於答應見見我，但仍不肯讓我進李家大門，而是選擇在外頭的一間咖啡廳作為第一次面試的「試場」。我記得很清楚，當時我看到兩位老人家的表情充滿絕望，那種表情清清楚楚說明：他們不敢相信所鍾愛的女兒，竟然會愛上這樣一個行走都不便的「廢人」，跟了這樣一個人，以後的日子怎麼過呢？

雖然如此，抓住這個好不容易獲得的機會，我誠懇的對兩位老人說：「我可以放棄，但如果您女兒不願放棄，我就絕不會放棄。我會竭盡所能讓麗雪過上幸福的生活。」

最後，李麗雪仍然堅持選擇當我這個殘障原住民的妻子。還記得結婚當天，1982 年 7 月 16 日，女方僅有母親和兄弟姊妹參加，父親的缺席，是我們婚禮上最大的遺憾。不過，現在回想起來，幸虧岳父沒有來參加，否則他看到我們簡陋不堪的婚禮和新娘房，一定會更加難過和傷心。

再後來，當我為改變族人的命運奉獻、奮鬥的事蹟，受到媒體的注意與報導後，老人家的成見漸漸改變。記得有一天，麗雪從基隆返回布農的家，晚上睡前跟我談到在娘家的情形。談話中，麗雪以驚訝又高興的心情告訴我：「你知道嗎？這次回家跟父母親談話，他們竟然說：麗雪，好家在（還好），你嫁給了白牧師！」

當我聽到這句話，非常震撼與感動，眼淚就自然流下，久久無法停止。我深深地感謝上帝，因為我等這句話等了很久。為了得到岳父母的認同與接納，我每天禱告，好好學習，用力地愛上帝、愛人，一切難題都交給上帝。感謝上帝，這句溫馨的話表示岳父母接納了我，曾經讓岳父母失望的原住民又有肢體障礙的年輕人，現在被接納為家庭成員了。我很看重這一點，因為婚姻不是單方面家庭的快樂與祝福，應該是雙方皆大歡喜才是完滿的婚姻。

後來，麗雪又告訴我，岳父在看到女婿的報導，喜孜孜地對朋友說：「麗雪就是嫁給那個白牧師。」不久之後，岳父母見到我們物質匱乏，從基隆寄來冰箱、電話、影印機，還送了轎車。我們成為部落中第一個有轎車的。這不是炫耀什麼，而是感謝岳父母的愛。這些設備在資源不便的山上，讓我們的服事更方便、更有效率。

余杰：您們新婚的時候，是一無所有。那段日子，真是為

難師母了，她真像聖經中所說：「才德的婦人誰能得著呢？她的價值勝過珍珠。」從港口城市基隆移居臺東窮鄉僻壤的布農部落，她所承受的變化和壓力超乎一般人的想像。

白光勝：我對那塊土地和土地上的族人，總有一份感動和責任。我心心念念著家鄉，盼望自己有一天羽翼豐滿，為族人盡一份心力。我也深深期待這個女子會因著愛我，也能愛布農文化、布農族人。在交往的四年當中，我經常帶著李麗雪回到布農部落，

年輕時的白光勝牧師夫婦在布農部落

熱切盼望她也能對我深愛的家鄉產生認同。

神學院畢業後，我們剛到延平教會開始牧會時，沒有新房，只有五坪的舊牧師館，將它打掃、整修一下，就住進去了。房子裡沒有廁所，沒有冷氣，矮矮的屋頂，夏天如同烤箱一樣。房間內沒有什麼傢具，我們帶來神學院讀書時用的爐子、碗盤、被子、衣物，就這樣生活在教會裡面。

麗雪一開始不習慣山裡的生活，跟基隆比起來，這兒太安靜，很多生活習慣也都不相同。但是，感謝上帝，為我們指引前面的道路，一安頓下來，立即開始四處探訪、佈道。

我再分享一個有趣的細節：在原住民的教會，有一種「凡物公用」的傳統，也就是說，私有產權並不明晰，如同使徒時代的教會那樣，整個村子就是一家人，沒有貧富之差異，你家的東西，我也可以拿來用。從城裡來到布農部落的麗雪，一開始感到非常困惑：為什麼自己的物品，轉眼就變成了別人的東

西？漸漸地，她不再感到困惑，她愛上了這個最懂得「分享」的民族。

麗雪關心和幫助每一個族人，為孩子輔導課業，每天帶領很多聚會和禱告，幾乎成了所有布農孩子的老師。孩子們都親熱地叫她「麗雪媽媽」，一點都沒有把她看作是「外人」。

余杰：我在一篇關於您們的訪問中看到，師母發自內心地說：「人不能只看外表，重要的是這個人的內在價值、人生觀以及作人處事的態度。白光勝牧師是一個有豐富生命經歷的人，我從不曾因他是殘障而感到不方便，相反的，我在他身上學會許多的道理，例如我學會注重內在。」對此，記者感嘆說：「白光勝夫婦的同心同行，真正改變了許多族人的生活。但改變最多的，應是李麗雪了。多年來，李麗雪已從當年那個不懂一句布農語的漢人，成為融入布農、深愛布農並能說出流利布農語的「白師母」。

白光勝：這麼多年的婚姻生活，讓我們充滿感恩之心：感謝上帝讓我們擁有彼此、並擁有許多朋友的支持，使我們不論遭遇什麼，都能以平安的心去經歷每一件事。我們有過不被理解、不被接納的四年的流淚與扶持，所以格外珍惜來之不易的美滿生活。我們常常為部落中的年輕男女作愛情婚姻的輔導工作，也被其他教會和機構邀請去分享，我們特別鼓勵遇到攔阻和挫折的年輕朋友，外部的困難並不可怕，兩人用真愛和真心就能克服。不要在乎世俗的「門當戶對」的認定，而要看兩人有沒有共同的信仰和價值觀，只要有共同的信仰和價值觀，就能走過風風雨雨，迎來風和日麗。

余杰：我也分享一點自己的體會。我的妻子回應上帝的呼召，成為全職傳道，也在進修神學課程。我的身分，用臺灣教

111

第3章　上帝眷顧我們原住民

會的說法，就是「師丈」。作為牧者傳道的配偶，我深知，在漫長而充滿挑戰的事奉過程中，夫妻彼此配搭、彼此鼓勵、彼此扶持何其重要。對於教會的事務，兩人也許會有不同的看法和意見，也許會發生爭論和分歧，但最終還是要來到上帝面前，尋求上帝在我們身上的心意。在這個方面，我們的事奉剛剛開始，而您們是前輩和先行者，我們需要更多地向您們學習。

白光勝：不敢當。我特別要感謝師母的是，她除了料理家務、照顧孩子和老人之外，還協助我處理基金會和生態園的各項工作。在教會和傳福音方面，她也是樂此不疲。當年我們一起在基督書院和臺南神學院接受裝備，都是長老教會訓練出來的牧師，在神學立場上一致，有共同的異象，這一點尤其重要。

余杰：昨天應邀到您家晚宴，看到您們的幾個孩子，個個彬彬有禮、學業有成，都有志於學習神學，像你這樣回到布農部落服務族人。這是特別讓我感動的地方。這些年來，我採訪過不少優秀的牧師，或是開創某些龐大事工的機構的負責人，他們不約而同地談到一點憂慮的地方，就是「後繼無人」。他們的子女中，很少有人理解、認同並繼承他們的事業，這讓他們失望和心痛。但是，您們的孩子卻跟父母有共同的異象，這跟他們從小在教會長大，受到良好的屬靈的教育，以及父母的以身作則密不可分。請您分享一下在子女教育方面的經驗。

白光勝：孩子的來臨，是我們生命中奇妙的經歷。此前，我們婚後七年一直未能擁有自己的孩子，我們常常向上帝祈求，求主賜予我們孩子。但上帝似乎並未沒有垂聽我們的禱告，師母仍然沒有懷孕。即便如此，我們也沒有埋怨和沮喪，

繼續耐心禱告，等待上帝的時間。終於在 1989 年產下第一個男嬰，叫「布農」。

1990 年，我和師母應澳洲墨爾本的 Ringwood 聯合教會的邀請，到當地作文化、信仰的交流，為期兩個月。那一趟旅途之後，麗雪突然又懷孕了，後來生下我們的第二個孩子，為了表達對澳洲墨本市 Ringwood 教會的感恩與記念，這個孩子取名為「玲屋」。接著，上帝賜給我們一個又一個的活潑勇敢的布農孩子，一共有六個！他們分別是布農、玲屋、愛農、雨農、心農、禧農。孩子是上帝最大的祝福，就像當年上帝對以色列的祝福一樣。

余杰：聽說，您教育子女有一個原則，堅持「孩子一定要吃過苦」！白家的六名子女，都被要求讀高中、大學前，各要休學一年，在部落勞動，到餐廳端盤子、養牛羊、開墾農地。這種教育方式是如何產生的，孩子們都認同嗎？

白光勝：「要孩子吃苦，學習對自己負責」是我教育孩子的一個重要原則，也是我從自己的生命歷程中總結出來的經驗。多走一哩路、多付出，才會自己思考、找到方向。

勞動是清教徒的傳統中很重要的一個方面。我們家的每個孩子，我都要求上大學前休學兩年，在部落打工賺學費，在農場種菜、牧場養牛羊、餐廳端盤、擦桌、接待、咖啡屋吧台手、舞臺表演，各自發揮其特長。上班時子女是我的「員工」，下班後才是「小孩」。

這套「休學教育法」，曾令部分老師、家長不諒解，後來才慢慢認同。我的看法是，要孩子休學勞動並非不重視課業，而是要他們在勞動中學習人生態度、處事方法、生命目標，要孩子思考「想做什麼？」而不是「灌漿式」給予，家長要懂得

給孩子不同的機會成長。

對於我的「休學理論」，兒女起初多會抗拒、埋怨，但體驗後就會樂在其中，恢復上學後，個個都是校園裡面的佼佼者。比如，長榮大學企管系的玲屋，是大學四大團契的總主席。她曾對我的休學理論有懷疑，但還是順服和執行，國中畢業休學時，在部落園區櫃檯服務、負責接待與解說，高中畢業休學則在餐廳從事勞務與管理。後來，她告訴我：「錢自己賺，才知道不好賺。經過這段勞動，人生有了目標。」她在休學期間發掘企管專長，找到了要走的路。

雨農國中時讀市區國中音樂班，她報考北北基，一試就考上中山女高，因不想休學，與我爭論了很久。最後，雨農還是妥協了，因為要離家住宿，得自己賺三年的房租。她在休學時掌咖啡屋吧台、擔任鋼琴手，還要負責表演，逐漸培養出領導魅力。有一次，我北上探視，從校門見每一位同學、教官都跟雨農打招呼、講話，才知女兒是學校的風雲人物呢。我還特意帶她一起去聽你們的演講。

國中畢業休學的心農愛打籃球，他曾抱怨「害我少練一年球」。但是，他在部落園區養羊、端盤、演出，工作技能更上一層樓，他信心滿滿地說：「以後出社會不怕找不到工作，我什麼都會做！」

我們家的幾個孩子都有大學畢業後進神學院裝備的異象，他們都會成為原住民的牧師！

余杰：是啊，我在臉書上常常看到這幾個孩子的生活點滴，他們陽光大氣、敬虔活潑、愛主愛人，真為你們這個全家蒙福的家庭感到高興。

是麻煩製造者，還是希望工程師？

余杰：在臺南神學院，您是一名學業優秀的學生，本來可以留在都市牧會，卻義無反顧地回到自己部落的教會。當時是如何作出這個決定的？

白光勝：回到布農族的教會牧養原住民同胞的感動，一直縈繞在我心中，催逼我放下世俗的養家餬口的工作。結婚後一個多月，我就報考了臺南神學院，希望繼續裝備自己。1984 年從神學院畢業後，我和妻子一起回到布農部落擔任延平教會牧師。

希望工程師白光勝牧師

回首往事，我從喪失教師資格、被公務員考試拒絕的失志頹喪，到擔任神職人員、反對運動者、文化傳承工作，有死蔭幽谷，更有陽光燦爛。當初，上帝阻擋我當老師和公務員是美意。如果我是老師，教育和幫助的對象只會是兒童；如果我是公務員，我一定會變成一個懶散的人。當牧師，我的關懷可以從小孩到老人，我可以從物質和靈魂兩個方面同時幫助族人。這是何等大的福分！

余杰：當初剛剛回到部落，你們的理念和神學，與部落中的人們是否會有差異和衝突？

白光勝：我們剛剛回來時，被看作是居心叵測的「搗蛋分子」和「麻煩製造者」。

我和師母在在求學的過程中，開始思考整個臺灣，尤其是原住民的政治與社會現象。進而瞭解威權時代下，執政黨如何惡待、逼迫原住民。我們看到長老教會一貫堅持的政治批判和社會關懷。而且，長老教會並不是保守派所污衊的「一面倒的教會」，其內部也有多元的特色。

美麗島事件之後，因參與保護被通緝的施明德，長老教會的總幹事高俊明牧師被捕。長老教會相繼發表《國是聲明》、《人權宣言》等一系列的歷史性文件。百分之八十五的長老教會的牧師，都具有深切的臺灣認同。這一切，都成為我的精神啟蒙事件。

1985 年，我和麗雪回到家鄉服務，這才發現少年時代熟悉的一切都變了。這裡原本是無私分享、充滿人氣的地方，但現在土地被說成沒有價值、年輕人紛紛離開，只留下老人和小孩。我在教會中經常批判現實，教會有人不認同。有一些執政黨基背景的基督徒，是老師或公務員這樣的既得利益者，就對我說：「白牧師，不要講政治了，傳福音就好了。」我就反問他們：當年摩西是怎麼做的？以色列人在埃及被當作奴隸，痛苦不堪。摩西是法老王的養子，無比尊貴。上帝對他說，你要從皇宮裡出來，你不能站在榮華富貴一邊，而要站在苦難的弟兄姊妹一邊。這就是信仰跟族群的苦難結合在一起的例子，我不能對族人的苦難、對原住民居住區的凋敝現狀熟視無睹，而躲在教堂的墻壁內傳軟弱虛假的信息。

余杰：這正是今天中國農村的情形。中國的一位法學教授王君柏在網路上發表一篇文章《失落的鄉村：一位大學教授的鄉村筆記》，其中描述了中國的鄉村崩壞、沉淪的殘酷現實，比如：孝道堪憂、兩性關係混亂、婚姻不牢、商業化和貨幣化

人是被光照的微塵

基督與生命系列訪談錄

滲透每個角落、傳統手藝消失以及基層政權的黑社會化等。他進而指出，中國的城市化過程，是犧牲鄉村而繁榮城市，並且這樣最終導致鄉村的衰敗、潰爛，以致城市的繁榮終將走不遠。他發出警告：「我們知道，鄉村的衰敗確實是一個趨勢，並且越來越嚴重，而其中的關鍵原因，就是鄉村的各種資源（尤其是人才）源源不斷地流向城市，而向農村回饋的，雖然有，但遠遠不及流出的多，長此以往，就導致了犧牲鄉村以繁榮城市的格局。」中國農村的困境，也可以作為臺灣農村尤其是原住民村落境況的參考。

白光勝：但問題在於，如何改變此種趨勢？我發現，不管我多麼努力的講道，族人還是要喝酒、婚姻破裂，臺灣經濟提升，但我的族人什麼都沒有。收支不平、教育不足、環境惡劣，我常在夜裡捫心自問：「我的族人，真的平安嗎？」

我認識到，作牧師的人，要有從信仰而來的勇氣，要扮演先知的角色，要關注政治事務和地方事務。我用在神學院的思維訓練，戳破執政黨欺騙原住民的若干手法，從而成為某些族人頭痛的對象，甚至認為我在「製造麻煩」。有長老對我說：「白牧師，好好傳道就行了，幹嗎去關心選舉呢？如果你支持國民黨，就能從國民黨那裡得到很多資源和幫助，這樣我們全部落都會信主。」但我反駁說，我的做法恰恰相反，牧師和教會必須跟弱勢群體站在一起，而不是向強權卑躬屈膝。真正的福音工作，是紮紮實實的牧養，是從孩子和青少年的事工開始，而不是拿資源和好處去收買人。

余杰：改善原住民的處境，是一個複雜的系統工程，涵蓋信仰、政治、經濟、教育、生態等諸多領域。臺灣原住民問題的癥結何在？

白光勝：原住民的問題，必須進入根部處理，必須改變政府的政策、對原住民政策鬆綁，原住民才不會變成夕陽族群。若非如此，它就是一個無底洞，沒有辦法小修小補。我希望全臺灣原住民的知識分子應該一起來關心原住民的問題。但許多知識分子一般不敢碰這個問題，一句話都不願講。

執政黨（編按：國民黨）的政策對原住民非常不好。荒誕的是，每當選舉時，原住民的選票大部分都投給執政黨。被害者似乎心甘情願地票投加害者，問題出在哪裡呢？

我發現，國民黨用非常卑鄙的手段塑造原住民「支持者」群體。執政黨如何經營原住民？每當選舉時，親執政黨的「原住民知識分子」就會出現在部落裡，親熱地叫阿姨、叔叔，帶來選舉經費，操辦豐盛的筵席，有豬肉、有酒，把整個家族的人全部招來。透過吃吃喝喝，守住每一票。

在選舉前夕，村長透過廣播，公開要求選民投給特定的候選人，不然就沒有地方建設經費。軍警公教全都是民眾服務站的細胞，服務站提名的一定當選，反對的聲音卻被消毒。

另外就是威脅，是胡蘿蔔和大棒併用。他們說，如果執政黨在這裡選舉輸了，您的孩子是公教人員，會被調到更偏遠的地方工作，然後政府不會給這個部落補助。國民黨用這樣一些卑劣的手段控制原住民、掠奪選票。當年，全國第一個原住民身分的縣長就是這樣產生的，這個腐敗的國民黨人，後來被覺醒的原住民所唾棄。

所以，我認為，在原住民中要作民主覺醒的運動，去掉國民黨的思想毒素。我先站出來，公開批評與挑戰國民黨的霸權，甚至為了讓自己有一個身分可以說話，還出來競選過延平鄉代表。雖然是最後一名勉強選上，但我的做法讓延平鄉國民

黨選舉成績「不漂亮」，除了打壓我以外，甚至還說我是「共匪」。

在尚未解嚴的時代，我被警察跟蹤、監視，都不是什麼祕密了。有一次，一名警察一直到教會問弟兄姐妹說：「白牧師，今天行程是什麼？」信徒回答說：「他今天要去臺北。你問這個幹嘛？」警察說：「今天連戰要去紅葉，我們怕他會去暴動。」怕牧師「暴動」？原來，我常常帶著部落小孩走上街頭，高呼「還我土地」、「廢除蒙藏委員會」，爭取很多原住民的權益。由於我是維權活動的活躍分子，警察害怕我到連戰面前去抗議，故而寸步不離地監視我的行動。

那時，臺灣地區的電視台只有三台，是屬國家、執政黨的電視，也看不到自立早報、自立晚報等本土派的報紙。民眾對民進黨、對反對運動的看法，就是國民黨灌輸的「暴民」。有一次，我到臺北與部落北上求學的青年人見面和座談，我問說：「臺北、高雄、臺東哪裡比較有錢？」孩子們一致地回答臺北、高雄。我又問：「臺北、高雄、臺東哪裡的知識分子比較多？」孩子們又答道：「臺北、高雄」於是，我最後反問說：「那你們想為什麼知識分子比較多的臺北人要選尤清、高雄人要選余陳月瑛？為什麼要選民進黨候選人作全國大縣的縣長呢？」這時，年輕人才開始反省執政黨灌輸給他們的觀念原來是錯的，才開始獨立思考。

國民黨當權時，政府不照顧原住民。國民黨宣傳的，都是些美麗的謊言，蔣介石與毛澤東一樣是說謊的高手。有中國的代表團來我們部落參訪，甚至有高級官員來，我當面跟他們這樣說。記得馬英九有一次視察原住民村落時講「我把你們當人看待」，我對這句話感到十分憤怒，這句話說明他們長期不把

原住民當人看待，現在才低下頭來，給點恩賜。

臺灣目前的問題是，政府無能，官商勾結，雖然從總統到部長等高官個個都是留洋博士，但並沒有治國智慧。什麼是真正的智慧呢？聖經上說：「敬畏耶和華是智慧的開端。」領導人要有願景，也就是聖經中的「異象」。

余杰：除了政治上的問題，還有經濟上的問題，也就是城市化、現代化的進程，對原住民的生活方式和文化傳統的猛烈衝擊。這是一個全球化的問題，其他國家的原住民或少數族裔，也多少存在類似的挑戰。

白光勝：從 1970 年開始，臺灣的經濟逐漸起飛，大量的加工廠建立起來，原住民的年輕人被吸引到城市打工。很多工廠都要求工人加班，原住民卻不願加班，原住民不適合資本主義的競爭方式。在他們的觀念裡，工作一天，掙到的錢夠用就好，不需要太多的錢。

當原住民的年輕人到城市，由於沒有在傳統部落裡打獵分享的傳統和守望幫助的社團，又無法很快融入城市生活，唯有周日大家聚集在一起，喝酒、唱歌。周圍的漢人對他們留下負面印象，說他們沒有文化、沒有禮貌、好吃懶做。其實，漢人並不瞭解原住民的無奈與傳統，只是憑自己的標準輕率地作出判斷。

有一批人長期生活在都會裡，已經習慣了都會的生活方式。他們掌握了某種技術，比如當水電工、水泥工，也有一些女孩做美髮等工作。少數有能力的，較早在都會邊緣買房子定居下來。但也有住在違法修建在河床旁邊的棚戶，最後被財團所侵佔。還有一些人，像候鳥一樣來來回回，在城市住兩年三年，然後又回來。兩邊都找不到歸屬感。這種狀態更糟糕。

原住民中，受過教育的、可以稱為是知識分子的，留在部落工作，一般是警察、軍人、老師以及一般的公職人員。他們中有的是基督徒，但信仰與生活脫節，大部分都是自掃門前雪，不管其他親人朋友的遭遇，更不願涉足部落公共事務。

在我們部落的傳統文化中，以前有一個美好的社會結構，上帝給我們山林以及山林中的各種出產，只需要取其中的一部分就可以生存。一個小小部落中的眾人，彼此分工合作，比如有的打獵，有的務農，有的合作蓋屋子，有的採收小米。每當有哪家殺豬，大家便一起去幫忙，一起喝豬肉湯、啃豬骨頭。現在是赤裸裸的資本主義，是分期付款購買產品，部落強者各管各的，弱者成了部落的邊緣人。

這樣，傳統的大家一起打獵或殺豬那樣的休閒、祭典活動慢慢消失，美好的文化與經濟架構也瓦解了。彼此之間成了自掃門前雪的個人主義。我可以舉例來說明：有一對原住民的知識分子，夫妻是基層公務員，他們的社會身分處於中上層次。每當有部落的族人向他們尋求幫助，他們不會參與、支持。我常常跟原住民知識分子談話：「我們是部落裡很幸運的一群，曾經可以到城裡讀書，讓我們的生活比一般族人舒適，我們知識分子應該組成智囊團、壓力團體，來幫助族人，解決族人的問題」。但他們回答：「我一天八小時都在公部門工作，已經沒有多餘的時間。」

面對這樣的情形，我產生了三個想法。第一個想法是，如何留住部落的人才？我推動一連串的改革工作，從家庭、教育、文化甚至是政治等各個層面發動，形成今天的布農生態園區。這些年來，布農生態園區的經營進入良性循環，年輕人在這裡工作，待遇並不亞於到外面工作的，就有了留下來的可能。

第二，我常常告訴布農族受過教育的知識分子，你們難得有幸讀過書，不能獨善其身、自私自利。大家應當聚集在一起，成為一個布農族的智囊團，共同為改善布農族的境遇而發聲。甚至成為一個有力量的壓力團體，促使政府修改有關原住民的政策，包括土地政策、金融政策、文化政策等。

第三，是讓外界關注我們，比如利用媒體的報道和網絡的傳播等等。這是原住民過去很不善於做的事情。很多媒體採訪過我，華視、中視、台視、《中國時報》、《聯合報》這些都是偏藍的媒體。我問他們，為什麼敢報導我這個異議分子？他們說，每一個記者有自己的良心，你所做的是逆向操盤的事情，是別人想都沒有想過的事情，讓我們非常感動，而且事情本身很有新聞價值。如果從基督信仰的角度出發，我做的也是「另類」的傳福音、「另類」的宣教。當布農部落的故事傳開去，基督耶穌也就被高舉。神學不是虛無縹緲的東西，神學必須落實到土地、百姓之上。

余杰：您是一位一邊傳福音，一邊辦教育的牧師，第一家原住民立案的幼稚園就是您創辦的。臺灣原住民居住區跟中國內陸農村一樣，青壯年外出打工，留下老人和孩子，而老人只能供應孩子的吃穿，難以在教育上提供幫助，所以「留守兒童」成為一個很大的社會問題。這個空擋，在您們這裡就由教會來填補。

白光勝：我剛開始在延平教會擔任牧師的時候，這是一間小小的教會，不到三十坪的會堂，信徒也不多。

有一天，我看到教會牆上一句：「世界上最重要的資源，不是石油而是兒童。」這句話令我印象深刻，我就想：「我花了太多時間在年長者的身上，但我從小孩身上看到希望。」原

住民的復興，就是看年輕一代的復興。但是，原住民沒什麼錢，一般不會花太多錢在孩子教育的投資上，而語言也不是我們的強項。我們的孩子跟教育疏遠，而都市裡的小孩天天請家教，我們的孩子怎麼能與之競爭？即便加分，考大學一樣落榜。就像我的腳，裝上再好的義肢，還是跑不贏健康的人。

但是，文明來了誰都擋不住，就像一杯白開水，放入咖啡，就變成黑色一樣。回顧我自己的經歷，如果媽媽當初沒有逼我讀書，我就是一個廢物，不可能成為牧師。每個小孩子都是如此，如果沒有教育和啟蒙，他永遠是失敗者，自暴自棄、酗酒玩樂，就像部落裡某些年輕人，三十多歲就死於非命，白髮人送黑髮人，多麼悲慘啊。為什麼臺灣土地的主人原住民，是漂泊無助的，是失敗痛苦的？我不能用有限的智慧去瞭解上帝，但我願意用有限的知識、順服並去追求、去改變，成為世上的光和鹽。

於是，我獨排眾議堅持教會在隔代教養盛行的部落裡，扮演起父母的角色，為下一代的栽培造就而敞開、支持，且引進教育資源。既然部落的孩子沒有家庭教育，教會就要扮演家庭、父母的角色。我們敞開門，一下子來了七十多個孩子，每天下午他們放學之後，以及週六、周日，我都邀請他們到教會，提供免費的看顧和教育。我和師母陪同孩子讀書、寫功課，也分別教國中生英文。我甚至和家長「搶」孩子，向外界募款，購買書籍和學習用具。

不久，有兩位在臺東基督教醫院當實習醫生的年輕人來幫忙。他們每週三、六的下午，騎機車到延平教會，輔導小孩子的學業。他們長期與我們保持良好互動，一位名叫呂學宗，後來是成大醫學院的教授；一位名叫張宏昌，後來是馬偕醫院臺

東分院神經外科主任醫師。這兩位的熱情，激發了我在寒暑假邀請大專生，為布農學童加強國英數等課程的想法。感謝主，我遇到了東海大學內「基督教導航會」的賴茂明、陳登欽，並透過他們聯繫上中興、靜宜、逢甲等大學的學生。接著由中部各大專院校的長青團契承擔課程輔導的工作，來當教育營志工的老師，有的是基督徒，非基督徒也很多，他們都很用心的教學。

那時，我每天騎機車到鹿野小鎮影印教材，順便買老師的三餐食材。初期是我負責三餐，後來由教會的婦女每天輪流煮飯。老師們夜晚在教會或附近的基督徒家中睡覺。就這樣，大專學生上山的教育營，培育出數百位優秀的原住民青年，分別考取大學、護校，使延平鄉成為升學率最高的原住民部落。

1992 年，我們又成立布農幼稚園，更開啟原住民幼稚園的先例，並規畫英文、母語等多元課程，以高師資、低收費方式，讓更多布農族小孩有機會親近現代學前教育。

我相信，教育可以改變命運。我並不認為原住民要享受政府特別的照顧。原住民是上帝的兒女，也是每個媽媽的兒女，為什麼要有差別待遇呢？

教會辦教育，部落也辦教育，教育就成了社區的重心所在。這樣，整個社區在一代人的時間內，基本面貌就煥然一新。有一次，中研院長李遠哲偕同夫人，悄悄來到布農部落參觀，被工作人員認出來，請他們到布農咖啡屋談了兩個小時。離開時，李遠哲院長對我說：「牧師，我所說的部落和社區建設，就是你做的這個。」我雖然不是教育家，但跟作為教育家和頂級科學家的李遠哲還真是英雄所見略同。

建造布農部落，就像建造諾亞方舟

余杰：你在布農部落三十年的時間，大致分為前後兩個階段，前一半是作延平教會的牧師，後一階段是作布農文教基金會的負責人。兩件事，又彼此聯接，不可或缺。那麼，先從牧師的工作談起吧。

布農部落

白光勝：我特別敬仰老一輩傳道人，他們和信徒一起務農、打獵、一起分享獵物。教會與部落融為一體，他們把火種傳播開來。這幾十年來，我看得很清楚，福音的種子撒在物質條件好的地方，反倒沒有發芽；撒在布農部落這樣的窮苦的地方，卻生根發芽。

信仰若沒有行動，尋找誰是教會的鄰舍，不久之後，我們將會是禮拜天的基督徒、儀式化的宗教行為，沒有生命的改變，如雅各書二章 14 至 17 節：「我的弟兄們，若有人說自己有信心，卻沒有行為，有甚麼益處呢？這信心能救他嗎？若是弟兄或是姊妹，赤身露體，又缺了日用的飲食；你們中間有人對他們說：『平平安安地去吧！願你們穿得暖，吃得飽』，卻不給他們身體所需用的，這有甚麼益處呢？這樣，信心若沒有行為就是死的。」

族人因為社會地位低、學歷不足，大都從事勞動性工作，那些工作往往極易造成職業傷害，因而族人職災的比例偏高，孤兒寡婦更是屢見不鮮。他們需要各種生活上的幫助。我對族人這些遭遇感同身受，不禁思考著：「教會能為族人做些什

麼，才能不讓這種現象繼續惡性循環下去？」

　　作為牧者，首要的工作就是如何用神的話語，安慰那些破碎的心靈。我們常常討論神學的本土化，神學如何結合原住民的處境？臺灣有九族的原住民，六百多間原住民教會，這些教會如何發展？以我牧會的經驗而論，作牧師不能單單用嘴巴講神的話，只用嘴唇就是宗教行為。牧師一方面要脫下西裝、領帶，穿雨鞋，甚至像我這樣不穿鞋，在農場裡面跟弟兄姊妹一起勞動；另一方面，要有內在的敬拜、心靈的敬拜，要結出喜樂的果子，我無論在怎樣的逆境之下，都懷著喜樂和感恩之心。我這個小兒麻痺症患者，居然被上帝使用，傳揚耶穌基督的信仰，照顧失落的羊群，這是何等大的恩典。當年，耶穌沒有站在當權派一邊，而是站在罪人、妓女、麻瘋病人、窮人一邊，他將福音傳給這群人。那些當權派、法利賽人，過著自以為是的宗教生活，外表像大理石，內心像墳墓。耶穌說，自以為義的人不需要福音，有罪的人才需要福音。

　　其次，我也在思考，原住民究竟需要什麼樣的教會？我提出「多功能」、「社區化」教會的概念。就是一天二十四小時開放的教會，為了上帝的國，我們教會不關門。原住民中酗酒的人很多，如果有酒醉的人進來，我們不會趕他走，讓他晚上睡在教會。後來，我們還成立戒酒中心，幫助原住民戒酒。還有，我們也幫助原住民處理生活上的難題，除了前面談到的幫助教育孩子，還幫助他們跟政府打交道，爭取一些救助金，遇到車禍、工傷等事件，也提供法律諮詢。當時，教會裡有不少人反對我這樣做，有一個會友，是原住民的知識分子，是情治單位專門指定監控我的。後來，我所做的這一切感動了他，他向我坦白、悔改，我也寬恕和原諒了他。我在讀神學的時候，

特別對耶穌「愛你的敵人」的教導感動萬分。誰是你的敵人？就是那些恨你的人。愛那些恨你的人，是一種跟世人不一樣價值觀。

我最喜歡的一段經文是《約翰福音》十二章 24 節：「一粒麥子不落在地裡死了，仍舊是一粒，若是死了，就結出許多子粒來。」我要成為一名有使命的牧者，落實在這片土地上，作忠心的牧羊人，影響原住民的教會。

余杰：看來，原住民教會的牧養工作，難度遠遠大於城市教會，原住民教會的牧者，就像清教徒時代的牧者一樣，需要是百科全書式的人物，更要有從上帝而來的源源不斷的愛心和力量。延平教會興建新堂的故事，也是一段佳話，請您繼續分享。

白光勝：我到延平教會的第五年，也就是 1989 年，發現教會人數增加很多，空間已經不敷使用，所以要蓋新教堂。我希望新教堂為地下一層、地上四層，二樓為禮拜堂，其餘部分為孩子們的活動空間、圖書館等。

建築藍圖出來之後，大家都有些驚訝。那時，我們是一個不大的教會，我的薪水是八千元，十年來教會積攢的建堂基金只有十萬元，而建堂工程的預算是一千兩百萬，對我們來說簡直就是天文數字。

這是我生命中的一次過紅海的經歷。我除了每天懇切禱告，還鼓起勇氣，向都市的教會發去募款信。那時還沒有普及電子郵件，我就一封一封地用手寫，寫了三百多封信。感謝主，我得到兩百多封回信，許多教會的牧者請我去講道、去分享我們建堂的異象，為我們發起募款活動。

我們的新堂用一年時間就建起來，募款持續四年。那四

年，幾乎每週都有機會開車到全臺灣的各個的平地教會去講道分享。因為平地教會的愛和支持，我們籌集到八百多萬資金，自己教會的弟兄姊妹奉獻三百多萬，終於還清了貸款。

於是，我們的新教堂成了整個部落的地標。裡面的種種現代化的設施，吸引孩子們前來讀書和學習。廚房、桌椅、影印機等設備全都有了，我們的教育計畫更可從容展開。我們的四樓是一個住宿中心，假期來的大學生老師和來訪的牧者、傳道、及朋友都有地方住宿了。其中，四樓有十五坪規畫為精緻咖啡屋，可以

佈置雅緻的布農咖啡屋

說是臺灣最早有咖啡屋的教會。孩子們夜間也可以來咖啡屋讀書，為了鼓勵孩子們，教會每天給每個孩子提供一杯虹吸式咖啡，不是即溶咖啡哦。

新堂建成之後，寒暑假教育營期程是兩個月時間，每一梯次兩週，共四個梯次，每梯次的志工老師是二十人次。來自全國各地很多大專青年都來當志工，由於志工太多了，慢慢延平教會的這種教育模式就延伸到別的部落和教會，如紅葉教會、武陵教會、花蓮馬遠教會、南山教會等。

余杰：白牧師，您在教會牧養了十五年時間，教會的各項事務蒸蒸日上。一般來說，若是以成功為導向的牧師，會在這個傾注自己心血的教會中做到退休，甚至還有人「退而不休」，一輩子把持教會，到了晚年反倒鬧出一系列的信徒與牧師不愉快的事。我很好奇的是，您為什麼在教會最興旺的時候

選擇「急流勇退」，重新開始一個新的事業，就是作布農文教基金會？以牧師的身分，不好好牧會，跑去做其他事情，是否合宜？這兩個事工有何差異，又有何聯繫？

白光勝：我覺得，教會不是我一個人的，我在這裡服事了一段時間之後，就應當將這項事工交給更年輕、更有能力的牧師承接。但我不是要退休、享受，我發現還有更大的工場在等候我。

二十多年前，在伊甸基金會及其創始人劉俠女士（即作家杏林子）的幫助下，我們開始了布農文教基金會的公益事業。基金會的工作以基督信仰為基礎，做更多元化、全人關懷的部落工作，跟我的牧師身分並無矛盾。

基金會一開始當然要依靠募款維持運作，但我想，如果永遠依靠募款，發展就會受到限制。我們一定要有自己的產業，來永續基金會的工作。那麼，我們能做什麼產業呢？原住民不能跟漢人比科技、比技巧、比管理，我們有什麼優勢呢？我們本來就是山林居民，可以做有機農業，給都市供應健康的農產品。有了這個想法，我們就邁出了做生態農莊的第一步。

要辦農莊，首先要有土地。當時，我已經七十歲的爸爸，一生努力得來兩甲地，我就鼓勵他把土地奉獻給基金會。我對爸爸說：「土地的所有權不是我們的，是上帝的，我們只是暫時管理，只是一個園丁。」

余杰：這是來自聖經的「土地神賜，土地神有」的觀念，這種觀念在華人文化圈中一直沒有建立起來。我們在中國和臺灣都看到無數官商勾結、巧取豪奪的圈地運動。

白光勝：是的。即便是信主幾十年的爸爸，也捨不得捐出土地，我記得那次他回答我說：「孩子，我靠著這兩甲地，養

育你們長大，也因為有這塊土地，你才可以讀書。今天你能成為牧師，也是這塊土地的功勞。所以，我要保有這塊土地。」

儘管如此，我沒有放棄希望，每天禱告，求上帝親自作工，感動爸爸。果然，上帝垂聽了我的禱告，感動了爸爸。有一天，我們一起吃飯的時候，他主動對我說：「也好啦，我已經七十多歲了，老了，反正這塊土地以後也是你們兒女的，你就拿去用吧。」

因為父親的承諾，有了築夢的「土地」，但開拓初期只有 2 萬元，禱告中遇到貴人，是勵聲基金會的執行長紀惠容小姐，她穿針引線，認識了 7-Eleven 統一超商，幫助募得一筆經費，後來有全國各地會員、朋友、布農基金會九位董事的鼎力支持，我們的事業從無到有，篳路藍縷，才可以永續到今天。

余杰：我昨天在您家吃飯時，看到了老爺爺，他九十多歲了，仍然身體健朗，還每天下農地幹活。感謝主！那麼，您們的生態農業又如何拓展成為一種傾注了布農文化傳統以及基督信仰的文化產業？

白光勝：我們先從生態農業、綠色農業開始，因為食品安全的問題人人都關切，我們正好可以發揮布農部落的優勢：在今天的臺灣，最乾淨的土地就是原住民的土地，最乾淨的食物可以從原住民的手上生產出來。長期以來，原住民的生活區域多位於山林、臺地、山谷，雖然沒有平原地便利生活，卻有著豐富的自然資源和沒有被工業化所污染的自然資源。我們可以利用這些條件，重建我們的文化，讓部落重現生機和活力。然後，以此為基礎，又催生出教育關懷、產業發展、社會福利、藝術文化、信仰關懷、自然倫理六大面向的工作。

感謝主，我們的事業獲得了很大的成功。布農部落透過自

然山林文化、有機農業，打造優質休閒環境的產業模式，吸引了住民部落社區的意見領袖、牧師、社區發展協會幹部，乃至鄉公所、原住民青年常來觀摩、體驗，並在心中醞釀未來願景。我很高興將我們走過的道路告訴其他原住民部落和教會，讓他們也能夠結合自然環境和文化特點，探索出一條適合自己的發展道路。

余杰：這幾天在布農部落的生活，讓我有了深切的感受。首先是健康的美食，比如，晚餐的自助式火鍋，蔬菜、水果都是農場自產的，當天摘取的，城市裡任何一家餐館都吃不到這麼新鮮的蔬菜和水果。牛肉、羊肉、豬肉、雞肉也都無比美味，我們在美國只能到超市買不知冷凍了多久的肉類，根本沒有肉的香味了。還有您們的咖啡屋的手工咖啡、烘培屋的糕點，每一樣都很棒！

住在這裡，真的讓人暫時忘卻了城市的喧囂和擁擠，擁有一段徹底放鬆和放空的時間。難怪我發現，那麼多社團、學校、教會組織到這裡度假、開會、旅遊。我一定推薦更多朋友到布農部落來。

白光勝：過去我們是捧著金飯碗討飯吃，金飯碗就是上帝賜給我們的好山好水。為什麼布農的年輕人要到都市去打工，去

布農部落休閒農場有機農產品驗證證書

累死累活卻只有菲薄的收入呢？我們如果發展出永續產業，就能讓年輕人留下來，一起共同創業、守護山林、照顧家人、關懷部落事務、重建我們的分享文化。還有更重要一點，就是一起敬拜上帝、愛上帝並彼此相愛。

我們的基金會已經讓九十位專職人員、四十位兼職人員組成的布農團隊找到了自己的一片天，並栽培了一百多位布農族青年上大學，成為部落發展的平臺。當然，我們的員工不單單是布農族人，也有認同和嚮往我們的生活方式、工作方式的其他族裔的朋友加入。大家在一起開心地工作，彼此服事，遵循聖經的教導，與土地共生共存。

就這樣，我們部落的年輕人變得更其他地方的原住民不一樣了。很多年輕人考上外面的大學之後，寒暑假會回來打工，自己掙學費，寒暑假三個月加起來掙七萬元左右，一學年的學費大致夠了。還有年輕人，禮拜六和禮拜日，也回來農場，身兼數職（歌舞演員、餐廳侍者等等），既掙到錢，也讓自信心得以建立。以前，很多原住民青年看到漢人就感到自卑，如今他們覺得自己並不比漢人差。他們建立起一種自力更生、自強不息的倫理，跟一般青少年完全不同，他們有獨立思考的另類特質。

當然，他們在學校學習的時候，也就分外珍惜來之不易的學習機會，不會像某些紈絝子弟，耽於玩樂、上課缺席。我們的孩子從禮拜一到禮拜五都在學校全力讀書，早上還起來讀聖經。他們知道，聖經中的真理比一般大學教育中教授的知識更重要。

我有一個夢想，如果基金會變得更大，要培育各個族群的年輕人，為原住民教會輸送一群年輕一代的牧者。給那些願意

在大學畢業之後繼續學神學、神學院畢業後願意回到部落牧會的年輕人提供獎學金，不讓他們因為經濟的原因而止步。

單單是長老教會系統，原住民教會就有六百二十二間，這些教會目前普遍缺少年輕一代牧者。我在這方面很有負擔，也要呼籲全臺灣的教會，要趁早儲備人才、培育人才，人才的缺乏是教會的巨大危機所在。我這些年來一直竭盡所能幫助年輕人成長。

余杰：在布農文教基金會發展的近二十年間，有沒有遇到過挫折或者說非常困難的時期，您們又是如何克服困難的？

白光勝：當然有了。臺東常常遭受嚴重的自然災害，在八八水災之後，我們實在面臨空前的困境。雖然不是重災區，但是因為公路、鐵路遭受重創，真的變成了一處與世隔絕的「無人區」，那段時間，沒有客人上門，產品也很難運輸出去銷售。

那些日子裡，沒有讓同工離開、去別處謀職。我們不是一個單單尋求營利的企業，更是一個大家庭和信仰團契。我每天跟大家一起禱告，求上帝開道路，也給同工以鼓勵與讚美：「現在是全球金融危機加自然災害，請大家要忍耐。如果您離開布農，到哪裡也都是一樣的，外面並不見得有更好的工作機會。但是，若您離開了，您不僅失去這份工作，更失去了這個彼此扶持、彼此相愛的團隊。如果您留在這裡，大家一起工作，守護著布

布農部落有機蔬菜區

農，就可以就近照顧自己的家園和部落的大小事務。讓我們共體時艱，要有命運共同體精神。上帝一定會讓我們挺過去的。」

很幸運的，沒有一位同工離開布農部落。那段時間，我們同工減薪，且薪資不得不用分期的方式來支付，真是要感謝同工們的理解與接納。後來，交通狀況逐漸改善，外部的經濟環境也好轉，再加上外界的捐助和奉獻，我們終於度過了那段難關，重新引來遊客如織、產品供不應求的境況。如果用聖經中的話來形容，上帝真的是在沙漠中為我們開江河、在曠野中為我們開道路！

余杰：白牧師，謝謝您的分享，盼望您和布農部落的故事被更多的讀者、弟兄姊妹讀到，給他們感召和力量。並祝福布農部落成為這個時代的一盞金燈臺！

2015 年 12 月 6 日定稿

第 4 章

出版業是搶奪靈魂的戰場

——橄欖華宣出版團隊總編輯金玉梅訪談

金玉梅簡歷

1959 年，生於南臺灣的岡山空軍基地。父親是廣州人，1949 年跟著國防醫學院師生一起來台，母親是岡山在地人。在臺北的空軍眷村長大，介壽國中、中山女中畢業後，進入政大新聞系，2001 年再回政大攻讀 EMBA。

1981 年，自政大新聞系畢業後，進入英文《中國郵報》擔任記者兩年，後加入《天下》雜誌歷任總編輯特助、人力資源經理、總編輯、總經理、出版部總編輯等職務，於 2009 年退休。現任橄欖華宣出版團隊總編輯，該集團每年出版約六十本基督教書籍，也是臺灣主要的基督教出版社和代理發行商之一。

金玉梅在《天下》雜誌工作期間

十五歲在葛理翰佈道會中決志信主，十八歲受洗後在改革宗宏恩堂聚會。先生張昱國同為宏恩堂會友，在中華福音神學院進修和改革宗神學院畢業後，先和改革宗神學院老師康克理牧師一起開拓雙語「希望教會」，後在樹林國語禮拜堂牧會至今。同時在改革宗神學院擔任教師，並擔任改革宗神學院董事會董事，及改革宗神學院校友會會長。

採訪緣起

《生命書》是我的一本完成了十年卻一直無法出版的書稿。2004 年之後，我在中國全面被禁，即便是這本不涉及現

實政治的靈修小品，也找不到出版社願意出版。即便我同意使用筆名，但每次在與出版社聯繫的過程中，秘密警察都會在最後一刻破壞—蓋世太保出面，哪個出版社能不知難而退呢？

就這樣，這部書稿一直擱在抽屜裡。2010 年，黃珮玲小姐將它轉給橄欖的金玉梅總編輯，金玉梅讀了之後決定接受這本書稿。這本書出版時，正值我在中國國內的處境急劇惡化的時刻，聽到這本書出版的消息，讓我在困厄中得到很大的安慰。

2012 年初，我們全家赴美，金玉梅給我發來一封電郵：「我們很高興有機會能出版你的書。不論在臺灣或大陸，基督徒作家都很少。我覺得教會並不太重視文字的力量，不知道文學可發揮的感染力和影響力，以致於文學出版成為異教徒的世界，也和基督教出版無關，這是很可惜的事。」並鼓勵我說：「也希望你繼續努力，成為像 C. S 路易斯那樣的作家，讓世人從你身上看見上帝的榮耀。」

2013 年初，我有機會第三次赴臺灣訪問，第二場演講是在慕哲咖啡的「哲學星期五」舉行。金玉梅趕來參加，這是我們第一次見面。後來，她在部落格上對我多有褒揚：「這樣一位才氣縱橫的作家，講話如此謙遜，在今天這個名嘴充斥的時代顯得格外清新。他能有這樣的智慧，是基督信仰帶給他的。」之後，我應邀到

作為師母的金玉梅與先生張昱國牧師

樹林國語教會主日證道，橄欖出版社和《基督教論壇報》聯合為我與妻子舉行公開演講「他與她：在苦難中追求愛與公義」。

那段時間，我們有很多時間在一起分享，還與金玉梅和張昱國牧師以及他們全家一起享用晚宴。以前，在我的想像當中，當過《天下》雜誌總編輯的金玉梅，一定是個雷厲風行的女強人，深入接觸才發現，她是一位慈愛溫和的職業女性，在教會更是受大家尊重的師母。我離開臺灣之前，又約金玉梅到紫藤廬談了一個晚上，遂整理出這篇訪問。

我很慶幸沒有趕上那個鐘鳴鼎食的時代

余杰：金老師，很高興採訪到你，雖然你再三推辭，很謙虛地說不配接受訪問，但我認為，你在新聞界和出版界的經歷很豐富，值得跟大家分享。在華人世界中，在這一領域作出美好見證的基督徒並不多，而這個領域非常重要。請你從家族的故事和自身的經歷談起吧。

金玉梅：我們金家在廣東是個大家族。《南方都市報》有一篇報導這樣記載：「廣州繁華的北京路側翼有一條街叫高第街，從晚清到民國，這條街上生活著兩個距離權力核心很近的大家族，一個是被譽為『廣州第一家族』的許家，另一個則是隨著歲月流逝，有些被人所淡忘的金家。」

金家祖籍是浙江紹興，兩百多年前遷到廣州。根據《廣州城坊志》記載，我祖父金寶桐的曾祖父金菁蘭是清代嘉慶庚申年代的舉人，當過直隸知縣，他家四兄弟中有兩人中舉人，一人中進士，書中記載金家子弟皆以「科名顯於坊間」。到了我祖父的祖父這一代，就開始致富了。金菁蘭作過廣州鹽運使的幕僚，他的兒子，就是我祖父的祖父金奉天，有機會成為大鹽

商，擁有一支運鹽隊伍及十六、七艘鹽船。做生意致富後，就舉家搬到廣州高第街，整個家族大概佔地二、三千平方米。

豪門家族的日常生活是什麼樣的呢？根據我的叔公金寶樹在《南方都市報》訪問中的描述，他有很多堂哥比他年紀大很多，他們不務正業，討小老婆，抽大菸，反正家裡有田有地，一生不愁吃穿。有些堂哥常睡到中午才起床，起床後請廚師炒幾個小菜，找人喝酒、下棋，整天玩樂度日。我的祖父金寶桐那一輩小時候過得養尊處優，每人有一個奶媽，一個傭人，家裡還有很多做工的傭人。

我父親出生於 1925 年，那時金家還非常興盛昌旺。我的曾祖父很重視孩子的教育，把他的長子、我的祖父金寶桐（薄崇）送到日本帝國大學學財經，祖父回國後順利進入政府服務，曾於南京擔任總統府秘書，後來奉派為外交官，長駐巴黎十九年。從巴黎回國後，曾任中央財政特派員公署秘書長。

我父親的童年是無憂無慮的。他經常看不到父親，因為他的父親長年在國外。可他很會自己找樂子，常常跑到廚房看廚師做菜，學得一手好廚藝。後來父親喜歡參加合唱團唱歌、學武術、學國際標準舞，過得多采多姿。

余杰：聽你這樣說，當年的金家真像《紅樓夢》和《京華春夢》的故事，所謂「陋室空堂，當年笏滿床。衰草枯楊，曾為歌舞場」。隨著二十世紀中國歷史的跌宕起伏，你父親一輩便飽受戰亂之苦了，你本人更是沒有體驗過那種「大富大貴」的生活。

金玉梅：父親的無憂無慮的日子，在抗日戰爭爆發後，就宣告結束。日本人和共產黨來了之後，金家的人大多跑到美、加、澳洲、香港等地，來到臺灣的只有我父親一人，他是跟著

國防醫學院師生而來。金家的家產在共產黨來了之後就被充公，少數留下來的親人（叔叔和姑姑們）在「文革」時被下放勞改，都吃了很多苦。昔日的大家族繁榮盛況，已成為過眼雲煙。但如果日本人和共產黨沒有來，金家是否還能維持昔日的盛況呢？我看也很難，畢竟從我曾祖父以後，家裡就很缺少精明的做生意人才。

當戰爭來臨時，我爸爸和叔叔從嬌生慣養的公子哥兒一下子變成難民，十幾歲就離家，逃到香港和廣東的山區上課，以躲避日軍的侵襲。可以想像他們承受的衝擊有多大，但他們並沒有被打倒，還是在艱難的環境中念完了中學。後來父親考上國防醫學院藥學系，隨著大陸棄守，跟著學校遷來臺灣。雖然沒有戰爭了，還是過著清苦的日子。他甘之如飴，從來沒有怨天尤人，給了我們很好的榜樣。

述說著金家的興衰史，心中百味雜陳。我想著如果我也生在那個茶來伸手、飯來張口的年代，會很快樂嗎？一個人沒有奮鬥的目標，大概會覺得人生索然無味吧。

余杰：你父親是一名軍醫，你們從小是在眷村長大的嗎？眷村生活是臺灣很多的文化人無法磨滅的記憶，我在臺灣參觀過幾處眷村，不過現在變成旅遊景點了。

金玉梅：父親剛到臺灣時，和當時無數從軍青年一樣，孑然一身，沒有家世背景可依靠，完全從頭開始。國防醫學院畢業後，父親奉派至空軍健兒聚集的南臺灣岡山，任職於岡山空軍醫院。民國四十二年，和同在醫院擔任護士的母親廖玉紗女士結婚，開始一磚一瓦地建立起新的家庭。

生了兩個哥哥和我之後，在我一歲時，舉家搬到臺北。父親繼續在臺北空軍總醫院藥局工作。我們的日子過得就跟一般

眷村家庭一樣安靜平凡，父親很少談起小時候家裡多有錢，但他常會講一些小時候的趣事，例如看廚師做菜或跟狗玩的事，也常講笑話或謎語給我們猜。他最喜歡唱歌給我們聽。他一直有參加合唱團，甚至年過七十時還同時參加兩個合唱團、跳國際標準舞。總之，我覺得他的家庭帶給他一種懂得生活的樂觀精神。出身富裕家庭有優點也有缺點，感謝主，富裕家庭沒有帶給父親驕縱的習性，而是給他欣賞生活的能力。父親是世界上最富足的人，他的富足，來自對生命的熱愛、對生活的認真。

在物資匱乏的年代，隨著三個小孩陸續出世，生活的擔子日益沈重。但無論是住在岡山的泥土屋宿舍內，或是後來遷到臺北的簡陋眷村中，父親都能在貧乏的物質環境中，創造豐盛的精神生活。閒暇時，父親常牽著我的手到中山堂欣賞音樂會。雖然台下的小女孩總是很快就進入夢鄉，旁邊的父親卻趣味盎然地陶醉在樂聲中。

在任職於臺北空軍總醫院、臺中空軍醫院，和後來的國防部軍醫局期間，縱使公務繁忙，父親仍抽空鑽研另一項藝術——中國武術。數十年下來，本國和外國籍弟子滿天下。

父親一向淡泊名利，也從不苛求子女的課業表現。從小到大，對子女們都是採取尊重、開放的態度。在當時那個家家戶戶以竹籬笆相隔的眷村環境中，每到傍晚時刻，經常可以聽到打小孩的叫罵聲和哭鬧聲，此起彼落。相較之下，我們家的平靜祥和，顯得非常特別。

我的童年快樂單純，記憶中每天放學後就是騎腳踏車出去玩，那時學校旁邊都還有許多菜田、果園，可以盡情奔跑玩耍，但有一件事是我不敢忘記的，就是每天要到鋼琴老師

家練琴一小時，爸爸告訴我老師是義務教我，所以我不敢辜負老師的好意。放暑假時，我幾乎天天都去離家很近的空軍基地游泳池游泳，游泳也是父親教我的。總之，父親的生活方式影響了我，讓我也對很多事物有興趣，都想去嘗試看看。

余杰：你是在什麼時候、在一種什麼樣的契機之下接觸基督教的呢？又是如何信主的？

金玉梅：主一直都很眷顧我，我的人生和信仰的道路始終都很平順。

我從十五歲在葛理翰佈道會決志、十八歲受洗以後，就在我家附近的改革宗宏恩堂聚會，並認識了我先生張昱國。那時是一種很單純的信仰。進了大學之後，我才在信仰上比較追求。

余杰：哦，原來宏恩堂是你的母會。宏恩堂與改革宗神學院就在同一個樓上，那天我到白馬驛站去跟教會的弟兄姊妹們分享信仰歷程之後，麥安迪牧師帶我參觀了教會和神學院。他告訴我，1965 年，臺灣加爾文神學院和基督教改革宗教會臺灣宣教區會（Christian Reformed Church Taiwan Mission）按立張迺忠牧師成為這個新社區的傳道人，一年半以後，教會與宣教區會興建了一間傳統式的教堂，並於 1966 年 10 月 30 日正式開始主日崇拜。我聽張昱國牧師介紹，他也是改革宗神學院的畢業生，在他成為樹林國語教會的牧師之前，長期擔任宏恩堂長老，在這個教會事奉了多年。

金玉梅：我跟張昱國就是在教會團契中認識的，兩人一起在教會服事，後來他成為教會的長老。那時候宏恩堂的青年團契很強，平常的查經、專題講座等聚會很紮實，每年也都和其他改革宗教會合辦夏令營和冬令營，對青年的造就很有幫助，

人是被光照的微塵

基督與生命系列訪談錄

我差不多每年都參加。在整個大學時代，學校的其他社團的活動我很少參加，大部分活動都以教會為主。有些同學不理解我為什麼如此熱心教會的活動。

余杰：大學時代你在宏恩堂聚會，在信仰上成長的情況如何？有沒有對你有很大影響的牧者或基督徒長輩？

金玉梅：我很幸運，國中信主後就來到宏恩堂，遇到很有愛心的張迺忠牧師和師母，他們待我們如同自己的孩子一樣，家中的大門隨時為我們敞開。那時教會有一些青年是從外縣市來臺北上大學，住在附近的臺北學苑，就近來到教會，牧師師母讓他們感到教會是他們的家，讓我看到基督徒真實的愛心。

在服事上，我受到幾個青年團契的大哥哥影響比較多。例如有一位陳文輝弟兄，很有音樂的恩賜，將詩班帶得有聲有色，開啟了我們對於唱詩歌的興趣，又教我們正確發聲，提升我們的歌唱技巧，每年聖誕節帶我們唱清唱劇，讓美好的詩歌來造就我們的屬靈生命。他是臺大政治系畢業，有行政管理的恩賜，也對文字工作有負擔。早期沒有中文打字機，影印機也不普遍，他帶著我們每個月編月報，除了有牧師證道信息、佳文分享、教會動態，還有會友動態花絮等。我們都要分工合作提供稿件，他用工整的字體刻在鋼板上，再一起用油墨複印、摺紙、裝訂、貼地址條、郵寄等。大家一起動手做，有說有笑，覺得很快樂，每個月都很期待編月報那一天的來臨。他對我們的服事態度有嚴格的要求，如果週報有打錯字、司琴多彈錯幾個音、聚會時的穿著不太妥當，都會即時糾正。他是帶著愛心的批評，為要讓我們養成正確的服事心態，要將最好的獻給神。

當時和我們一起在青年團契服事的，還有現在改革宗神學

院代理院長呂沛淵[1]。他那時候在念臺北醫學院牙醫系，個性就已經是一板一眼的，對真理的追求很認真，而且身體力行過聖潔而簡樸的生活。每次看到他，我們就會警醒一點，想想自己的生活有沒有什麼不討神喜悅的地方。

在東海大學舉辦的國中學生門徒營

那時還有其他好幾個大哥哥大姊姊都是品學兼優、熱心愛主的好青年，很多後來都奉獻成為傳道人。他們活潑的生命影響到剛信主而單純的我，記得那時每年都參加改革宗聯合青年夏令會，改革宗教會傳統的標誌——一雙手捧著一顆心，旁邊寫著「主啊，我願立即誠懇地將我的心奉獻給你」，也一再烙印在我心裡，成為我的禱告。

因為初到教會受到的教導就是要投入服事，把恩賜獻給神，所以我一直在教會中有服事。例如，教兒童主日學、辦月報和週報、參加詩班、司琴等。長期委身的服事，會遭遇許多試探、壓力，甚至想要中途放棄，但每次神都會光照我，讓我知道，服事不是為人工作，乃是為神工作，而且是與神同工，祂必賜我力量。這樣，神就藉著服事，來操練我的信心和愛

---

1 呂沛淵：美國西敏神學院歷史與神學博士。1998 至 2000 年，擔任聖荷西豐收神學院副院長與專任教授。2000 至 2006 年，擔任矽谷「基督之家」牧師，並同時在「海外神學院」、「信義神學院」、「更新學院」與「進深學房」等神學院和機構授課。並曾任改革宗神學院代理院長。獻身事主傳道二十餘年。

心，使我更加蒙恩。

以優質的新聞引領臺灣邁向美好社會

余杰：你念的是政治大學新聞系，我發現，臺灣新聞界的很多風雲人物都是政大新聞系畢業的。那時，你為什麼會選擇新聞系呢？

金玉梅：高中考上中山女中後，高二時因為英文成績好而被選派到美國參加青商會主辦的青年領袖營。這是個難得的機會，因為在美國三個星期的吃住都有人供應，但機票錢要自己付。記得爸爸有向朋友週轉一下，才讓我順利成行。更記得在出國前媽媽親手縫製中國式禮服給我帶去，因為我們在晚會中要代表國家、介紹自己的國家，絕對不能讓自己的國家丟臉。那時我就發現要介紹什麼是臺灣很難，但只要我說是 Free China，大家就知道了。

新聞倒不是我自己的選擇。因為英文成績不錯，本來我想大學念外文系的，但聯考分發我到政大新聞系。當時我不明白這個結果，後來才知道神在無形中默默帶領我，這一切不是自己追求得來的。

余杰：在大學裡，對你影響很大的老師是誰呢？

金玉梅：大學前幾年的課業都蠻輕鬆的，不太有挑戰性，我還跑去修政治輔系，滿足自己的求知渴望。在大四時，有一門課，是新聞英文寫作，據說任教的老師是《亞洲華爾街日報》駐台記者。她第一天來上課，把我們都看呆了，她穿著馬靴和西服，英姿颯爽的模樣。第一堂課，她就用當時很少見到的專業照相機幫每個人拍照，然後把一張張人頭照片貼在點名簿上，每次觀察每個學生的發言和討論，給大家打分數，每個

學生都不能敷衍。大家覺得很刺激，很有收穫。

　　她每週要求學生讀一本書，例如張愛玲的、海明威的，寫一篇英文報告。一般而言，大四了，課程都比較輕鬆，但我們這一班甚至覺得比低年級還要累，因為有這位嚴格的老師。這位老師就是殷允芃。[2]

　　殷老師在上課時也會講一些工作心得，那時她是《亞洲華爾街日報》駐台特派員，之前也擔任過《紐約時報》、美聯社等國際媒體的臺灣特派員。我開始對她的工作產生嚮往。她跟我們提過，在美麗島事件時，她是國際媒體記者，黨外人士（現在的民進黨大老們）特別拜託她在報導中呼籲軍法審判要公開，經過她的報導後，國民黨將軍法審判公開，保障了黨外人士的人權。我們都很佩服她的貢獻。我立定目標要效法她，以後在國際媒體工作，為臺灣發聲。

　　余杰：這次訪問臺灣，我有機會見到殷女士。此前，我在《黑夜中尋找星星：走過戒嚴的資深記者生命史》一書中也讀到過她的故事，並在書評中有評論。有這些優秀記者的存在，八〇年代末之前的臺灣，雖處於戒嚴狀態，新聞自由受到限制，但他們對公正社會的追求，讓後人肅然起敬。

　　金玉梅：我們後來發現殷老師越來越忙。她告訴我們，要辦中文的財經雜誌。當時，辦中文雜誌是一件賠錢的事。我們

2　殷允芃（1941 年 -），山東滕縣人，記者、作家。《天下》雜誌群創辦人、董事長兼總編輯長。成功大學外文系畢業，美國愛荷華大學「新聞傳播」碩士。曾任《費城詢問報》記者。1981 年與友人創辦《天下》雜誌，日後又陸續創辦《康健》雜誌、《Cheers 快樂工作人》雜誌、《親子天下》雜誌、天下雜誌出版與天下雜誌教育基金會等事業體，統稱《天下》雜誌群。

對她的決定感到驚訝，老師瘋了嗎？但殷老師說，她要透過這本雜誌將臺灣介紹到全世界，並將西方先進的理念引進臺灣。

到了下學期，殷老師竟然把國際媒體的工作辭了，她認為要用中文來提升人民的財經素養。在 1981 年我們畢業那一年，《天下》雜誌就創刊了。

余杰：我記得在北大念書時，在學校圖書館的台港文獻中心讀到過《天下》雜誌，其中介紹的一些管理理念給了我不少啟發。

金玉梅：《天下》是臺灣第一本用新聞專業的態度辦的雜誌。之前臺灣的主流雜誌，都是評論類的，用向名家邀稿的方式支撐起來的，不是以報導為主，精彩的是言論部分。而《天下》則強調客觀報導，重視特寫的寫作方式。殷老師用她在國際媒體中受的專業訓練來為這本雜誌定位。

在這期間，我經歷到《天下》在臺灣社會掀起的風潮。這本首度由新聞專業團隊編寫的財經雜誌大爆冷門，在那個臺灣經濟剛開始起飛的年代大受歡迎。剛創刊的幾期封面故事例如「細數財經首長的背後」、「企業家的第二代」等都讓人發現原來財經議題也可以寫得這麼生動有趣。秉持著「積極、前瞻、放眼天下」精神的天下雜誌也首開媒體之先進行許多國際大師的專訪，引進新的觀念。例如芝加哥學派自由主義經濟學大師傅里曼和國內經濟學家的論戰，讓國人思索經濟自由化的利弊。我記得那時每次看《天下》都有種熱血沸騰的感覺，好像臺灣的未來，就在我們手中，要好好把握機會去開創。出乎大家意料之外，《天下》雜誌一創刊就成功了，一時間，《天下》成了一本「新聞聖經」，每個新聞界的人士都在研讀，探求它成功的秘密。

余杰：那麼，你是什麼時候加入《天下》的呢？

金玉梅：我們同班和上下幾屆的同學們，有許多人在《天下》剛創刊時就加入了，陪著殷老師在雜誌市場打江山。我遵行自己的計畫，先進入英文媒體，進入英文《中國郵報》（*China Post*），作了兩年記者。殷老師還為我寫推薦信。

我在英文《中國郵報》工作將近兩年時，殷老師又找我去《天下》，因為她們很需要人手。我覺得老師盛情感人，又覺得《天下》的經世救國使命感很吸引人，雖然自己的計畫尚未完成，但眼前有更有意義的事，於是就跟其他同學一樣加入《天下》。

那時我已經結婚，想兼顧家庭，就沒有作外勤的記者工作，而是擔任殷老師的特助，協助編務的進行、新人的招募和訓練，以及她在政大新聞系兼課的助教，幫她改學生作業。

殷老師對新聞報導的品質要求很高，一個記者一個月寫一篇特寫，看似輕鬆實則每個月緊張到胃痛，因為除了採訪要紮實，每篇至少要訪問二十人，上下左右相關人士都要訪問到，才能兼顧各個角度，寫作也要生動活潑，要把複雜的財經議題寫得讓普通人都看得懂。

為了提升記者的能力，殷老師把亞洲華爾街日報的學習寶典《The Art and Crafts of Feature Writing》拿來當教材給記者上課，又把上課精華編寫成「編輯手記」要每個人研讀；每週也有一次 group sharing（小組分享）時間，每個人都要報告上一週的讀書或讀國外媒體報導的心得。有這麼紮實的訓練，難怪殷老師常說：「記者是世界上最好的職業，因為是別人付錢讓你來學習。」《天下》的成功帶來很多競爭者的模仿，列為機密的「編輯手記」後來也外流到許多媒體成為共同的教材。

我在天下工作了十年，主要擔任人力資源管理的工作，之後到美國進修了幾個月，回來之後才進入編輯部工作。我幾乎所有的事情都做過，人力資源部、行銷部、編輯部，全做遍了。我的個性是對任何領域都有興趣，不排斥其他工作。在 1998 年擔任副總編輯，1999 年升任總編輯，因那時《康健》雜誌和《Cheers》雜誌都已創刊，殷發行人不再兼任《天下》總編輯而成為總編輯長（這名詞大概是從日本雜誌學來的）。我雖然覺得自己不夠資格，也只好硬著頭皮上任了。

余杰：那段時間，正是臺灣社會急劇轉型的時代，《天下》適逢其會，新聞如戰場，你一定有很多成功的經驗，以後可以寫回憶錄。

金玉梅：在這段期間，臺灣經歷了政黨輪替，記得當時的總統候選人我都訪問過：連戰、宋楚瑜、陳水扁，《天下》也都就他們的人格特質做了深入報導，對選舉有發揮某種程度的影響力。那時《天下》記者的水準蠻整齊，衝勁也很夠，臺灣的經濟環境正在轉型中，許多企業開始西進大陸，臺灣經濟如何找到新的方向，成了熱門的報導主題。我們做了幾個國家專題的封面故事，都頗受歡迎，例如以數理能力和軟體業崛起的印度、從東亞金融風暴迅速崛起的南韓等。在經濟轉型中，環境遭受到的衝擊也值得關注，有幾位藝高膽大的記者製作了有關在臺灣中南部盜採砂石、亂倒廢土、水資源破壞等環境報導，使得我們成為金鼎獎、吳舜文新聞獎等、卓越新聞獎等獎項的常勝軍。

2002 年，我擔任《天下》雜誌群總經理，主要是負責推動公司 ERP（企業資源規畫）系統的導入，要整合各個部門，改變工作流程，採用貫穿各部門作業的新資訊系統，來提升整體

的效率，《天下》在臺灣媒體界是少數成功導入 ERP 的公司。

2006 年，我的工作又有了變化，《天下》雜誌叢書出版部門的主管出缺許久，殷發行人問我的意願，我覺得回到生產線上的工作比較有意思，又開始擔任出版部的主管直到 2009 年退休。這段期間出版的書，除了原有的財經管理路線之外，我又規畫了一些文創產業相關的書，除了翻譯書之外，有些是運用我過去所認識的記者來企畫撰寫，在文創產業當紅的時代，開拓了一些新的市場，作品有《手感經濟》、《創意亞洲現場》、《跟著安藤忠雄看建築》等。

余杰：你能在一個機構貢獻服務半生，在人員流動很快的今天，幾乎是不太可能的事情。

金玉梅：有朋友問我，你二十六年都在一個媒體工作，為何不倦怠？我認為，在媒體工作很有挑戰性，總是站在發現新事物、新觀念的前沿。《天下》的理念是「幫助您掌握最前瞻的觀念與趨勢，與世界零距離，與臺灣超連結」。我們不斷發現新的觀念、新的企業家、新的發展趨勢，我每天都像是在做一份新的工作，就不會感到重複和厭倦了。

另外，我覺得工作是神所賜給人的禮物，祂要在工作中磨練塑造人，也要人用工作來榮耀祂。選擇到《天下》工作，是佩服殷老師的理想，和天下專業的作業方式（記者不收紅包、廣告部不送回扣）符合基督徒的倫理。神要我們願意為祂所用，用自己的才幹在各個崗位榮耀祂，我也感謝神處處為我開路，賜我夠用的恩典來做好每個工作。

雖然我不會在工作中強調個人的基督信仰，但我努力在工作中有好的表現，讓大家看到基督徒在專業領域能做得最好，這就是榮耀神。慢慢地，在身邊也聚集起一些基督徒新聞人

來，比如你在有福堂見過的《親子天下》總編輯何琦瑜。同事中基督徒的人數雖然不算很多，但大家都有作光作鹽的心志。在臺北的基督徒新聞從業人員曾經有一個新聞人團契，大家定期聚會，為從事新聞工作的基督徒守望代禱。

余杰：《天下》逐漸在臺灣取得主流地位，但主流往往會影響到獨立性。對這一矛盾，你如何看待？

金玉梅：《天下》剛剛出版時，理想性很高，希望推動政治清明、經濟發展、社會穩定。這裡彙聚的人，大都是有理想性的、要社會變得更好的年輕人。

但是，一旦《天下》成了主流媒體，要保持獨立就很不容易。比如，是不是要跟受訪對象、廣告客戶保持一致？如果跟他們的觀念有分歧，該如何處理？在臺灣，眾所周知，這些年來，媒體環境非常腐敗。新聞廣告化使得新聞不可信。在這方面，《天下》算是有自己的堅持，比如，在版面上，如果是廣告部的企畫製作，就要清楚地標明，這跟報導是有區別的，這是付費的部分，只是用報導的方式來呈現。而一般的媒體都不會作出此區分，甚至故意模糊此差異，讓讀者分不出哪些是廣告、哪些是正文。《天下》一直堅持，寧願失去一些廣告客戶，也不妥協。這也是我最為佩服的一點。這樣做，才能讓讀者對你的報導有信心。這是《天下》最大的資產。

余杰：我注意到一個現象，就是隨著臺灣民主化的推進，臺灣的媒體反倒出現逆向的、惡質化的趨勢。在戒嚴時代，儘管新聞不自由，但無論是官方媒體如《聯合報》、《中國時報》，還是若干黨外媒體，都凝聚了一大群有理想、有品質的新聞人，正如《黑夜中尋找星星》一書所論：「他們像是在無盡的黑暗中尋找星星，對外迎向忽明忽暗的民主亮光，對內追

尋人若有似無的記者典範。」但是，民主化之後，臺灣媒體迅速進入高度商業化、娛樂化、八卦化的階段，理想失落、品質下降。讓人遺憾。在這一過程中，作為身在其中的新聞人，你有哪些感受和反省？

金玉梅：臺灣的新聞環境越來越差，我認為政府的政策很大問題。政府要負很大的責任，比如，政府帶頭做「置入性」行銷，政府帶頭買媒體（版面），這在西方成熟的民主社會是不可思議的。

余杰：是的，美國政府就不能辦媒體，美國的媒體都是私人的，媒體批判政府不遺餘力，媒體是真正的「第四權」。「美國之音」這樣由政府支持的、有對外推廣美國價值性質的媒體，只能對外廣播，不能對美國公眾廣播。這樣的經驗，值得臺灣學習。媒體可以有政治偏向，但不能成為權力的傳聲筒。

金玉梅：政府過度介入媒體，導致媒體不敢批評政府。企業也學習政府的做法，出錢請人寫文章、出錢買報紙的版面和電視的時段，甚至乾脆購買媒體，強行推銷其想法。這些做法對讀者、對媒體的信任度，傷害很大。

還有，臺灣的電視最讓人詬病的地方，是新聞的八卦化。任何一個電視臺，都要做二十四小時的新聞，有那麼多新聞嗎？最後就只好濫竽充數。臺灣媒體都受制於所謂的「收視率」，比如尼爾森調查，廣告界引以為最高標準，到哪裡投放廣告一定要看收視率調查報導，其實這些調查的準確率並不高，因回答問卷非常耗時，只能訪問到一些貪圖贈品的閱聽人，他們引導了媒體內容的煽色腥趨向。

二十多年前，《天下》剛創刊的那個時期，臺灣社會有一股想學習的力量，我們先後做了一些介紹北歐、新加坡、香港

等地成功經驗的專題，讀者和業界的回饋都很好。大家都覺得看到別的國家如何富強起來，可以供我們好好學習。但是，現在新媒體層出不窮，人們的閱讀力越來越分散，對很多事情的不信任感不斷增加，主流媒體越來越難做。

余杰：保持自身的獨立性始終是一個問題。我聽到一種批評意見，說《天下》跟企業界關係密切，較多報導正面資訊，批評則越來越少。

金玉梅：是的，作為媒體，總是免不了要作獨家報導，這樣就得跟業界的大人物維持良好的關係。但一有這樣的想法，獨立性就會受到影響。你批評了他和他的企業，他下次不接受你的訪問怎麼辦？還有一個原因是，《天下》一直採取「積極正面、溫和理性」的報導態度，希望把報導的探照燈照在社會上較少人知道的好的事情上，增加社會正面的能量。如此一來，批評的力道就顯得比較不夠。

相較之下，反倒是獨立記者能擁有很大的自由度和空間，這幾年，最好的報導差不多都是獨立記者完成的，他們甚至不在媒體上刊登，直接寫成一本有深度和廣度的書籍出版，或者在網路上發表。以前，獨立報導不成氣候，現在因為有了網路，有了社交媒體，獨立記者可以寫書，可以獲得群眾贊助，可以獨立完成研究，反而比大媒體有優勢。比如，有一位原來駐倫敦的記者，在辭掉職位後，成為一個獨立和自由的記者，研究房地產的黑幕、地價的秘密，出版了很有震撼力的著作。

余杰：這大約也是你急流勇退的原因之一吧。

金玉梅：在《天下》時，我們經常思考如何讓臺灣變得更好。《天下》取名於《禮運・大同篇》的「天下為公」，表示對一個美好社會的嚮往與追求。《天下》探討的主題不僅限於

財經，其他社會、法治、教育、科技，乃至心靈的層面都會涵蓋，因為美好的社會必須從各方面的根本做起。

但我從一個基督徒的角度來看，經常感嘆人的方法的有限。因許多問題都是人心的問題，而人心並不是教育、法治、心靈修煉可以改變的。記得我曾出版過一本書叫作《更快樂——哈佛最受歡迎的一堂課》，是一位猶太裔的哈佛「正向心理學」教授班夏哈所寫，內容很有道理，也很實用，銷售成績不錯。又出過一本叫作《快樂學——修煉幸福的二十四堂課》，是一位從科學家變成藏傳佛教僧侶的法國人馬修·李卡德所寫，主張快樂可以學習，精神可以改變，銷路也不錯。我還有出一些達賴喇嘛的書，談何謂真愛等等。但我出這些書覺得很不安，也覺得有點可笑，因為我親身經歷過什麼是真正的快樂，從神而來的喜樂是白白的恩典，不需要練習、也不需要努力就可以得著。我所擁有的基督教信仰才是人世間一切問題的解答，若不是基督來改變人心，人的無知、貪婪、驕傲、忌妒會一直持續下去，而要人們從這變動的時代所得到的挫折感和憂慮中再站起來也是希望渺茫的。

這些年來的工作，跟信仰沒有太直接關係。我只能說在工作中作見證，盡到基督徒的本分。我從事的工作大部分都是管理方面的，是協助別人儘快成長。在《天下》工作了二十六年後，2009 年，我申請退休，是《天下》第一個服務期滿退休的員工（法令規定服務滿二十五年可退休，我服務了快二十六年）。少數同期元老現在還在堅守崗位，我很佩服他們，因為現在媒體環境不同，挑戰更大了。而我退休後本來要以教會服事為重，那時張昱國在樹林國語禮拜堂牧會三年了，我希望能有更多的配搭服事。

余杰：原來你是想放棄職業上的成就，好好在教會當師母。誰知神對你另有安排，又給你了更大的重任。

金玉梅：是的，哪知神又替我開路，橄欖華宣董事長李正一弟兄邀請我加入他們的團隊。這家公司不屬於任何宗派或機構，是獨立的私人企業，出書範圍很廣，可以揮灑的空間比較大。雖然公司的規模和資源有限（跟《天下》相比），但我相信，只要是合神心意的，神必開路。所以，我就重操舊業，再度投入出版業，只是這次我的工作不但是「有人付錢給我學習」，更是「有人付錢讓我靈修」，真是恩上加恩。

由此可見，既然上帝讓我長期從事新聞出版方面的工作，在這個領域有一定的專長，那麼神肯定要繼續使用我。一般人做到了我這個年紀，就要考慮「光榮退休」了，但在我離開《天下》之後，事業緊接著進入「第二個春天」。在橄欖的工作，一點也不比在《天下》的輕鬆。

文化出版是基督徒建造「山上之城」的使命之一

余杰：「橄欖華宣」是臺灣的一家重要的基督教出版發行機構，至今已有三十年歷史。請你簡單介紹一下橄欖華宣的歷史、現狀和發展方向。

金玉梅：蒙主帶領，「橄欖」在創辦的前十年就有了豐碩的成果，策畫出版「教會復興」、「靈命進深」、「貴重器皿」、「屬靈爭戰」、「家庭婚姻」、「心靈醫治」、「教會建造」、「生命事奉」、「時代信息」等十多個系列，開啟了既深且廣的基督教出版領域，翻譯引介無數國外傑出的作者及其膾炙人口的著作，同時也藉著邀請作者來臺舉辦特會，使臺灣教會與國外重要屬靈運動同步，推動了教會和個人的更新。

近些年來，上帝更帶領「橄欖華宣」逐漸發展出八個出版品牌，包括與中華福音神學院策略聯盟的「華神出版社」，為傳道人及神學生提供不可或缺的神學書籍和工具書。同時也成立「聖經資源中心」，進入聖經出版的領域。近期更和中原大學宗教研究所策略聯盟，出版基督教學術叢書，讓基督教思想進入文化公共領域。至今「橄欖華宣」各出版社已經出版了上千本的書籍，內容涵蓋面極廣，從神學研究、聖經注釋、信徒靈命造就、見證、傳記，到學術叢書、各式聖經等，成為海內外華人基督徒重要的屬靈夥伴。

在引進國外傑出基督教作者的同時，橄欖華宣也持續加強華人著作的出版，以期更貼近本地及華人社會的需求。近兩年的新書中，華人著作佔整體出版比例已接近六成，內容涵蓋神學著作、學術研究、聖經注釋、靈修心得、信仰見證、職場生活、親子教養等，華人作家因此有了更大的揮灑舞臺，也使華人的信仰經驗得以傳承、屬靈資產更豐富。

在出版領域方面，有鑑於現今社會經濟環境變動迅速，使得許多人面臨工作不穩定和人際疏離、家庭解體，因此近兩年來「橄欖華宣」的出版走向更貼近社會現實，特別關注職場生活和家庭建造的議題。在職場生活方面，不但引進了國內外專家的精彩著作，最近更推出了由資深財經記者進行的職場領袖訪談文集，針對當代年輕人在工作中常遇到的問題，提供合乎聖經真理的適切解答，為徬徨的年輕人指引方向，不論是信主或未信主。這是基督教出版社走向一般市場、進行福音預工的一個新的嘗試。

除了新增的當代華人著作，橄欖華宣也致力將歷久彌新的華人經典著作重新編排出版，例如「王明道文選」將這位二十

世紀中國屬靈偉人的重要著作，及其歷時二十九年編寫的《靈食季刊》以新的面貌重新出版，讓聖靈在這些著作中的感動和教導可以跨越時空延續到今日，讓我們學習如何過一個聖潔而平衡的基督徒生活。計畫中的還有「謝扶雅全集」。

在面向一般讀者的出版之外，橄欖華宣也勇於嘗試高難度、卻具有歷史意義的學術計畫。「漢語基督教經典文庫集成」是一個宏大的計畫，希望將基督教入華一千五百年來中外學者的重要經典漢語著作重新編注出版，以出版百本為目標，文體包括論述文、小說、詩歌、劇本、聖經翻譯等，大部分我們都聞所未聞，不知道中國歷史中還存在著這麼多精彩的基督教論述和文學作品。

編注這套書困難重重，許多古籍因年代久遠而完整的版本不可得，必須費盡苦心四處尋覓、考證。而將古籍加上注釋、撰寫導言介紹給現代讀者，也必須找到具有高度專業及熱忱的學者才能竟其功，所幸在周聯華牧師和中原大學宗教所曾慶豹教授帶領之下，召集海內外編輯委員召開多次會議，並親自邀請、說服適合的海內外學者投入這個具時代意義的專案，加上責任編輯不眠不休地反覆校對、查證，夢想才得以實現，至今已有六本著作面世。這套經過嚴謹地重新點校、編注、具有學術價值的經典叢書本非一個民間出版社可以獨立完成，感謝主帶領學術界和教會領袖帶領我們進行跨界合作，一起促成這件美事。目前這個計畫仍面臨許多困難，我們發現有熱忱、有能力、願意參與的學者不多，願主親自來帶領這個有時代意義的計畫。

余杰：我看到，柯志明老師的著作也是由橄欖出版的，柯老師因為在同性戀、墮胎、死刑等問題上堅持真理，收到不少

攻擊和污衊，甚至教會內部也有人向他扔出石頭。所以，能出版柯老師的書，需要相當的眼光和勇氣。因為很多教會的出版機構，風格是四平八穩，最害怕爭議。

金玉梅：我們期許自己成為一個媒介，讓基督徒把光照在人前。主耶穌教導門徒在世上是鹽是光，而光要照在人前，讓人將榮耀歸給上帝。基督徒要如何把光照在人前？世界是汙穢黑暗的，如果基督徒孤芳自賞、不參與世界，就不可能照亮世界。而參與世界，我們需要與世界對話的能力。

例如，當同性婚姻合法化的呼聲甚囂塵上時，我們當然不贊成，要如何指出其中的謬誤？當進化論者的思想主導人們的世界觀和價值觀時，我們應如何回應？基督徒面對時代的議題時，不能迴避，必須表達合乎聖經的立場，這就需要接受適當的裝備。作為一個溝通觀念與傳遞知識的文字事奉機構，「橄欖華宣」願意在時代議題的探討上貢獻心力，與主內弟兄姊妹一起面對社會的挑戰，這是我們未來出版的方向之一。

因此，在 2012 年，我們在聖經資源中心推出「實踐倫理」系列，出版了柯志明教授的《尊貴的人、婚姻與性──同性戀風潮中基督徒絕不妥協的立場》，為基督徒讀者提供符合聖經觀點的戀愛婚姻觀以及反駁同性戀主義的理性論述，可作為教會及神學院裝備信徒的工具。「實踐論理」系列出版的主題也將包括生態神學和生命倫理等領域，希望幫助華人基督徒在面對複雜的環保議題和墮胎、安樂死等倫理議題，能正確地瞭解神的心意，並與世人作適當的對話。所以我們在 2013 年出版了柯志明老師的《胎兒與死刑犯──基督信仰的人觀與生命倫理》。柯老師的兩本書剛出版時，都無法引起太多讀者的興趣，但隨著這些時代議題變成法案衝擊到基督徒的生活時，許

多基督徒發現自己雖然不贊成世人的觀點，卻無法提出理性的論述來反駁，這時才發現柯老師著作的可貴。除此之外，未來也計畫推出「當代文化與信仰」系列，將出版科學、當代文化與信仰對話的精彩著作，希望裝備基督徒以聖經所教導的真理與世俗的言論對抗，真正堅守真理，在世上成為光鹽。

余杰：也就是說，跟一般的基督教出版社機構相比，橄欖華宣更有文化使命，更注重讓福音影響社會。這是你們跟傳統的基督教出版機構之間很大的差異。

金玉梅：我在「橄欖華宣」這幾年的工作，非常開心，因為可以比較直接地傳播福音。我們跟傳統的基督教出版不一樣。傳統的基督教出版社，主要是對已經擁有信仰的群體講話，針對教會內部關心的話題，使用的語言也是如此。很多傳統的基督教出版機構都會自我設限，比如以服務教會為主要目的，從「教會本位」的角度思考問題，看重如何促進教會人數的增長。而我希望我們的文化工作，能夠有更為廣闊的視野，能夠造就信徒的成長，能夠贏得更多的人認識基督，有一定的「跨界」的意義。一般人有興趣的一些主題，我們都會關注，力圖循序漸進地將福音帶出來。

這是一個不容易做到的目標。我舉一個例子，「橄欖」出版過有一本書，名叫《窮得只剩下錢》，美麗島辯護律師之一、也是虔誠基督徒的李勝雄先生到獄中送給阿扁。媒體對此立即作了報導，阿扁因為貪污被關，人們都好奇這本書究竟是什麼內容，紛紛買來看，這本書頓時成了暢銷書。當然，書本身確實寫得很好，作者表明，錢絕對不是生命中最重要的東西，啟發讀者思考：生命中什麼是最重要的東西？

還有就是寫人物故事，2012 年我規畫了一本名為《辦公室

裡的X》的書，採訪五位在各個領域都有建樹的知名基督徒，包括巨大公司（捷安特）執行長羅祥安、臺灣世界展望會執行長杜明翰、電視主播李晶玉、建築師潘冀、臺灣奧美集團董事長白崇亮，他們分享了在工作職場上的心得，是一般人都願意學習的，同時也提出生命如何改變，如何從信仰中得到力量。我找的作者丘美珍，是《經理人》月刊前任總編輯，也是基督徒，她同時具備職場管理的專業知識和屬靈的生命，才能寫出對一般讀者也有吸引力的書。我認為，這是基督教出版應當做的工作，不應當只是關注信徒的靈命成長，而無法讓福音影響一般人群。

其他方面，比如家庭、婚姻、教育等，都是我們關心的領域。目前我們在策畫兩本書，第一本講如何找到適合的結婚對象，第二本講怎樣結婚一輩子而不離婚，將信仰融入其中，希望吸引讀者讀了之後，自然就會思考信仰的問題。還有就是親子教育、職場上自我成長等等，都是現代人很需要的獲得的「常識」，我們用一種自然、隨意的方式，帶入福音真理。

余杰：這幾年在橄欖華宣的工作，你覺得困難之處在哪裡？又要怎樣去克服？我想，有很多弟兄姊妹都對文字和出版方面的工作有興趣，或者他們正在其中默默耕耘，希望你能分享一些心得體會。

金玉梅：最大的瓶頸是人才不夠。很有天分的人才，都被別的出版機構和領域挖走了。出版本來就是一個微利的、清貧的領域，付出和收穫看起來不成正比。基督教出版更是如此，在整個出版領域中，又處於一個比較邊緣的位置，更加辛苦，待遇也不如人意。如果沒有異象，一般人不願進入。

如果拿現在的處境跟以前在《天下》的時候相比，差距很

明顯：我在《天下》的時候，資源很多，好的編輯、好的行銷、好的印務，各種優秀的人才應有盡有；但是，在基督教出版領域，人才相當欠缺，特別是年輕一代的人才，有視野和想像力的人才，實在是太少了。

我常常考慮的一個問題，如何發掘人才？比如，《辦公室裡的X》這本書，跟我合作的作者丘美珍是一個很好的基督徒，她為了教養小孩暫時離開職場，上帝給我們開路，讓我們兩人碰到一起，合作完成這本書。我越來越發現，實際上有很多基督徒在媒體和文化機構工作，只是沒有被發掘出來、給予使命而已。我試圖讓橄欖華宣成為這樣一個平臺，將有文化使命的基督徒的力量整合起來。

現在，臺灣基督教的出版機構大都比較內視，關注到基督徒、牧者和教會的需要，沒有關注到一般人和社會的需要，沒有那樣的企圖心，或不知道如何去引導社會思潮。

整個臺灣社會、整個出版界，都有目光短淺的毛病，一發現某個暢銷書作家，就去搶過來，不管多高的版稅，也要簽約。其實，第一本暢銷，第二本不一定暢銷。一般的出版社和編輯卻沒有深入思

金玉梅與余杰在臺北書展上

考：第一本暢銷的原因是什麼？第二本書如何才能繼續暢銷？

基督教出版機構，雖然沒有如此去追暢銷書作家，卻完全圍繞教會的活動作出版工作，比如，某教會辦特會，作者來分享，出版社就去配合，在特會上賣作者的書。這樣就導致出版社的獨立性不夠。

還有就是本土的基督徒作家的培養，大部分出版社不會從頭開始尋尋覓和培養。據我所知，在媒體界就很多基督徒，分散在各處，卻沒有人鼓勵他們寫作具有信仰內涵的作品。我盼望更多出版社致力於培養本土的作者，把他們從各個領域找出來，推動他們寫作，寫自己的故事，寫別人的故事。很多基督徒作者有很好的筆，卻沒有為基督而寫作，就太讓人遺憾了。

余杰：這次來台，恰好趕上臺北國際書展，也來到各大基督教機構聯合設置的大型展臺參觀。大家聯合在一起，總算比較有氣勢了。但是，比起佛教等其他宗教的展臺來，無論在面積還是在位置上都有相當之差距。這也是一個側面，反應出基督教在文化領域的失守，以及教會對文化使命的漠視。這是一種非常危險的狀況。有一位臺灣的朋友說，把臺灣最有名的一百個基督徒加起來，影響力也比不上星雲法師一個人。這種情形，真需要好好反省。作為一名基督教界的出版人，你曾就臺北書展的情況寫過呼籲書，能請你對此作一些介紹嗎？

金玉梅：每年的臺北國際書展是臺灣出版界盛事，各主要出版社無不施出渾身解數，展現自己的魅力和實力。去年臺北國際書展期間，我看到各宗教團體參與的情況，很有感觸，就寫了一篇投書，刊登於《基督教論壇報》。

當時，書展人潮雖多（官方統計達五十九萬），但參展的基督教出版社普遍表示業績平平，有些已在考慮下一次不再參

加。由於是由基督教文字協會出面承租二十個攤位，基督教聯展區被安排在主走道旁，位置比過去醒目。但這二十個攤位再由七個出版社分租，每個展出單位仍然十分狹小、侷促。

反觀其他宗教團體，包括慈濟、法鼓山、佛光山、一貫道等，都各自租下主走道旁二十格的大攤位，花費鉅資裝潢。他們的目的除了展示出版品，更趁此機會宣揚教義，擴大聲勢。他們的展區整天播放輕柔的現代佛教音樂，笑臉迎人的志工親切迎接讀者，隨時準備進行個人談道。這實在不像是國際書展，比較像是把佛堂搬進書展。

對照之下，基督教出版社展區，在沒有教會團體的支援下，各出版社的展出攤位狹小，不但無法提供良好的選書、閱讀環境，更不太可能藉此機會傳福音了。出版業是個微利的行業，書籍印刷成本約佔書價二成，加上製作費用及版稅後成本即接近書價四成，如果交給總經銷發行，大部分只能用五折左右發貨，利潤之低可以想像。如果要自己發行鋪書到書店，雖然利潤較高，但大多數出版社都是小本經營，這麼龐大的發行人力成本也是負擔不起的。所以大部分出版業都是慘澹經營，許多懷抱著理想的基督教出版社更是如此。在此情況下，能進入臺北國際書展已屬不易，如何期待他們更進一步發揮宣教的功能呢？

我認為臺北國際書展是個屬靈的戰場，到書展的人都是對精神食糧有興趣的人，願意探尋真道，所以各宗教山頭都在此佈下重兵，希望一網打盡。在書展期間，我們可以看到每天一大早就有約一百位慈濟志工集合準備進場作戰。

面對這樣的情景，基督徒你不難過嗎？在這麼重要的屬靈戰場上，基督教會為什麼缺席呢？可不可以有個教會出錢出

力，也租個大攤位來提供屬靈書刊，為傳福音做預工？

我很盼望哪天在臺北國際書展也有個教會願意來設立一個醒目的碼頭堡，不但用高品質的文字出版品吸引人前來欣賞，更巧妙地運用影音、基督徒作家演講、個人陪談等，讓許多饑渴慕義的讀者有機會聽到真理。這種創新的傳福音方式效果可能比大型佈道會還好。

感謝主，近年來臺灣基督徒比例增高，許多教會都熱心傳福音，但方式大多侷限在教會內或租場地辦佈道會，無法走入人群。為什麼在國際書展這塊屬靈戰場上，教會一直缺席呢？我想不通。祈求神感動牧長們看看這裡，許多莊稼已熟，正待採收，怎能無動於衷呢？

余杰：下一步，你對在橄欖的工作有什麼期待？對基督教出版機構的現狀和未來有哪些什麼期許和思考？

金玉梅：在出版上，我要求品質一定要嚴格把關，翻譯的書，許多我會親自校閱，否則錯誤很多。人才不夠，很多事情都要親力親為。但我也禱告求神賜給我們更多編輯人才，讓我可以做更多策畫的工作，例如做出有系統的、結合釋經學和牧會實務的書系，讓聖經的教導能實際應用在教會各方面。我不知道上帝還會讓我幹多久，在教會和職場兩邊，壓力都很大，也很累，我的年紀越來越大，有點力不從心，也不知道理想能不能達成。

就基督教出版社而言，我認為比較理想的情況是，教會支援文字事工。然而，目前是一種惡性循環的狀況：教會不覺得書籍出版是一件多麼重要的事工，基督教出版社的出版物讀者有限，維持下去很困難。這樣，也就沒有足夠好的待遇吸引人才來基督教出版機構。沒有一流人才，也就做不出一流的產品來。

人是被光照的微塵

基督與生命系列訪談錄

還有一種現象，就是有一些大型教會自己成立出版社。我認為，這是一種很不好的情形。一個教會將所有的領域的事工全部做完，形成一個封閉的系統。教會辦出版社，出版自己需要的書，自己餵養信徒，結果自然是一方面讓信徒的視野越來越窄，一方面擠壓了獨立的基督教出版社的空間。我認為，教會應當有國度的概念，鼓勵獨立出版社的存在，幫助獨立出版社的發展。

儘管有這麼多的壓力和挑戰，神為祂所愛的孩子預備的是超過他們所求所想的。在我剛畢業時所想像的未來的道路，跟現在差很多。三十幾年來，我在職場上學到豐富的經驗。現在，神把我放在基督教出版社，讓我繼續發揮。我想做的事工，跟傳統的基督教出版社不一樣。我希望基督教出版社不再只面向教會，同時也要面向世界，要讓有基督教信仰內容的書吸引世人的眼光，讓書店的暢銷書架不再只被世俗的書或異教之書佔滿，讓基督徒的人生觀、世界觀也能被大眾所看見。這是一個夢想，我不知道能實現多少，不知道有多少人支持，也不知道我的體力能維持多久，我只有禱告求神繼續帶領了。

我不是一個傳統意義上的「師母」

余杰：前兩個星期，我很榮幸受邀到樹林國語禮拜堂主日證道，跟弟兄姊妹們有一些交通。我很喜歡你們的教會，首先有很寬敞的院子和漂亮的教堂，然後有一群愛主的、充滿活力的弟兄姊妹，特別是有我在臺北其他教會難得一見的原住民的弟兄姊妹。我在教會頂層的閣樓參觀時，聽說上面的小木屋全是原住民弟兄姊妹親手修建的，他們真是心靈手巧，那間小木屋，讓他們身處臺北卻如同回到森林之中。我更發現，你在教

會是受到大家尊重和愛戴的師母。在公司是總編輯，在教會是師母，在職場上要競爭，在教會中要關懷，兩種角色，兩份工作，壓力實在很大。此前你談到與張牧師認識的過程，請繼續談談這些年你們如何互相扶持、共同服事的。

金玉梅：當年，我跟我先生張昱國是在教會認識的，我們相差六歲。張昱國當兵回來繼續念大學，我覺得他在信仰上很追求，樂意服事主，在大學時就開始交往，大學畢業後兩年，我們就結婚了。我後來才知道，他少年時代有過一段浪子生涯，差點成了古惑仔呢。我跟他初中的同學見面，他們都說，想不到張昱國那麼調皮的傢伙，居然當了傳道人！

張昱國有十幾年的工作經歷，但一直在教會當執事、長老，後來上帝對他有全職奉獻的呼召，他接受了呼召，去念神學。我們所在的教會旁邊就是改革宗差會，後來成為改革宗神學院。改革宗神學院成立後不久，他就辭去工作，全時間在神學院攻讀道碩，畢業

在樹林國語教會與弟兄姊妹合影

以後先和神學院老師康克理（Tim Conkling，曾任臺北信友堂英文部牧師）牧師一起在臺北市辛亥路開拓雙語的「希望教會」，後來回到宏恩堂擔任全職長老兩年，再到樹林國語禮拜堂牧會，今年已是第七年。

感謝神讓我們有機會在昱國剛畢業時有機會跟著康牧師學習牧會。他是美國西敏神學院畢業，在改革宗神學院教基督教

倫理和輔導，是一個很有愛心又很注重教導的牧師，也不拘泥於聚會的形式。他的主日講道最後都會有問答時間，鼓勵會友表達意見及雙向溝通，會後也都有成人主日學，繼續作聖經的教導。當時和我們一起在希望教會服事的還有美籍宣教士印主烈（Joel Linton），他也是康牧師的學生，也是林義雄先生唯一倖存的女兒林奐均的先生，他和康牧師輪流在英文堂證道，中文堂的證道則由康牧師和張昱國輪流。康牧師的證道都搭配很豐富的生活案例，希望讓會友聽了能實行出來。他對昱國的證道也都會有很實際的講評，讓他可以改進。此外，他對會友的關懷和輔導的技巧，都讓我們學到很多。他還發明一種獨特的傳福音方式——鼓勵大家跟他一起去泰國旅遊勝地向中國大陸旅客發送聖經並談道。那時大陸旅客還不能來臺灣，所以只好去距離較近的泰國接觸大陸旅客。我很懷念在那個年輕而有活力的教會服事的日子。

樹林國語禮拜堂在五十多年前成立時，是從臺語的樹林長老教會國語部開始，因為是講國語的，就有了這個名稱。在張昱國去以前，有過兩位牧師，第一位是華人老牧師，第二位是韓國宣教士，他們給教會留下很好的傳統，就是會友彼此相愛，順服牧師，也很願意為教會擺上。這個良好傳統至今仍保留著。

不一樣的是，這些年來因著張昱國牧師改革宗的背景，注重教導，持續在教會開成人主日學、查經班、慕道班等，現在教會讀經的風氣日漸興盛，最近有將近二十位會友請我幫他們購買環球聖經公會那本兩千多頁、定價二千元的新譯本研讀版聖經，可見他們讀經的心志堅定，令人敬佩。

因為我一直在工作的關係，自從張昱國牧會以來，我就不

是傳統定義的「師母」，無法像其他師母一樣無條件地配合教會的事工。感謝主，張昱國在教導和關懷上都有恩賜，他樂意為會友付出時間，陪伴他們渡過一些人生的困難時刻。也感謝主，讓會友很接納我，即使我不像其他師母那樣常常用探訪、禱告、陪伴或親手做的食物等來服事他們，但當他們需要在信仰與生活結合的一些事情上需要討論的時候，仍然樂意和我一起分享，讓我也能用一些書籍來幫助他們。

我不是一個稱職的師母。有的教會希望師母是全職的，但我一直都在工作，《天下》的工作相當忙碌，常常加班，連主日下午可能也要工作，不像一般的師母有那麼多時間在教會，但教會始終包容我。上帝幫助我開了道路，每個人有不同的服事的工廠，我的重心放在傳播、出版方面。即便退休後，又重新在橄欖出版社開始新一階段的工作。我雖然不能像一般的師母那樣有完整的時間奉獻給會友，但我常常送書給大家，跟大家分享好書，不亦樂乎。

余杰：張昱國牧師不是那種口若懸河的人，說話跟我一樣，有點口吃。我在很多教會分享時常常說，上帝的安排如此奇妙，連我這個口吃的人都為祂所用，站在講臺上分享信仰。那麼，張牧師就更神奇了，他不以口才見長，但他的忠心服事，他的扎實的神學裝備，使他在教會中帶領眾弟兄姊妹靈命迅速成長。

金玉梅：張牧師不是外向型的人，但他耐心而細緻，他對人很有興趣。儘管作傳道人有很多辛苦之處，他也樂在其中。他上的是改革宗神學院，有改革宗神學的背景，讓他注重信徒造就，開了成人主日學、慕道班等課程，很多人在教會裡聽這些課程，生命有了很大的成長。

余杰：我很感興趣的是，你們最初是如何接觸到改革宗神學的？你們覺得改革宗神學的優勢在哪些地方？

金玉梅：我們雖然在一間改革宗教會長大，但在早年成長過程中，並沒有受到特別的改革宗神學的教導。雖然教會平常的證道內容是合乎改革宗神學的，但我們並沒有作深入系統的思考。張昱國是在大學時到中華福音神學院修了趙中輝牧師的「基督教神學」課，才發現改革宗神學的博大精深。那門課分成上中下三部分，花了三個學期才上完，解決了他許多信仰上的問題。

而張昱國對改革宗神學有更清楚的認識，是在 1999 年進入改革宗神學院攻讀道碩才開始的。由三個美國改革宗差會所設立的改革宗神學院，在臺灣已經有二十多年了。最早是唐崇平牧師和劉煥俊牧師（韓國宣教士）在負責，那時學生不多，直到麥安迪牧師（Andrew McCafferty，美國匹茲堡大學哲學博士，Presbyterian Church of America 宣教士）1998 年從道生神學院轉到改革宗神學院擔任教務主任之後，學生才大幅增加。我自己是後來因為呂沛淵牧師多次從美國回來授課，期間抽空和昔日團契好友相聚，聽他談起改革宗神學的特色，才漸漸明白的。

我們發現改革宗神學非常可貴，因為在這後現代的社會，人們已經不相信有絕對的真理，有些教會也不相信聖經無誤，這會使基督信仰的根基動搖，人們不再相信神有至高無上的主權，反而人逐漸被高舉。改革宗神學最高舉神的主權，合乎神的心意；也堅信聖經無誤，神所有對人的啟示都在聖經裡面，這使我們的信仰有根有基。改革宗神學非常博大精深，最寶貴的就是系統神學，它把聖經所有的教導作系列整理，包括

神論、基督論、聖靈論等，建立完整神學架構，使我們對信仰的認識有完整的輪廓，不至於偏廢哪一方面，不易受異端邪說影響。

余杰：再回來談樹林教會，樹林教會的長執會是如何建立的？作為師母，你覺得樹林教會有那些特點呢？牧師與其他長執的分工和合作是怎樣的？

金玉梅：樹林國語禮拜堂自從五十幾年前從樹林長老教會獨立出來以後，一直不屬於任何宗派，也沒有什麼制度，以前的執事都是牧師指派的。有執事會，但沒有長老。七年前，透過張昱國在神學院的學弟介紹，他來到這個教會當牧師。

樹林教會是一個中小型教會，我們所在的這個地區，是一個老工業區，是一個不太富裕的地區。差不多處於城鄉結合部，可以說是一個偏鄉下的教會。如果跟我的母會宏恩堂相比，宏恩堂的會友當中，知識分子偏多一些；而我們這裡，普通勞工階層更多，更加單純，也更加可愛。

由於我們的改革宗背景，就把以前在宏恩堂的選舉制度帶過來，執事會每兩年改選一次，執事會可提名新的執事成員，每一任的執事會都要經過會員大會投票三分之二通過才行，這是教會內的民主制度。

牧師在教會負責教導的職責，教會的行政管理，包括行政、總務、財務等由執事會負責執行。牧師每個月召開執事會，重要的事情都在執事會中討論通過後執行。

在關懷方面，教會有七個團契，大部分會友都有參加團契，每個團契的負責人都是執事，代表執事會關懷各個團契。

我們的這幾個團契，彼此互相關心，每週主日聚會之後，由各團契輪流準備全教會一起吃的愛宴，每道菜都自己來做，

這個過程很辛苦，大家卻樂在其中，這是一個彼此服事的過程。每個禮拜六教會的清潔打掃工作，也由各團契輪流負責，不假手清潔公司。

余杰：我享用過你們美味的愛宴，因為有弟兄姊妹的愛在裡面，吃來格外美味。

金玉梅：張昱國牧師的前任是一位韓國宣教士，韓國文化中相當講究權威和秩序，他要求會友絕對服從，比如對教會圍牆怎麼修都有明確的意見，牧師說什麼，大家就怎麼做。當張牧師來了之後，他性情溫和，在很多事情上給大家相當的空間來發揮，讓大家覺得很輕鬆。

張昱國牧師在教會很細心、很警醒，一旦發現會友有一點不愉快，馬上著手解決。有一次，兩個姊妹之間有一點誤會，有一個姊妹情緒激動，立馬騎車要衝回家。我們便一人抓住一個，對她們說，一定冷靜下來，彼此將意見講出來。後來，她們互相道歉，重歸於好。牧師的特點就是，敏感地注意到小事，即時處理掉。如果小事不斷發酵，有可能造成嚴重的後果。

余杰：除了主日以外，教會還有哪些活動？

金玉梅：在禮拜四早上，我們有一個聖經學習班，大部分都是姊妹，弟兄比較少，因為姊妹空閒時間多一點。我現在的工作時間是每週一、二、三、五，禮拜四一般不上班，就在教會服事，跟張牧師一起帶領這個班。用一起查經的方式，來彼此建造，在聖經上有長進。同時形成一個牢固的團契，互相幫助解決在生活中的問題。

余杰：樹林教會在當地如何傳福音，如何吸引慕道友到教會來？在其他地方有沒有宣教的活動和計畫？

金玉梅：我們每年聖誕節都會舉辦福音晚會，社青團契也每年舉辦福音茶會，用比較輕鬆的方式邀請新朋友來參加。此外，教會每年兩次的郊遊活動、跳蚤市場活動，也都可以讓新朋友和鄰居接觸到教會。

海外宣教方面，我們有一對宣教士夫婦目前在柬埔寨宣教，教會定期為他們奉獻及代禱。另外還有一個特別的宣教領域，就是福音戒毒。有個之前的會友、也是改革宗神學院的學弟，十年前創立了恩福會福音戒毒中心，教會就長期支持他們的事工，張昱國牧師也擔任恩福會社團法人理事長多年，同時每兩週定期赴苗栗戒毒村授課。支援福音戒毒的事工，對教會本身很有幫助。恩福會的弟兄每三個月會來我們教會聚會一次，並帶來拿手的烤鴨大餐。他們經常輪流作見證，那些死而復生、出黑暗入光明的真實見證常常讓我們感動不已，不禁讚嘆神的大能。至於教會更明確的宣教策略，可能今年年底會規畫出來。

余杰：我在跟樹林教會的弟兄姊妹們分享時，他們很多都讀過我的書，我發現他們比一般教會的弟兄姊妹更有讀書、追求真理的熱情。這當然跟牧師和師母的宣導是分不開的。那麼，你們在教會中如何宣導讀書和思考的風氣？

金玉梅：我們教會確實宣導讀書、思考的風氣，我們認為，基督信仰本來就應當是一個有深度和廣度的信仰。雖然很多成員是原住民以及這個地區的低收入階層，教育程度有限，原來讀書不多，但經過教會的鼓勵，慢慢地大家對讀書有了興趣，讀聖經更是如鹿渴慕溪水。這一點讓我很欣慰，弟兄姊妹願意學習、願意裝備自己。

教會的成人主日學課程，都是請每個人買一本書當作教

材，每週一起讀書、一起討論，至今已讀過的包括《二十一紀基督徒裝備一百課》（華福出版）、《舊約聖經研讀》和《新約聖經研讀》（黃業強，校園出版社）、《深知所信》（吳道宗，華神出版社）、《全民讀經法》（校園出版社）、《新約探險》（橄欖出版社）等。時間是週六晚上和主日下午一點半到三點兩個時段，弟兄姊妹可以選方便的時間參加，現在每個時段各有十幾個人參加。上課時，牧師鼓勵大家發問或發表意見，經常有熱烈的討論，可以培養大家思辨的能力。

我因為從事出版的緣故，也經常送書給弟兄姊妹，他們看完後常會再給別人傳閱，這是我最高興的。我也會找他們討論讀後心得，我覺得這也是一種關心會友的方式，讓他們可以從更多層面來思考信仰的真諦。

余杰：你也是一個以身作則的母親，你們的兩個女兒都很優秀，在教會中亦作出好的表率。

金玉梅：我算不上好母親。我們的禮拜日聚會，除了成人主日學之外，還有兒童主日學。我們特別鼓勵大家從小帶孩子到教會，讓孩子在成長的過程中，在教會得到很好的輔導。我們家的情形也是如此，當女兒在念國中的時候，通常會經歷一段比較反叛期，遇到問題，不跟父母談，卻願意跟教會中的青年輔導談。我的工作很忙，對孩子的照顧很少，對她們有所虧欠，但上帝都給予補足，家裡有我婆婆和我媽媽幫助，小時候她們的家長會，經常是奶奶去開。

上帝的恩典夠我們用的。孩子在教會認識神，知道凡事在信仰中求，交男朋友的時候，很早就告訴我們，交往的對象是誰。我和張牧師一開始就告訴她們，希望戀愛對象是基督徒，希望她們跟主內弟兄結婚，即便不是基督徒，如果想繼續交

往，就要帶到教會來。她們的兩個男朋友，都被帶到教會來聽福音，一兩年後，都受洗了，而且留在教會裡服事。這就是很好的見證。

我跟跟其他的姊妹說，對於女兒談戀愛，不要一開始就怕談及信仰問題。我女兒有一位閨蜜，交了一個男朋友，對方不是基督徒，她害怕失去對方，不敢要求對方來教會。後來，她和那個男孩子都到美國留學，兩人卻很快就分手了。如果一開始兩人一起到教會，也許不會有這樣的結局。

我們家的大女兒在去年 8 月結婚了。二女兒的男朋友明年在政大研究所畢業，然後去當兵，當完兵之後他們就會結婚。

孩子有純正的信仰是上帝恩典。父母教養孩子，就是要帶孩子到主的面前。很多人為孩子的叛逆頭痛，常常問，孩子晚上不回家該怎麼辦？是不是要給孩子發避孕藥？其實，帶孩子到主的面前，上帝就會親自管教，如果讓孩子從小就認識神，以後就不必那麼費力。我們的兩個女兒都在教會帶領青少年，固定在夏令營或冬令營擔任輔導，有服事的心，很多年輕人都沒有耐心，她們卻願意付出。這是神的恩典。

2013 年 3 月初稿

2014 年 1 月定稿

第 5 章

和諧社會的根基是宗教信仰自由

——美國普度大學社會學系教授楊鳳崗訪談

楊鳳崗簡歷

楊鳳崗，美國普度大學（Purdue University）社會系教授，是當今國際宗教研究學界中，在有關當代中國宗教與社會關係方面，表現傑出、廣受讚譽的學者。自 2008 年起，在普度大學成立「宗教與中國社會研究中心」（Center on Religion and Chinese Society），並擔任主任至今。2013 年，當選國際性的科學研究宗教學會（Society for the Scientific Study of Religion，簡稱 SSSR）會長。該會會員包括來自北美、歐洲、亞洲、南美等世界各地的社會學、宗教學、心理學、政治學、經濟學、國際關係、性別研究等學科和領域的學者。這是首位華人學者獲此殊榮，標誌著華人宗教研究在國際學術界的地位躍升。

近年來，楊鳳崗以普度大學中國宗教與社會研究中心為平臺，協同中西知名學者在中國組織舉辦了一系列宗教社會科學暑期研討班和年會，組織開展了一系列實證研究課題。研究中心也在普度大學定期主辦講座、全球中國論壇、專題研討會，並接待很多來自中國的訪問學者、中國家庭教會代表人物和宗教自由領域的活動人士。楊鳳崗通過上述活動努力把宗教社會科學的前沿理論和方法介紹給中國學術界，與此同時，通過出版和學術交流把當代中國宗教引入宗教社會科學國際學術視域。

楊鳳崗的主要研究領域為：美國移民宗教、北美華人宗教、華人基督教、中國宗教變遷和政教關係等。在國際學術期刊發表論文百餘篇，其中一篇獲得國際科學研究宗教學會 2002 年度傑出論文獎，另外一篇獲得美國社會學會宗教社會

學分會 2006 年度傑出論文獎。著有《美國的華人基督徒：皈信、同化與疊合身分認同》、《宗教在中國：在共產黨統治下的存活與復興》等專著，另外還編輯和翻譯了多部著作。

採訪緣起

2007 年，我赴美講學期間，應邀去了一家位於華府郊區的華人基督教會分享信仰經歷，而那一家教會正是楊鳳崗當年聚會過很長時間的教會。楊鳳崗以這家教會為研究對象，完成其博士論文，後來以《美國的華人基督徒：皈信、同化與疊合身分認同》為名出版中文版。這本書成為我瞭解北美華人教會的一把鑰匙，也成為我與楊鳳崗教授認識的一個紐帶。

後來，我兩度應邀前往普度大學中國宗教與社會研究中心發表演講。第一次見面，是我抵達機場後，楊教授驅車來接我。此前，我對於在學界名聲卓著的楊教授心存敬畏，一見面才發現他是一個性情直率謙和、沒有架子的河北人。從機場到大學開車一個多小時，一路是印第安納一望無垠的大平原。

學術演講海報

我們從宗教研究聊到個人信仰，談得非常契合。雖然是第一次見面，楊鳳崗毫不掩飾地在主內弟兄面前披露自己在信仰之路上遭遇過的軟弱與困境，也毫不掩飾地指出中國家庭教會和海外華人教會目前面臨的危機和瓶頸。作為信仰者的真誠與敏感，和作為研究者的敏銳與認真，完美地融合

在他身上。那個時候，我就有了為他寫一篇訪問的念頭。

此後，我又一次與王怡一起應邀前往普度大學演講。同時受邀前往普度講學的還有何光滬教授夫婦。在那幾天裡，我們彼此有了更深的交流和討論，也受邀到楊教授家中作客，與他的妻子和女兒共進晚餐。於是，在公開演講的間歇裡，我對楊鳳崗作了這篇詳盡的訪談。

在六四後的絕望中走向基督信仰

余杰：楊老師，按照慣例，先從你的信仰歷程談起吧。你的家庭有基督教的背景嗎？

楊鳳崗：我們家沒有任何宗教背景，從家庭傳承來看，長輩對宗教一無興趣，祖父一輩的人甚至都不燒香，連傳統的民間宗教都不接受。

我從小受的是共產黨的無神論教育，但一直受到虛無主義的困擾。我十六歲就上大學了，在班上是最小的。當時，班上有老三屆（老三屆，指中國 1966 年、1967 年、1968 年三年共三屆高中畢業生。文革開始，大學停止招生。1977 年恢復高考時，他們已經超過正常的高考年齡，但鑒於其被「文革」耽誤，所以直到 1979 年，仍被允許參加高考，被稱為「老三屆畢業生」），年紀很大，都三十多歲了，幾乎是我的一倍大。

1979 年，剛上大學二年級，我就有自殺的念頭。當時，《中國青年》雜誌刊登了潘曉的一封信，提出「人生的路為什麼越走越窄」，我對此有深切的心靈共鳴。這是一代人共有的精神幻滅感。我父親是一名基層幹部，文革中被打倒，帶著一身的病，回到老家苟且偷生。他已經沒有時間和精力來愛子女了。少年時代，我覺得父母不愛我，我對家庭也缺乏愛。那

時，覺得生活沒有意義，雖然並沒有在生活中遇到重大挫折，但精神上很苦悶。最後，堅持著活下來，是因為我覺得長這麼大，只是向家人索取，沒有任何回報，等我回報父母之後再死也不遲。

余杰：那麼，你在青年時代，如何尋找有意義和有價值的人生目標呢？你們那一代人還是很有理想主義色彩的。

楊鳳崗：我一直在努力地追求生命的意義，尋求美好的東西。1978年，我考上河北師範大學，看到社會上有很多黑暗面，就通過寫詩來進行情緒的宣洩。後來覺得詩歌的美不足以承受生命之重，逐漸對哲學產生興趣，讀了很多哲學方面的書籍，特別對黑格爾哲學著迷。大學畢業時，論文寫的是希臘哲學家赫拉克利特的邏各斯思想。

大學畢業後，工作兩年，又讀研究所，考入南開大學讀西方哲學。我寫碩士論文，一定要寫西方哲學中上帝觀念的演變，從古希臘到馬克思，梳理哲學家如何論述上帝。當時不是因為追求信仰，而是想瞭解哲學家的思想。

余杰：上個世紀八〇年代，是思想啟蒙的年代。那個時代的思潮對你有什麼樣的影響？我自己是一名遲到者，卻十分嚮往那個時代。

楊鳳崗：八〇年代的思想解放運動對我們這代人的精神成長非常重要。那一代人都很有理想主義傾向，儘管看到社會上的許多黑暗面，但還是有改變世界的想法。我們熱烈地討論潘曉的那封信，但誰也沒有最後的結論，只是模糊地尋找一個方向而已。

我的本科是政教系，本來想學中文系，但高考語文成績最低，沒敢報中文系。這並沒有阻礙我對文學的熱愛，我讀了很

多文學作品，特別是那些有爭議的作品，比如《小說月報》上的作品，比如戴厚英的《人啊人》、張賢亮的《綠化樹》和《男人的一半是女人》等呼喚人性的作品。還有馮驥才的小說《感謝生活》，寫老右派的勞改生涯，討論受苦是不是有意義？我想，感謝的應當是生活背後的東西，是上帝嗎？是神嗎？宇宙應當有一個主管者。但那時我猜想的宇宙主宰，是沒有位格而有意志的抽象的存在。

我在學校組織詩社，喜歡朦朧詩，對英語課很反感。花很多時間背誦詩詞，比如舒婷、北島的詩歌。詩社的同學常常聚在一起寫詩。直到後來海子自殺的消息傳出，引起我很大的震撼，發現詩歌不是生命的出路。

除了文學之外，我很喜歡哲學。考哲學方向的研究生，我不看教材，實在看不進去，但要準備考研，就看黑格爾的原著《哲學史講演錄》、《小邏輯》、《精神現象學》等。存在主義在我大學畢業之前就流行起來，大概是 1983 年左右吧，我一下子就看進去了，「他人就是地獄」、「存在是虛無」，我對此很有共鳴。我跟很多哲學系的學生交朋友，有個女同學告訴我，世界上好人少，大部分人是壞人。我還跑到河北大學去聽哲學家張世英講小邏輯。

當時最走紅的是「走向未來叢書」，我見一本買一本。精讀的書有李澤厚的《批判哲學的批判》，我通過他理解康得。到了八〇年代中期，我剛進入南開時，又是佛洛德熱、弗洛姆熱。我還研究易經、道教、佛教、禪宗方面的書籍。總之，讀書很雜，思想很活躍。

1986 年學潮的時候，我還在南開，第一次看到來南開演講的劉曉波。他那時很狂妄，將聽眾臭罵一通，連我崇拜的李

澤厚都批判。他說，中國人的人格是臣民式的，即使你們崇拜我也不對，你們都要站起來！就這樣訓斥和喚醒聽眾。我第一次受到如此猛烈的衝擊。臺灣學者陳鼓應也來作講座，他用道家思想中的自由主義來批判現實。

從 1987 年 6 月到中國人民大學哲學系工作，參與創辦宗教學教研室，講授宗教學課程。1989 年如果我在北京，不知會發生什麼事情，不知道會以什麼方式捲入。

余杰：你是在 1989 年初出國留學的，八九事件發生時，你不在國內，只能遠觀。那時的經歷如何？

楊鳳崗：我從南開畢業後，到人民大學任教，然後 1989 年 1 月到美國，在美國天主教大學作訪問學者。我們南開研究生班上，有好幾個人想出國，我並不想出國，結果反倒是我第一個出國。後來，我才明白，一切都在上帝的掌管之中。

很快八九學運就開始了，我全程關注，前後兩個月，心急如焚、坐立不安，體重減了十多磅。每天都看電視，不斷換台，捕捉任何一點關於中國學運的訊息。也看各種報紙，如《華盛頓郵報》、《紐約時報》等，所有關於中國的消息都認真閱讀。

5 月中旬，我跟還在國內的妻子通了一次電話，我說：「我要回國，不能在美國當旁觀者。」劉曉波就是在此期間回國的。我當時動的心思跟劉曉波一樣，心中很著急，想參與學運，為學生做點什麼。但妻子勸止了我。

開槍之後，我的精神上很痛苦，覺得自己突然成了無家可歸者。以前，多多少少覺得有一個精神家園，曾經以共產主義的理想為精神家園，六四屠殺之後，就覺得自己被踢出這個家園。讀研究生的時候喜愛的傳統的儒釋道，已經破敗，再也進

不去；西方哲學的研究，也無法讓自己安身立命，覺得基督教和西方哲學都很好，宛如一所大房子，但那是別人家的，自己不得其門而入。我像懸在空中一樣，上不著天，下不著地，內心很痛苦。

余杰：六四的衝擊是整整一代中國學人轉向基督信仰的轉折點。愛國心的破滅，讓人們開始尋找更高的精神皈依。

楊鳳崗：六四促成很多中國學人走向基督信仰，很多人走進教會，我們這代人中很多人的見證都講到這一轉折。此前，北美的華人教會已經有做大陸人的事工，但中國留學生大都迴避、逃避信仰問題；之後，他們卻主動接近教會、到教會裡尋求人生的答案。

那段時間，我也是主動地走向教會。有一位天主教的神父，是我在北京就認識的，六四之後他從康州過來看望我。我正好有很多問題，就當面向他請教。我心裡想，上帝的觀念對每個哲學家來說都是很關鍵的觀念，我願意接受上帝，但一直進不去，受無神論教育這麼多年，相信上帝很難，對學哲學的人是更大的挑戰。

我問了這位神父三個問題。第一個問題是，人有沒有必要成為基督徒？這位神父告訴我，成為基督徒不是靠別人說服。上帝愛每一個人，在你不知道的時候就已經愛你了。如果你想多得一點上帝的愛而成為基督徒，實在沒有必要；因為上帝愛你，上帝就在那裡。成為基督徒是對上帝的愛的回應。這個答案讓我非常吃驚。

我的第二個問題是，如何向上帝禱告？我一直不會禱告，希望他教我禱告。他回答說，禱告很簡單，上帝是你的朋友，禱告就是和朋友交談。這個朋友是愛你的，什麼都可以跟他

說，他也是無所不知的，你不說他也知道。他跟我分享他禱告的經歷，是與愛他的親密朋友交談一樣，每天早晨起來，他在房間裡有一個角落，就在那裡跟上帝交談，有時有很多話對上帝說，有時上帝也有很多話對他。當然，有時，他沒有話，上帝也沒有話，但好朋友在一起，即使無話可說，也是一段美好的時間，就彼此靜默。他說，這就是禱告。原來禱告是這樣的！他的答案打破了我以前的想法。禱告不是儀式，而是與愛你的朋友交談，禱告是靈裡相通，我一禱告，原來理性方面的障礙就化解了。

我的第三個問題是，既然每一件事情都是上帝的禮物，包括痛苦的事情、壞的事情，那麼，我在六四事件中經歷的痛苦，從國家、民族到個人的痛苦，難道都是上帝禮物嗎？他回答說，基督徒不是立即就可以完全明白神的旨意。有些事情剛開始你很難接受，後來才覺得有正面的意義和價值。痛苦和失敗也是有意義的，是上帝的恩賜，上帝對每一個人都有一個美好的計畫。

他的這幾個回答，出乎我的意料之外，讓我不得不好好思考，也讓我豁然開朗。這次見面後，我開始學習向上帝禱告。之前我學習過聖經，去過教會，現在再知道如何禱告，就跟神的靈接通了，像電視天線一樣可以接受從天上來的信息了。上帝是個靈，人靈跟上帝的靈接通，聖潔的靈就來到你的生命中。

那是 1989 年的秋天。當時，華府中國教會開始一個專門針對大陸學生學人的事工，這是大華府地區的華人教會開展的第一個大陸事工。他們以方舟團契的名義，每個月辦一次講座，請一些在科學研究方面有成就的基督徒分享生命見證。這

些演講者不是牧師，而是專業人士，比較容易引起聽眾的共鳴。我記得每次都有一百多人來聽，很快就有受洗的，加入教會的，我親眼看到這種變化。

後來，我堅持讀社會學的博士，工作時換了幾個地方。如今回頭來看這些年走過的路，才明白每一步都有上帝的保守。為什麼我在大學時就對「邏各斯」（Logos）這個概念著迷呢？那時還是 1980 年左右，中國學者對西方哲學的瞭解不多，老師很難教，只能儘量多提供一些材料給我看。我信主後才知道，道就是邏各斯，耶穌基督就是道，看《約翰福音》，一下子就明白了。

我念研究生時，寫碩士論文，研究哲學家們的上帝觀念，看哲學家的各種論述，這些都屬於理性上的追求。只有到了美國的環境中，由於六四的觸動，看到無神論的可怕，這才離開無神論，進入基督徒的群體中，與上帝溝通，方式是禱告，而不是思考。

信主是一種回家的感覺，像進入一所漂亮的大房子。我在大學裡模模糊糊地有回家的渴望。前面的各種歷程都是為邁出這一步鋪路。每個人信主的經歷都不同，我一路尋求，最後找到了家，雖然沒有驚天動地的神蹟奇事，但後來回想一些經歷，才知道每一件都是神蹟。

余杰：那一年，你屬靈的身分從無神論者變成基督徒，在世界上的身分則由訪問學者轉換成學生。

楊鳳崗：六四以後，國內清洗學術界的西方思潮，我若回國教宗教學，顯然沒有這樣的空間和自由。怎麼辦呢？那就轉成讀書吧。大概是 6 月中下旬吧，我向學校提出讀書申請，竟然被錄取了，甚至都沒有考過托福。但是，到了快要入學的時

候，我還不知道有沒有獎學金，以我當時的經濟條件，沒有獎學金根本不可能在美國生活下去。

獎學金的來到，就是一個巨大的神蹟。9月，開學註冊的最後一天，我終於拿到獎學金，只差一個小時！如果我不能轉成學生身分，12月就必須回國，以後的人生道路就截然不同了。

我是怎樣拿到獎學金的呢？我一點都沒有做過努力。在註冊的倒數第二天，我在學生中心，跟一個新同學聊天。這個時候有一個美國人在路上走，看到我們就走過來自我介紹，原來他是校長。他說，你們是從中國來的啊。

我就告訴他，我是訪問學者，想留下來繼續讀書。他就說，你有什麼需要就跟我講。這真是天賜良機。我就告訴他，我要學宗教社會學，但沒有解決獎學金的問題。他立即表示，回去找哲學系那位請你來訪問的教授，把你的情況寫信告訴我，我來幫忙。

我馬上回去跟老師也是一位神父說了這件事。他驚奇地說，他在學校工作了三十多年，從來沒有遇到校長主動走過來打招呼的事情。他立即寫信給校長，校長迅速轉給教務長。結果，第二天就傳來消息說，還有一個獎學金名額，原來是給一個中國學生的，但那個學生沒有來報到，學校也不知道他出了什麼情況。而這筆錢是外邊捐獻來的，如果不用，學校不能挪用，只能退回去。所以，校方經過研究後決定，這個獎學金就給你了。

很多知道這件事的人都說像天上掉下餡餅一樣不可思議。當初申請的那個中國學生，誰也不知道他去了哪裡，說不定就在天安門廣場遇難了。這件事讓我認識到，我得到獎學金不是

憑自己的本事，我沒有經過考試、沒有出色的成績，這是白白的恩典。這筆獎學金，不是我爭取來的，是上帝放在那裡給我用的。

這件事首先讓我學會謙卑。上帝給了我一個機會，也給我一個功課，讓我學習不是靠自己，而要靠上帝。中國留學生大都是自我中心主義者，崇尚個人奮鬥，但這件事讓我看到自己是何等不配。

其次，這件事讓我堅定了學宗教社會學的決心。這筆獎學金只夠學費，生活費還要自己解決。我念完碩士後，還要面臨找工作的壓力。身邊的朋友們都說，你的數學好，你應該學統計，今後才容易找到工作。但我想，這個名額是白白得來的，是上帝的旨意，我不能從專業的冷熱程度來決定該學什麼。學宗教社會學，跟我的信仰息息相關，是傳福音的一種方式。保羅說，不傳福音，就有禍了。因此，我以一種敬畏之心來接受上帝的呼召，堅持讀宗教社會學這個看似很難找工作的專業。

這個專業確實不好學，有一些同學讀了一兩年就轉學其他專業，我一直讀下去，從碩士到博士讀了整整七年，從未擔心以後工作的問題。我清楚地知道上帝的呼召，預備好一切來回應這個呼召。我最喜歡的一段經文，就是《馬太福音》第六章中講的，先求上帝的國和義。我不敢求房子和車子，只求明白上帝的心意。其實，我是一個性格內向的人，不太喜歡集體禱告，在禱告中對具體的要求張不開口，更多是單獨一人，跟上帝親密交談，無論有聲或無聲，悉心體會上帝的旨意在哪裡。

余杰：這個故事非常感人。八九事件讓很多海外留學生重新規畫事業和生活。你妻子是後來才到美國的，八九之後中國一度關閉國門，你們是在怎樣的情境之下相聚的？

人是被光照的微塵

基督與生命系列訪談錄

楊鳳崗：我的太太賀娟當時是人大的研究生，她是 1990
年夏天，我們分離了一年半之後才來到美國的。她能來美國，
也是一個神蹟。我平時很少分享生命中經歷的神蹟，今天一點
一滴地想來，上帝真的很恩待、很照顧我。

　　我的太太是黨史系的研究生，這個專業沒有派學生出國留
學的先例。所以，我們最初的計畫是，只有等她 1990 年畢業
分配後，先到某個單位工作，然後再從那個單位出來。九〇年
代初國家還要分配工作，對畢業生自費留學有很多限制。

　　有一天，我接到中國使館教育處的工作人員打來的一通電
話。他告訴我，人大有一個副校長來了，願不願來見一面。我
跟這位領導見過面，正好有空，便過去跟他聊聊。我們談了幾
個小時，主要是爭論六四問題。他專程來美國向留學生做說服
工作，他說天安門沒有死人、政府的做法是對的。我反駁說，
我在美國看到電視鏡頭中血肉模糊的屍體，北京不可能沒有死
人。我們爭論了三個小時。

　　最後，當時年輕氣盛的我就對他說：「校長，我看到電視
畫面和報導，軍隊開槍殺人有鐵的事實，這一點你很難說服
我。當然，我也明白你的工作，不想跟你針鋒相對。現在，我
有一個實際問題，是否可以請你幫忙。」

　　沒有想到，他很友好地回答說：「你說吧，我會盡量提供
幫助。」

　　我就說：「我太太是否可以來美國跟我團聚？」

　　他說：「我回國後，讓你太太來找我，我看看如何處理。」

　　於是，我給太太寫信，讓她去找校長。校長告訴她，不必
等分配，可以去學校人事處辦出國手續。結果，她是人大畢業生
中的第一個，不分配，而把檔案留在學校，然後辦護照出國的。

這就是神預備的最好的禮物。我後來研究加爾文神學才知道，這是上帝的預定。當時覺得是偶然、是幸運，之後才明白是上帝的預定。

「路漫漫其修遠兮」的學術之路

余杰：你的學術研究的方向，跟信仰有明顯的契合。是不是可以這樣說，兩者在你的生命中交叉進深、水乳交融？華人學者中，很少有將學術研究當作事奉上帝的，這一點特別值得分享。

楊鳳崗：我就讀的美國天主教大學為我提供了很好的學習環境，可以由我挑選各種科系的課程。在我鍾愛的宗教社會學領域，有幸遇到一位優秀的老師，他是長老會信徒，也是教會的長老。他借了很多書給我讀，跟我交談，不僅談學問，也談生命和信仰上，真是我的良師益友。

我是在 1989 秋決定信主的，但我想等太太。後來太太來美國了，1991 年，我們一起去參加一個退修會，在那次會上我們一起作了決志禱告。此後，我們各自經歷一些試煉，我是1992 年正式受洗成為基督徒，太太更晚一些，她是 1996 年底受洗的。

1993、94 年前後，我開始準備博士論文的選題。我決定研究在美國的華人基督徒在信仰和文化傳統之間的掙扎。當時，不太可能回中國去研究中國的教會和基督徒，只好退而求其次，研究北美華人的信仰。選擇這個題目來寫論文，我不僅是研究別人，也是對自我的心路歷程的一次梳理，「我是如何變成基督徒的」，這本身就可以寫成一篇好文章。

我發現，中國人成為基督徒，大都面臨家族和文化方面的

重重障礙。比如，我給父親寫信告訴他，我要成為基督徒。他立即回信嚴厲地宣佈，如果你信基督教，就背叛了我！他是一名老共產黨員，參加過抗戰。儘管屢屢受到政治運動的衝擊，但無法徹底放棄共產黨的意識形態，那是他的神主牌。可見，信仰不可能是個人的事情，必然導致親朋好友之間發生誤解和衝突。所以，很多中國人不敢輕易信主。我希望通過研究北美華人基督徒的信仰，找到一面鏡子，從中也能更加瞭解自己。

然而，這個論文題目一開始並沒有得到導師的認可。因為這不是西方經典的話題。導師很明確地對我說：「我對中國文化一無所知，也沒有興趣瞭解，我無法指導你。更何況，這個課題不能用量化研究，在方法上也無法指導。」他勸我研究美國主流社會的宗教問題，這方面已經有很多問卷調查的資料，比較容易操作。

但我仍然堅持自己的選擇。雖然這位導師是我唯一的導師，但在我的心中，只能選擇這個題目。我們僵持了一段時間。

這時，我另外有一個機會，遇到芝加哥伊利諾伊大學的一位教授，他很關注移民宗教的問題。他鼓勵我做這個選題，並出面說服我的導師，最後我的導師同意了我的選題。

我做這個選題，不是為了獲得學位而隨便找一個題目，做完就完了。而是有個人的心在上面，做其他題目沒有辦法投入，覺得這是上帝呼召，即使沒有現成的材料也要做。這個課題很有現實意義。基督教進入中國以來，跟中國文化始終存在著衝突，有人甚至說，多一個基督徒，就少一個中國人。我當然不同意這個說法，我已經是基督徒了，但我仍然是中國人。

真正開始做，才發現難度比想像的大。我決定以一個教會

為中心，申請一小筆經費開始。大華府地區有二十多家華人教會，我先搜集材料，發現大多數是臺灣人的教會，他們對中國人不放心。有一次，一位牧師當面質問我，你是不是中國特務，來我們這裡搜集情報？他什麼材料都不給我。後來遇到一位越南來的華裔牧師，他直截了當地說：「如果你是基督徒，我願意跟你講，請準備好答錄機。」結果，他一講就是三、四個小時，將華府地區華人教會的情況全面地介紹給我。

我讀博士的最後兩年，沒有生活來源，靠兩個基金會提供的微薄費用生活和研究。最後一年相當艱苦，幾乎是時常面臨斷糧的境遇。

讀博士期間，一直想著回國工作。1994 年，我回國一個學期，在人民大學教了幾個月書，再回美國繼續做論文研究。論文快完成時，休士頓大學的一位教授主動聯繫我，問我願不願去她那裡作博士後，繼續作華人基督教和華人佛教的研究。又一次天上掉餡餅，我當然求之不得。1997 年 1 月上班，那年夏天我就又回國，到人大和北大看有沒有工作機會，卻失望而歸。

既然不能回國服務，我就開始在美國找工作。1996 年，我獲得了唯一一次工作面試，獲得了南緬因大學社會學系的 tenure track 教職，教授宗教社會學和民族關係。在兩年多的博士後和南緬因大學教書的三年期間，我發表了一系列的論文和一本專著。我的

楊鳳崗在授課

研究領域不僅包括基督教，還有佛教和其他宗教。慢慢地建立了在宗教社會學領域的學術地位。

余杰：你在美國學術界已樹立了相當的地位，如果單單立足美國研究美國少數族裔的宗教信仰問題，也能獲得傑出的成就。但是，你又轉回中國教會的研究上，這可是一個公認的吃力不討好的領域。當時你是如何考慮的？

楊鳳崗：我的心仍然牽掛著中國教會，希望為中國教會的發展出力。1996年，我到洛杉磯開會，遇到王忠欣、謝文郁、楊慧林等幾位學者，大家一起討論如何開展中國基督教研究的工作。2000年夏天，我回到國內作研究。在中國反法輪功政治運動的熱潮中，研究宗教議題有相當的風險，但我心中沒有不安，我聽到上帝的聲音說，這是最佳時期，你一定要去。

那一次，是官方的統戰部幫助協調的公開的研究。因為海外人士不能獨立作研究，就由國內聘請的助手、也是一位記者出面，而我充當「陪同」的角色。在廣州，我們一開始不知道教會在哪裡，就打電話給查號臺找。然後慢慢打開局面，認識越來越多的基督徒，三自的和家庭教會的都有。

沒有想到，很多基督徒都放膽前來接受訪問。在北京，我見到社科院宗教所卓新平教授，他聽了我的研究計畫之後說，這不可能實現，家庭教會你根本進不去，進去了他們也不願跟你談。結果，上帝開路，將不可能變成可能，比如，從林獻羔[1]帶領的教會那邊就來了很多年輕人，向我講述他們的信仰

1　林獻羔（1924-2013），中國著名基督教家庭教會領袖。因拒絕參與中共的三自愛國運動，兩度被捕，坐牢二十二年。1979年，林獻羔出

生活。接下來的兩個星期進展非常順利。一旦取得對方的信任，很多人都會敞開心扉來談。

深圳的教會也是如此，在破舊的廠房裡，下著暴雨，居然有兩百個青年人來參加聚會，並且踴躍表示願意接受我的訪談。這是當年趕走過官方宣講團講師曲嘯的地方，也被視為唯利是圖、不談理想的地方，沒有想到卻有這麼多基督徒。很多人主動表示，現在就採訪我們吧！這一切，改變了我以前的很多看法，我看到城市青年人皈依基督教的熱潮勢不可擋，中國可能是全球範圍內基督教發展最快的區域。

但是，不久之後，原先提供資助的基金會突然告知，他們不再支持我們的項目，這等於是將戰士送上戰場，等他彈盡糧絕之時卻釜底抽薪。國內合作的單位和人員，也有退卻的，即使是基督徒，也不願繼續合作，這些情況讓我很受傷害、內心很痛苦。研究不能停下來，處在孤立無援的狀態的我，只有上帝可以依賴，我就跟上帝禱告，求上帝開路。從 2000 年到 2002 年，最大的鼓勵和支持，來自於上帝，上帝是最可靠、最信實的主。

那段困難時期，波特蘭一家小小的華人教會，送給我一本名為《雅比斯的禱告》[2] 的小書。那本書的主題是「擴張你的境界」，它啟發我如何通過信心的禱告，擴展自己的境界。當

獄後恢復了大馬站三十五號的聚會，人數逐漸增加到數千人。同年開始編寫《靈音小叢》，已陸續發表超過一百冊。

2　《亞比斯的禱告》，魏肯生博士著，ECPA 金牌獎、全年最佳書籍大獎、原著發行於一千一百萬冊。該書提出四項訴求，看似簡單但卻滿了信靠：甚願你賜福與我、擴張我的境界、常與我同在、保佑我不遭患難。

時，我與香港的一些機構談合作，他們對我對研究有所保留。我曾嘗試跟華人教會和機構募款，他們對我的研究不理解，他們通常願意支持那種立竿見影的傳福音工作。但是，上帝很祝福我，到 2002 年，我有機會見到露絲基金會的人。這個基金會由《時代週刊》的創辦人設立，其父親是一位傳教士。我跟他們談得非常愉快，第二年就得到了一筆資金，我可以回國辦暑期班、培養年輕人。

余杰：很多北美的華裔學者，要麼享受在美國優越的生活，根本不關注中國議題，也不去中國；如果回中國，大都是去尋找「紅地毯」的感受。你不一樣，偏偏選擇到中國做苦工。中國不是一個真正的開放社會，而是一個警察國家。在中國做宗教方面的田野調查，有相當的難度，甚至要承擔很大的風險。請你分享一下這方面的經歷。

楊鳳崗：回國做田野調查，遇到很多難處和挑戰。包括與國安、國保等秘密警察打交道。

第一年回去做調查，我採取公開化的策略，而且主動住進了省公安廳開辦的旅館。秘密警察在幕後監視，沒有出場。2006 年，我在國內大半年，沿黃河一路往上游走，先在山東大學講課，在當地做調查，再到河南、河北、山西、陝西、四川以及上海和北京等地。我接觸很多方面的人，政府官員、宗教局幹部、學者、基督徒、三自和家庭教會、天主教、佛教、道教、儒教等。一路上，我發現很多黑暗、醜惡的東西，包括政府層面的和民間層面的。這些材料積累了很多，像釀酒一樣，需要藏一段時間才寫出來。

在山西北部，山西大學一位教授帶去考察教會。第一天還好，大家一起座談，座談當中基督徒彼此間激烈爭吵起來。第

二天，宗教局、市委的人跑來，再也不讓我跟信徒接觸，一直拖延到我離開。

第二天中午，由官方招待盛宴，盛宴背後卻有惡劣的恐嚇。我一直要求去看看教會，他們用各種理由阻止我去。後來我說，要不你們在這裡吃午飯，我自己叫個出租車去教會。結果，他們說，楊教授，千萬別這樣，你知道，這裡解決問題，甚至不需要警察出面的。在那之前不久，就有位北京的記者到山西採訪時被打死。感受到這樣的威脅之後，我只好作罷，立即給我哥哥發了一條短信，告知我當時所在的地方，並且說傍晚回太原，真擔心會無聲無息地「被失蹤」。

到了 2007 年夏，他們紛紛出面，有幾個地方的安全局的人跟我談話，包括北京、上海和我家鄉的，有軟有硬，也有綿裡藏針。最初，我很害怕，此前沒有接觸過這個部門。回美國以後，有一段時間心情非常鬱悶，周圍的朋友沒有人有這樣的經歷，很難得到他人的理解。我有時會作噩夢，在夢中驚醒，夢裡我一直在跑，警察從後面追上來，用槍頂著我的頭。

余杰：這背後是一場屬靈的爭戰，唯有靠主得勝，我們無法靠自己的能力戰勝魔鬼撒但。

楊鳳崗：那段時間，我患上了憂鬱症。國內的家人不理解我做的事情。我更不想讓太太和孩子擔驚受怕。在我最壓抑時，與王永信牧師聯繫，他在電話中安慰我，為我禱告。我也去看醫生，從醫生那裡要了治憂鬱症的藥。但我沒有吃，這不是藥能解決的，唯有上帝能幫助我。

那幾年，我的研究和各項工作順利開展，外面的人看我做得有聲有色，儼然是成功人士。但我面臨巨大壓力，一回國就要面對秘密警察等各個部門。我逐漸學會從上帝那裡獲得力

量，知道該向他們講什麼話。每次都像是我給他們上課，我的觀點一向沒有任何隱瞞，是他們不讓發表，而不是我不敢講。

2009 年，我們發佈了跟零點調查公司合作做的第一份宗教調查報告。報告中指出，中國百分之八十五的人有某種宗教信仰。官方的《科學與無神論》雜誌發起對這份報告的批判，也點名批判我的理論觀點。很多新聞媒體卻有正面報導。武漢名家講壇邀請我去演講，《南風窗》雜誌也做過專訪。我家鄉的安全部門的人追到武漢，令我時刻想著他們就在身邊，因此不能隨便活動。另一方面，北京的公安大學卻請我去講課，福建、湖南的一些政府單位主動跟我聯繫，請我去考察。由此可見，中國目前政出多門、相當混亂。

有申請到我們這裡的訪問學者，來了後才發現，原來楊老師是一個敏感人物！我很少跟他們講自己的經歷。2010 年，中國全面收緊。2011 年，我沒有去國內演講等，不確定中國政府是否讓我入境。

余杰：在田野調查的同時，你也有很多理論總結。是否可以梳理以下這十多年來的研究思路？

楊鳳崗：2003 年，中國爆發非典疫情，我們赴中國的研究和調查臨時取消，我利用假期翻譯了《信仰的法則》，思考中國宗教的整體狀況，構思論文，提出「三色市場理論」和「宗教短缺理論」。

從 2004 年夏天開始，每年夏天我們都有一個暑期班，每次兩個星期，請兩位國際一流學者，給中國的研究生和教師授課，培訓那些對於宗教社會科學有興趣的年輕人。

我們還在北大舉辦中國宗教與社會研究的高峰論壇。彙集全世界一流的宗教社會學、宗教哲學、神學等領域的學者，是

真正的高峰論壇。

我在 2000 至 2002 年做了中國八個城市的基督教研究，特別關注在市場轉型中，基督教倫理發揮的作用。我最初的想法，論文先在中國發表，再拿到英文世界發表。但後來在中國發表遇到很大阻力，得不到宣傳部門的批准，國內學者也不願意冒險配合，就只好以英文面世。

2005 年，我展開研究「靈性資本」課題。中國的基督徒商人興起，一個新的課題擺在面前：經濟領域信仰與信任的關係。我們在中國的七大信仰體系中，每個體系選五十位商人採訪，專門針對在經濟生活中的信任關係，老闆、客戶及政府人員的關係來研究。在中國的信任度很低的環境中，怎麼決定相信別人？這是信仰和宗教的實踐層面。

早在 2000 年，我就想回答韋伯在《新教倫理與資本主義精神》中提出的問題，在中國，有沒有可能引入新教倫理並催生出資本主義精神？但那時我發現中國基督徒的人數很少，對經濟領域影響也很小，不能說中國市場化是基督徒發動的。十年以後，我慢慢發現，基督徒在經濟領域影響力越來越大，基督教信仰的表現，有利於某種理性的講究法治規範的市場經濟，而不會促成權貴資本主義。基督徒商人出現，推動市場理性化、制度化。基督徒商人注重實踐自身的倫理，是由信仰發出來的有活力的價值觀。

那麼，基督教與中國的傳統文化和宗教相比，誰更能促進自由市場經濟呢？有人說，中國有兩種儒家，一種是學者儒家，集中在大學裡；另一種是商人儒家，但大都是意中標榜，一些自稱儒商的老闆，我一聯繫他們就跑掉了，可見他們自己也不確信儒家的招牌。我認為，中國沒有儒商，只有商儒，某

些商人經商成功之後，想增加一點精神層面的東西，才由商而儒，而不是由儒而商。

我感興趣的另一個問題是，中國的宗教為什麼在迫害中發展迅猛？這個現象如何解釋？在共產黨的無神論統治下，宗教為何如此興盛？壓制為何反倒促進了宗教的發展？中國宗教局的官員宣稱，現在是中國宗教最自由的時代，是黃金時代。同時，我們又聽到許多政府迫害宗教的案例。這兩個現像是彼此矛盾的。由此，我提出「宗教短缺經濟理論」，即寡頭壟斷理論。毛澤東時代，中國政府想消滅、控制宗教，卻始終不能成功。改革開放之後，當局更加沒有辦法管理，管不住了，宗教的發展，像市場經濟一樣，有一雙背後看不見的手在操縱。後來我出版《中國宗教》這本專著，《紐約書評》上有一篇普利策獎得主張彥的正面評價，學術界的反映也很好。

余杰：在後共產主義時代的中國，各種宗教的競爭已經出現，比如此前十名信奉儒家的博士號召不要過聖誕節，也有湖南的女大學生穿著所謂的漢服走上街頭反對聖誕節文化。這方面你有何評述？

楊鳳崗：目前中國的宗教競爭確實出現了苗頭。其背景是各大宗教都在復興。相對來說，中國的道教徒較少，伊斯蘭教徒的數字不準確，願意公開向陌生人承認的基督徒大約為百分之三點五，但實際上應該是百分之五以上。

民間宗教是自然復興，官方以保護非物質文化遺產的名義提供一些扶持。民間宗教在九〇年代是一個大忌，但從二十一世紀開始，官方有意打造某種「中華教」，以此來抵擋基督教的發展。

復興吸引最多人的還是佛教，中國有百分之十八的人自稱

佛教徒，各個大學都有佛學社、禪學社等社團。官方還舉辦世界佛教論壇，是政府公開表態支持佛教，這有違政教分立的原則。我們的問卷調查顯示，共產黨員中自稱佛教徒的很多，自稱基督徒的極少。可見，有些共產黨員認為，他們可以同時擁有佛教信仰，但不能同時擁有基督教信仰。

最有趣的是儒教的復興，2004 年前後有一個質變。首先是官方出面主持祭孔大典，媒體推波助瀾。其次，康曉光、蔣慶等鼓吹儒教的知識分子，一下子從敏感人物變成主流人物，大行其事、非常活躍。康曉光給官員作講座，推廣孔子。蔣慶更是主張按照孔子的血緣尋找「聖裔」，讓其擔任元老院的負責人。如果康、蔣的想法實現，儒家就能進入黨校、進入中小學。但另一方面，儒家遭到共產黨左翼人士和毛派的強烈排斥，這又跟五四以來反儒家的傳統有關。

值得注意的事件，孔子像突然出現在國家博物館一側，然後又悄無聲息地被移走。或許當局對如何處理孔子仍然舉棋不定。孔子誕辰的紀念活動，官方沒有邀請宣揚儒教的康、蔣、陳明等人參加，反倒請了幾個講儒家的大眾明星，如于丹這種沒有什麼深入思考的人。當局還請來美國水晶大教堂的牧師，與具有共產黨員身分的儒家學者對話，場面相當怪異。還有曲阜建大教堂的事情，儒家學者猛批，但是，儒教人士一向不敢得罪政府，這是儒家的軟骨病。

據浙江大學的一項研究，農村地區幾乎村村修小廟，教會的人數也在增加，政府轉而支持民間宗教、佛教和儒教。但全面而激烈的競爭還沒有真正形成，我想，十年、二十年後不同宗教間的衝突可能會出現。

人是被光照的微塵

基督與生命系列訪談錄

為中國的宗教信仰自由發聲

余杰：接著就要談你在普度的教學、研究以及比一般學者更為廣泛的、對中國宗教信仰自由、對中國家庭教會的關注和支持了。

楊鳳崗：我到普度十多年了。從事業上看，所取得的成績超乎自己的所求所想，感謝主！聖經教導我們，不對明天貪心，今日的飲食今日賜給我們。

我在緬因州教書時，第一次走上講臺時，很擔心到時候連一句英文講不出來。雖然寫作用英文，但口語程度有限。我們這代人在小學受文革中不讀書的典型黃帥的影響，英文大都不好。在緬因州那段時間，外部環境很好，讓我從容準備教學材料，學習用英文來教學，並發表了一系列論文，是為以後的研究作預備。這樣，我才能到普度這樣的研究型大學工作。

到普度之後，一開始也不是一帆風順。我的前任教授，因為基督信仰受到打壓，他公開自己的信仰，在校報上刊登署名的信仰宣言，成為他沒有晉升正教授的原因之一。這是美國大學的現狀，大部分社會科學系科，被無神論者把持，基督徒常常被打壓。他們認為，基督徒不應該在社會學系，給那位學者設置障礙，讓他不得不選擇離開。這個位置空出來，我正好應聘到了。

那時，馬克思主義者立場的學者們在系裡很強勢，他們以為我來自中國，肯定也是左派，就對我很好，後來才發現我不是左派。你到過我的辦公室，可以看到隔壁的教授就是馬克思主義者，他把馬克思像貼在門口，馬克思的手指指向我這邊。這很可笑吧？學術界也是信仰的戰場。

我的亞裔身分對我有所保護，有一位韓國神學家寫過一本書，名為《邊緣人》，說耶穌基督是邊緣人，門徒也都是邊緣人。歷代以來，基督徒都是社會的邊緣人，反而為社會作出最大貢獻。在種族上也是如此，我們少數族裔在美國是邊緣人，但為美國作出了很大貢獻。

在美國學術界，要拿終身教授，每個人的壓力都很大。上帝卻讓我在工作上非常順利，四年就評上副教授即終身職，又用四年晉升為正教授，這種速度在普度很少見。我並沒有發表特別多論文，暑期我要到中國主持暑期班、學術論壇以及研究中國教會，沒有那麼多時間寫作。為教會機構的期刊寫的文章，不能列入論文，但一有約稿，我一定要儘量滿足。還有，在教會團契也花很多時間。但我在學術上的發展並沒有受到損害，雖然中文寫作對晉升沒有幫助，只有英文論文和著作可用於晉升，但我的晉升一點都沒有耽誤。

余杰：以我對北美華裔學者尤其是中國大陸出來的華人學者的觀察，即便是從事人文社會科學研究的，大都不敢得罪中共當局，對中國的政治問題謹言慎行。一方面是中國如今財大氣粗，用很多資源統戰海外學者（包括白人學者），只要為中國說好話，就可以邀請到中國訪問，好吃好喝，甚至授予名譽博士學位和講座講授。另一方面，如果敢於批評中國，不管你如何有名，照樣不給簽證，不准到中國訪問，甚至恐嚇還在中國的家人朋友。這樣，就形成討論中國議題時，儘管在學術自由的西方大學，卻存在嚴重的學術不自由。

你是少數敢於為中國的宗教自由問題發出聲音的華裔學者。作為基督徒，對弟兄姊妹所承受的苦難和逼迫感同身受，當然是首要原因。另外，究竟是出於哪些因素，促使你在這個

領域發聲？

楊鳳崗：這個問題就要跟我們研究中心的成立聯繫起來回答。2008 年，我們這個研究中心正式成立，是美國公立大學中唯一一個專門研究中國宗教信仰問題的機構，並成為一個重要的研究基地。

近年來，西方媒體遇到關於中國的宗教迫害事件，除了採訪當事人，想聽美國學術界的聲音，他們就經常來電訪問我們。慢慢地，我就成了一個出口。比如，2012 年，美國公共廣播電台就六四與中國基督教的問題採訪我。後來，澳大利亞公共廣播電臺、美國之音等也常常採訪我。我願意成為一個向美國主流社會陳述中國宗教信仰狀況真相的管道。我不是人權活動家或人權機構的代表，我以學者身分儘量客觀、如實地提供我的資料和分析。

我在接受採訪時指出，當下中國的宗教政策不可能改變，如果沒有廣泛的政治制度的調整，宗教政策不可能先行變化。政策的改變，需要黨政幹部取得新的共識。但是，他們對待宗教問題看法，來自於馬列主義，更多是列寧主義。也就是，宗教是鴉片，是帝國主義侵略工具，這一套仍然在重複。這跟今天的世界完全是脫節的。中國的大學裡的宗教學研究已經相當開放，但那些決定宗教政策的人，偏偏是最保守的一群。特別是黨校和行政學院，黨政機關的官員受到的訓練，仍然是老一套，比如他們的教材是由中央黨校龔學增編寫的，這個人在學術界沒有多高的地位，但他的教材卻廣泛使用，影響很大。

余杰：那麼，以你的瞭解，中國官方制定宗教政策的群體，尤其是宗教管理部門，主要遵循什麼樣的思想和原則？中共建政以來，其宗教政策是如何演變的？

楊鳳崗：當然是無神論。中國當下有三種無神論，一是啟蒙主義的無神論，二是馬列的、戰鬥的無神論，三是溫和的無神論。比如，呂大吉就屬於第一種，他認為宗教是一種錯誤的意識，民眾需要被啟蒙和被教育，但不必強制改變。在宗教自由的環境下，隨著科學發展和教育普及，宗教就會消亡。他堅持無神論，後來稍稍客觀和超脫一點，從恩格斯的思想中汲取少許對宗教的正面功能的肯定。他在學術界地位很高，可以說是第一把手。

然後就是龔學增的「戰鬥的無神論」。他認為，有神論代表反動勢力，要以政治力量和組織力量來打擊和減少信仰宗教的人群。在 1957 年前，啟蒙主義的無神論占主導；在 1957 年後，戰鬥的無神論佔主導。

1978、79 年，有了變化。在 1982 年的十九號文件中，兩者都有，而以啟蒙立場為主，不通過強制力量讓人不信教，所謂「落實宗教政策」。事實上，直到現在都沒有貫徹，很多被侵佔的宗教場所並沒有歸還。

到了 2006 年，牟鐘鑒提出，真正的馬克思主義者應當是溫和的無神論，不要主動宣揚無神論，而要通過改變經濟社會狀況，使得無神論取得長遠的勝利。他承認經濟基礎決定上層建築，宗教的消亡晚於政黨和國家的消亡。他也強調充分尊重宗教信仰自由。但這個觀點受到上面的壓制，而牟先生自己也對此不再公開提及了。

據說，江澤民曾考慮過宗教信徒可以入黨，其理論基礎是溫和的無神論，但後來沒有實行，因為受到一批中老年馬列主義理論家們的批判和阻撓。共產黨員和共青團員，都強調無神論的身分。官方做過問卷分析，結果很受刺激，最終決定有兩

點不要講，一是基督徒人數不要講，二是共產黨員和共青團員中自稱無神論者的數字不要講。我根據 2007 年的一個問卷調查分析，黨員中只有三分之一到一半的人自稱無神論者，而純粹的無神論者只有百分之十六。當局沒有想到，堅持無神論這麼多年，竟然是這一種情況。

余杰：回到你個人的教會生活上，請你分享這些年來在不同地方的北美華人教會聚會的體驗。

楊鳳崗：我在美國委身的第一個華人教會是華府中國教會，我後來成為方舟團契同工，也以這個教會為素材完成了博士論文。

後來，我們搬到休士頓，剛到的時候，住在旅店，有一種漂泊的感覺。那時大女兒才三歲，我們一開車，她就說，爸爸媽媽，我們回家吧。我突然發現，我們在這裡還沒有家，就非常傷感。

禮拜天，我們要找教會聚會，找到休士頓中國教會。這是當地最大的華人教會，是一個獨立堂會，有長老執事，牧師是來自香港的華人。這個教會剛剛開始接待大陸背景的基督徒。我去了之後，他們對我有過一番事工的考慮，安排我去參加使者協會組織的福音營。使者的同工發現我是少數的人文社會科學背景的學者，就對我說，按你的知識背景，可以去讀神學、當傳道人。我向上帝禱告，但上帝並沒有呼召我作傳道人，上帝在我的

與王永信牧師合影

身上另有安排。

我還去參加過大使命中心的會議，是關於儒家和基督教的會議。王永信牧師問我，你服事方向是什麼？我回答說，是宗教社會學，是學術研究，而不是在教會中事奉。學術界是在一個新的工場，需要一批基督徒在那裡彰顯信仰。後來，上帝對我的帶領日漸清晰，上帝讓我在研究方面繼續做下去，1996年我就在大學找到了新的教職。

余杰：是的，學術界非常需要基督徒學者的聲音。華人教會中有強烈的反智主義傳統，使得基督徒被世人看作是一群愚蠢的人。實際上，上帝賜予我們最高的智慧，基督徒因真理得自由之後，應當在各個領域成為光和鹽。我一直在呼籲，在各個學科，基督徒學者要有第一流的學術成果出來，能夠跟非基督徒學者有對話的空間和可能性。從某種意義上說，學術界也是福音的禾場。

楊鳳崗：是的，這一塊非常重要。我的學術研究跟我的信仰歷程緊緊聯繫在一起、密不可分。

我的第一份固定的教職，是緬因州的一所大學。那裡沒有多少華人，我去面試時，也沒有覺得會得到這個工作。回去後不久，對方很快就通知說，你可以得到這個工作。我那時還有一些疑惑，神為何帶領去那麼偏僻的地方？我就禱告說，主啊，請您讓我聯繫到當地的華人教會。到了那邊的第一個禮拜天，我住在一間旅館中。早上，我就想，今天去哪個教會呢？我找來當地的報紙，看離旅店最近的教會有哪些。此前，我在獨立教會習慣了，那天卻發現一間浸信會的廣告，那個教會有兩個牧師。我就想，那個教會應當不會太小，太小的教會不會有兩個牧師。而通常情況下，太小的教會，一般容易形成封閉

的系統，對外人有所排斥。

這樣，我就抱著試一試的心態去那家教會。萬萬沒有想到，沒有等進門，就得到一群華人弟兄姊妹的歡迎。原來，那個教會有一個華人聚會，他們借用白人的地方聚會。上帝是那麼地奇妙，讓我在到那裡的第一個禮拜天就找到華人教會。對於基督徒來說，走到哪裡都能找到教會，找到神的家，到任何一個陌生的地方都不會感到孤獨寂寞。這一次，我隨便找一個教會，在那裡居然發現就有華人的聚會，這個經歷也印證了來這裡是神的帶領。我在這裡聚會三年，這個教會一共只有十幾個家庭，禮拜天聚會二十人左右，禮拜五有查經，弟兄姊妹彼此之間非常相愛，有弟兄姊妹為我禱告，送信仰方面的書籍給我，讓我的生命迅速成長。

然後，我就到普度大學任教。剛來這裡，我接觸了華人宣道會，也接觸了一間以白人為主的浸信會。有一個鄰居是浸信會會友，他介紹我們參加這間名為骷髏地浸信會的教會。那段時間，我們兩個教會都參加，主要是希望孩子參加浸信會的兒童主日學，讓她融入美國社會。這是一間兩百人的教會。2003年，牧師問我願不願作執事，教會有一群亞裔會友，希望有一位亞裔執事。我有一些猶豫，我每年都去中國訪問幾個月，不能保證每個星期都來教會。牧師說，只要有你有事奉的心，這只是一個榮譽，不要擔心。在美南浸信會系統，一旦成為執事，就永遠是執事。從 2004 年到 2006 年，我當了教會的執事。其中，2006 年我在中國國內有大半年時間，但一直保持跟教會的聯繫。

但是，這間教會對我所做的事業不理解，對於國度的意識不強，讓我有些遺憾。在我比較消沉的一段時間，有另外一位

執事，請吃飯聊天，不談屬靈的事情，是互相的支持安慰，對我幫助很大。後來，我還是覺得不適應這個教會敬拜的儀式，他們竭力追逐一些時髦的敬拜方式。比如，講臺的設置，每幾個星期就作大的變動，讚美詩也是搖滾風格，表演性太強，訴諸於個人的情感，只講上帝的愛。我覺得缺少一種對上帝的敬畏，我傾向於敬拜要有儀式性、有象徵意義，是慶祝我們與神的同在。

所以，我換到目前去的這家長老會。當初，我去這家教會時，他們正在經歷一個離開自由派、回歸正統信仰的過程，我非常贊同他們的路線。我也很喜歡他們的敬拜，比如唱詩歌，大都選擇經典的、傳統的詩歌，也有少許當代的詩歌。講道主題非常明確，不僅是宣揚上帝的愛和安慰，還要講罪、講救贖、講得勝，這才是全備的真理。此前的那家浸信會，有些信息很少聽到，教導比較膚淺。

我認為，牧師的講道要有神學性和哲學性，也要有文學性和戲劇、演講方面的才能。換言之，既要有深度，又要靈活和有吸引力。我們的牧師過去半年一直講《啟示錄》，現在很多教會都不講《啟示錄》了。

我們來普度後，還與另外兩家人創辦了一個華人查經班，名叫「三一團契」，其實只有三家人，每個禮拜五聚會。有一段時間，我們查《羅馬書》，很多人會逃避深入的神學思考，但《羅馬書》的神學性很強，有系統性。我們堅持著讀下來。還有幾個月，我們一起讀完舊約。我自己覺得越來越接近加爾文主義。我們對很多神學議題進行深入討論，解決了一個問題，又出來另外一個問題，比如預定論。既然預定了，有的人注定不得救，就是不信，為什麼還要傳福音？我們查《羅馬

書》找答案，我的理解是，結果不是傳福音的人所能左右的，傳福音只是給聽福音的人一個機會，屬於神的人就進來，不屬於神的人拉都拉不進來。

長老會在儀式方面比較薄弱，不能完全滿足我在儀式上的需求。這方面路德會做得更好，衛理公會也不錯。有家庭之後，我選擇教會就不能完全憑自己的喜好。我的小女兒喜歡去華人宣道會，因為那裡有跟她年齡相近的華裔女孩。有時候，我們一家分開去不同的教會。我知道自己需要被牧養，家庭應當一起敬拜，也在朝這個方向努力。最近我們全家一起到長老會聚會，是很美好的體驗。作為第一代基督徒，我對自己的境況和需要也未必完全瞭解，需要一個摸索的過程，等找到應該在的地方，人生大半就過去了。

最後，我要特別談談我的太太。感謝主賜予我一個同心合一的太太，這麼多年，我的事業無論逆境順境，她始終不棄不離地支持我。1996 年後，我開始耗費很多時間精力回去作研究，但經濟支援很差，這種情況下，太太從不抱怨，如果她不支持，我是無法繼續下去的。我們來美國多年，一直住在租的公寓裡，直到 2001 年才買自己的房子。沒有想到，第二年就到普度，新房住了還不到一年。不過，那時美國的房地產正在上升階段，雖然只住了一年，但我們賣房時不僅沒有虧本，還賺了一點錢，到這邊才買得起房子。到普度的當天就住進這個地方。回想起來，有甘甜的感覺。

中國教會將在未來中國社會扮演何種角色？

余杰：你對中美兩國的宗教與社會政治都有廣泛而深刻的研究，你認為美國處理政教關係的經驗，有哪些可以「拿來」

為中國所用？華人教會，也包括西方的一些過於保守的教會，認為政教是完全分離的。其實，政教關係是「分立」，而不是「分離」。你不關心政治，政治卻會來「關心」你。

　　楊鳳崗：首先需要處理的是「基督徒怎麼看待政治制度」這一棘手的問題。政治是事關公共利益的事務，有人群就有社會，有社會就有政治，有政治就要有權力，「政治」與每個人都息息相關。基督徒和教會不能完全避開政治問題。

　　政治制度是關於如何分配和使用權力的安排。但是，政治制度不能侷限於權力分配，需要有信仰作為基礎。例如在美國採用立法、司法、行政三權分立制。而三權分立的觀點來自基督教信仰中對罪的認知，每個人都有罪性，遇到誘惑時難免犯罪。因此需要權力間的互相分離，彼此制衡，以避免權力過分集中。

　　美國在權力運作模式上，是綜合的政治體制，基督教對形成這一政治制度有著積極作用。美國的綜合政治體制包括了狹義的民主決議制、代議共和制、總統獨裁制。而基督教會的權力制度有三種基本形態：一是主教制（episcopalism），二是長老制（presbyterianism），三是會眾制（congregationalism），分別在基督教中形成主教總裁制、長老代議制和會眾決議制。後來教會內的權力分配和行使的實踐，社會政治領域提供了範本和經驗。從而不同類型的教會成了美國民主共和總統制的社會基礎。

楊鳳崗探訪中國猶太人

余杰：是的，共和比民主更加重要，可惜華人世界一直無法理解什麼是真正的共和。長老教會就是典型的共和體制。在以上三者中，我覺得長老教會的模式對美國政治的影響最大。

楊鳳崗：以美國的經驗反觀中國，基督教對於中國社會能夠作出什麼貢獻，是一個極具挑戰性的問題。近年來，在中國的城市新興家庭教會中，發展較快的改革宗神學強調積極入世，力行改造世界。

中國當下的社會狀況和美國立國時期差異很大，美國也跟兩百年前有很大的不同。所以，在今天的中國，基督教的發展應當意識到在全球化的影響下「多元宗教」和「多元文化並存」的現實。在二十世紀後半期，伊斯蘭教、印度教、佛教等基督教外的其他宗教進入美國，也在信仰、組織、會眾等方面日益趨近主流。因此，美國的靈魂、價值觀念、文化認同雖然變得更加絢麗多彩，但基本色調依然是猶太教 - 基督教文化。

余杰：可不可以這樣說，基督教雖然不是美國的「國教」，但美國卻有一種基於基督教價值的「公民宗教」。這樣狀況，反而讓基督教更有活力，不像歐洲一些以基督教為國教的國家，基督教反倒失去生命力。

楊鳳崗：是的，「公民宗教」不是宗派宗教，而是公民社會中公共生活的神聖維度。美國的公民宗教以基督教為底色，但不等同於基督教。

中國若建構未來的公民宗教，無可避免地需要以儒學或儒教為底色，因為儒家文化在中國歷經千年，影響了人們的日常生活價值取向，甚至可以說已經成了揮之不去的文化基因。但是亦同時需要基督教為底色，因為迴避不了的是基督教在中國和華人中正在迅猛傳播這一現實。沒有儒學對於基督教的主動

吸收，沒有華人基督徒的主動參與，未來中國社會的公民宗教是不可能的。

余杰：你對儒家或儒教的看法，我不完全贊同。從某種意義上說，儒家或儒教是中國專制主義政治的意識形態支柱。用魯迅的話來說，儒家倡導的仁義禮智的背後，是血淋淋的「吃人」兩個字。儒家思想對應著中國作為一個內陸的農業文明。在全球化和資本主義的今天，儒家的價值和倫理已經不適用了，很難說在當代中國人的生活中有多大的影響力。今天中國人的穿著、思維方式、教育方式，究竟有多少儒家的因數？日本和韓國的現代化及民主化，跟儒家無關，中國未來的社會轉型和民主化，也不需要儒家思想。更何況，目前中共正在利用儒家鞏固其統治。所以，在我看來，基督教跟中國傳統文化的關係，不是跟中國傳統文化妥協、適應，而是超越、更新、轉化。

這個問題或許以後還可以深入討論。接著我們談一談近年來你對中國教會發展的研究，你們公佈的統計數字，在海內外引發很大爭議。不過，對我而言，比數字更重要的是，這麼龐大的信仰群體，能夠在中國的社會轉型中發揮什麼樣的作用？

楊鳳崗：我們發表了調查報告之後，中國官方批評說，我們的數字有誇張。但我現在要作更加大膽的預測：中國的基督徒將在 2025 年達到 1.6 億，到 2030 年超過 2.47 億。換言之，中國將在十五年後超過美國，成為世界上信仰基督教人數最多的國家。這一項預測被英國《每日電訊報》和美國的《赫芬頓郵報》等重要媒體都進行報導，由此引起國際關注，但比起談論中國到底有多少基督徒這個一直以來都是海內外、以及學術界、宗教界等爭議熱點，更值得引起重視的是，由於缺少對於

基督徒人數快速增長的認識，人們對這種快速增長也就缺乏心理準備，可以說有些措手不及。

我希望藉此研究來引起今天的中國教會如何更好的融入社會、以及關注社會公共事務等這些更為本質的話題的討論。很多教會對基督徒人數的快速增長缺乏準備，只專注於教會生活和傳播福音，而缺少對於社會公共事務的關心，缺少應有的社會責任感。很多官員對此缺乏準備，仍然在盲目地管控，甚至錯誤地以為可以採取某些極端手段阻止基督教的發展。很多學者對此也缺乏準備，對基督教快速成長和政府管控造成的各種社會後果探討不足。

據我的推算，到 2030 年基督徒人數可以達到總人口的百分之十六至百分之三十之間，這是很高的比例。溫州據說只有百分之十的基督徒，但教會在社會的存在已經是不可忽視了，如果比例再高的話，公共參與是不可避免的。

余杰：你預測的這個數字對我來說也覺得有點偏高，不過我願意樂觀地拭目以待。韓國基督徒數字爆炸性的增長，也就兩代人的時間，現在韓國基督徒已經超過總人口的一半，並成為僅次於美國的全球第二大宣教國家。我非常同意你對教會應當積極參與公共事務的前瞻性看法。

楊鳳崗：對於基督教內部來說，現在是需要重視公共服務的時候了。以前只是關注生存問題，現在考慮的不僅是生存而且要生存得更好，除了教會內部建設，以及加深堅固信仰外，同時還要考慮社會責任，教會的公共性不能忽略。相信未來的五年、十年注重公共關懷的牧者和信徒會越來越多，因為時候到了。即便面臨政府的猜疑、打壓，這種趨勢仍然是大勢所趨。

余杰：那麼，從教會的角度來說，下一步的公共參與需要作哪些方面的準備？

楊鳳崗：我想，首先是神學方面的準備，思想教會與社會的關係，應當有深刻的神學思考。以前在中國的特殊環境下，很多信徒沒有自覺思考神學問題，繼承了虔敬派思想、明確的聖俗二分觀念，認為教會內才是神聖的，一切精力都放在教會，社會世俗的事務都不用管。但隨著基督徒人數的增加，社會對基督徒的期待越來越高，就不能再忽略社會責任。需要在神學上有所擴展，可以吸收西方神學，以及香港、臺灣等華人地區比較成熟的神學思想。

其次，還需從神學擴展到其他領域，如基督徒如何作教育。現在中國教育體制也出現問題，如果是基督徒來做，如何用基督教思想來更新教育而又服務於大眾？不僅是神學，包括教育學、法學、政治學、社會學、經濟學等領域基督徒都要有所思考，提出有建設性的觀點。

基督教對社會的貢獻，不僅只是奉獻金錢，更重要的是奉獻智慧和才能以及社會管理的經驗。一個社會不可缺少基層的決策機制，教會作為社會最基層的群體，如果能多思考如何讓社會受益，這對國家來說是很有意義的。

雖然現在中國基督教的大環境不是特別理想，但公共性的發展趨勢是避免不了的。過去的歷史讓我們看到，基督教肯定會對社會發展作出重大貢獻，帶來影響和改變，例如羅馬、美國、韓國等。

現在必須要有前瞻性眼光的教會領袖站出來，開始從各方面思考基督教公共性的問題，不能等到有了更大空間發揮的時候才考慮，那時候就措手不及了。

余杰：我們非常遺憾甚至憤怒地看到，近兩年來中國政府在浙江等地展開了拆毀教堂和十字架、干涉教會內部事務的宗教迫害運動，其規模之大、手段之暴虐，是文革結束之後從所未有的。溫州教會遭致的文革式的逼迫，大概正是因為溫州教會的影響力已經讓政府感到害怕。政府害怕教會，不是說教會威脅到政府的統治，而是極權主義的政府不能容許另外一支有組織的力量參與社會公共事務。

最近，幫助溫州教會維權的律師、也是曾經到你們研究中心作過訪問學者的張凱被逮捕，表明習近平政權對教會和更廣義的公民社會的打壓變本加厲了。我們在強烈譴責中國當局的這一系列違反中國憲法和聯合國人權憲章的做法的同時，也應當有進一步的思考：如果中國政府願意改革、願意進步，它應當如何處理與教會的關係？

楊鳳崗：當基督徒人數達到一定比例時，政府為了自身利益也不得不考慮基督教的公共性問題。目前影響基督教發揮公共性的因素包括「宗教政策」和「宗教觀念」，這兩方面是政府最需要作反思和調整的。

現在的宗教政策落後於時代這是人所共知的，包括政策執行者本身也知道這個問題。現在的政策藍本是上個世紀五〇年代的，那個時代是從個體經濟私營經濟開始轉向國有經濟和集體經濟。1979 年以來是走向市場經濟，但現在仍然沿用舊的宗教政策，遠遠落後於這個時代的政策版本。即使用馬克思主義觀點來說，也是上層建築遠遠落後於經濟基礎了。

另外一個問題就是人們的宗教觀念，中國的政治精英、文化精英，對於宗教的認識相當落後，很遺憾的是，文革前後政策造成的影響，使人們缺少宗教的基本知識和缺乏宗教自由的

基本常識。

　　中國的精英對宗教自由認識非常欠缺和落後，原因很複雜，但希望他們能夠調整對宗教自由的看法。聯合國確定的基本原則和公約都很重要，聯合國四〇年代發表了人權宣言，中國也有參與起草並起到很大作用，人權宣言之後到七〇年代又制定兩個國際公約，保證具體落實之前人權宣言的原則。

　　這些都值得中國政治精英、知識精英學習、複習、傳播。各類媒體也需要多普及這方面的知識，比如每當一些紀念日的時候，都需把這些來龍去脈講清楚，這樣的普及教育是很好的。而且不僅僅是上層需要普及宗教知識和宗教自由觀念，下層百姓也要同時進行，宗教自由的概念和原則人人都需要瞭解，每個國家都有責任把這些內容在國民教育中普及下去。我們在 2014 年 5 月組織了一次有關宗教自由的研討會，會後發表《有關宗教自由的普度共識》，有些律師、牧師、教師參與聯署，希望有越來越多的人達成這樣的共識。

　　如果對宗教的觀念不改變，政策也很難調整，所以政府需要改變觀念和政策，跟上時代的發展，這樣才能正確發揮基督教的公共性，真正造福社會。

2015 年秋定稿

第 6 章

牧者為什麼要撰寫社會評論？

——溫哥華華人基督教會主任牧師盧維溢訪談

盧維溢牧師簡歷

盧維溢，溫哥華華人基督教會主任牧師、基督徒社會關懷團契總幹事、大溫哥華華人教牧同工團契委員。

1950 年代生於香港。1973 年至 1979 年，赴英國留學，畢業於倫敦大學工程系。1977 年，接觸基督信仰。次年，在倫敦決志歸主，在神學家斯托得（John Stott）牧養的教會中聚會。返回香港之後，任中華電力公司工程師等職。1985 年，移民加拿大，繼續從事發電工程師職業。

1989 年，北京發生「六四」屠殺，盧維溢雖不在現場，卻深受刺激，感到中國迫切需要福音，唯有福音以及建立在福音之上的民主、憲政體制，才能避免「六四」屠殺的悲劇重演。故而產生全職奉獻為傳道人的想法。1993 年，回應上帝的呼召，放棄工程師的職業，赴溫哥華維真神學院（Regent College）學習神學。1996 年，自該神學院畢業之後，在鄰近大溫哥華地區的一家改革宗教會開始傳道人生涯。

盧維溢現為溫哥華華人基督教會主任牧師，會友主要為香港及廣東移民。牧會之餘，在教會內外的媒體上發表大量基於基督信仰的、探討社會議題的文章，以捍衛真道的保守主義立場引發不少爭議，亦深受基督徒讀者的喜愛。

1980 年，與黃佩蘭結婚，育有兩個女兒、一個兒子。

採訪緣起

2009 年秋，我應在溫哥華信友堂和中國福音會加拿大分會之邀，赴溫哥華訪問當地華人教會和基督教機構。其中，有

一場由我主講的介紹中國家庭教會的座談會，由大溫哥華華人教會同工團契舉辦。在這個座談會上，我結識了該團契的負責人、溫文爾雅的盧維溢牧師。實際上，在見面之前，我已在香港《時代論壇》、加拿大《真理報》等媒體上閱讀到盧牧師諸多論及基督信仰與社會文化關係的文章。在海內外的華人教會，很少有教牧或平信徒具備如此寬廣的視野和開放的胸襟，對自由經濟、福利制度、反對共產主義、保守主義的倫理價值等議題發表基於聖經真理的精闢見解。我很贊許這些宛如大音希聲、力挽狂瀾的文章，早就想與盧牧師認識了。

那次，我也有幸受邀到盧牧師家中作客，我們有一段深入交談的時間。我瞭解到，盧牧師原來的專業是工程技術，而非人文和社會科學。但是，他對人文和社會科學領域很有興趣，多年來，在牧會之餘，博覽群書、深思奮筆。

盧牧師全家福

盧牧師的性情溫和謙卑，不是那種外向型的、滔滔不絕的牧師，但他的文章對真理的堅持和對謬誤的批判，卻鋒芒畢露、毫不含糊。

2012 年年初，我們全家赴美之後，我與盧牧師又有了聯繫。當年夏天，盧牧師兩度赴美開會和旅行，都留出時間到我家探訪。特別是第二次，盧牧師和師母一起來我家作客，我們有了兩天時間相聚和暢談，我得以訪問盧牧師，請他分享信仰、奉獻、牧養及寫作的歷程。雖然盧牧師沒有長期在中國生

活過，但他對中國家庭教會卻有深切的關懷，而且，「六四」屠殺是他奉獻為傳道人的契機。所以，我們在信仰與社會的諸多議題上都有共識。

「六四」的精神震盪是全職奉獻的轉捩點

余杰：盧牧師，很高興再次與你相聚，幾年前我就在給你的電郵中有談及為你寫一篇訪問的想法，但直到今天才付諸實現。感謝主給我們這段安靜交談的時間。依照慣例，我們先從你個人的信仰的歷程談起吧。

盧維溢：我家祖居廣東。1949 年，中國政權轉移到共產黨手上，很多內地人不願接受共產黨的統治，便匆匆逃到香港。我的父親即是其中的一員。1950 年，父親兩手空空地來到香港，一開始住在骯髒混亂的難民區。然後，他找工作做，先後做過多種不同的職業。

後來，父親選擇了做成衣生意，先是自己當勞工和技工，然後開了一間小小的工廠，再以後慢慢成為一個頗有規模的制衣廠，工廠設在九龍。他沒有任何背景，完全靠吃苦耐勞，打拚出一片天空。香港是一個信奉自由市場經濟的城市，為肯拚、肯幹的人提供了成功的機會。父親的經歷，也是我認同自由市場經濟以及其背後的一套政治哲學理念的重要原因。

我是在香港出生的，童年時代家境不算太好。我在香港念完小學和中學，中學念的是一間用英文的私立學校。父母受教育的程度有限，但他們覺得，生活在英國統治下的香港，不懂英文會很吃虧、做事情比較困難，而懂英文可以做很多體面的工作，在外貿方面也有更多出路。因此，他們鼓勵我念好英文。我在小學三年級時，就覺得要在英文方面打好基礎。我對

西方的文化藝術都有興趣，喜歡聽歐美的流行音樂。這也為我日後去英國留學打下了伏筆。

中學畢業之後，我一度幫父親做生意，做了一段時間，發覺自己並沒有繼承父親生意的意願。我的安靜內向的性格也不適宜做商業。於是，我就告訴父母，要去英國念喜歡的科目，即工程技術。父母支持我繼續深造的意願。這樣，從 1973 至 1979 年，我在英國求學大約有六年之久，畢業於倫敦大學工程系，先後拿了兩個工程方面的學位。然後，我回到香港，做過兩份工作，比較長的是一份是中華電力公司的工程師，做了五年左右，直到離開香港、移民加拿大。

余杰：在英國留學期間，你接觸到教會和基督信仰，你是怎樣決定受洗歸主的？有沒有一個心靈掙扎的過程？

盧維溢：我是在英國念大學的時候信主的，一切似乎水到渠成，沒有太多的抗拒和掙扎。我從 1977 年開始去教會，那是一家名為 ALL SOULS 的聖公會的教會。一開始，我只是因為遇到一位令我好奇的來自馬來西亞的基督徒，也因希望找到一個良好的朋友圈，以慰藉在異國他鄉的鄉愁。起初接觸的是一些從新加坡、馬來西亞來的華裔基督徒。

為什麼要成為基督徒呢？我在團契的聚會中，親身體驗到聖經中所說的神對人的愛，這種愛在其他地方找不到，在其他宗教中看不到，唯有在基督徒身上，透過崇拜、團契活了出來。因此，大約過了九個月，那一位令我探索基督教的馬來西亞的華人信徒問我，你要不要決志信靠耶穌？此前他跟我談過這個問題，但我沒有同意。那一次，我覺得自己對基督的信仰和愛已經非常強烈，就決志歸主，遂於 1978 年決志歸入基督名下。

余杰：在英國的時候，你曾經在著名神學家斯托得[1]擔任牧師的教會聚會，是否與之有過接觸？聽他講道有什麼感觸？此後讀他的著作又有什麼收益？

盧維溢：我約有一年時間參與倫敦這家教會的禮拜活動。那時，斯托得牧師並非每個星期天都在該堂會講道，每個月約一兩次而已，我也沒有面對面的與他交談，但每一次從他的證道中我都有相當的收穫。給我留下深刻記憶的是，他藉著七個介係詞（或稱為前置詞 prepositions）於主日崇拜中在講臺上作一系列的「基督論」的訊息，如「在基督裡、藉著基督、為了基督、直至見基督」。

最鼓勵我的訊息是斯托得牧師將英國社會的一些現況作為證道的例子，這些講道有助我此後建立信仰生活與現實世界息息相關的觀念。雖然斯托得牧師也寫了一些釋經書籍，我卻更欣賞他的著作如《Christian Counter-culture》（中文版《基督徒文化的挑戰：登山寶訓精研》）和《Decisive Issues Facing Christians Today》（中文版《當代基督教與社會》）。前者從主耶穌的著名講道引出整個新生命對個人操守和人際關係的基本心態；後者則教導基督徒怎樣面對歐美社會的世俗化，從歐洲近代的社會演進去理解西方世界的多元文化對個人道德和社會公義的影響，從人權、環保、種族、貧窮等社會議題，到性觀

1　約翰‧羅伯特‧沃姆斯利‧斯托得（John Robert Walmsley Stott，1921-2011），當代福音派領袖，英國聖公會牧師。從 1945 年按牧以來，一生在倫敦的諸靈堂（All Souls Church）擔任牧師。斯托得曾在 1972 年籌辦第一屆洛桑世界宣教大會，「洛桑公約」（Lausanne Covenant）成為近代福音教派最具影響力的文件。斯托得出版過四十多本書，如《獨排眾議的基督》、《認識聖經》、《當代講道藝術》、《當代基督教與社會》等。

念的革命這比較私人的題目。這兩本書不單引用聖經的教導，更幫助讀者認識過往一兩百年西方世界的一些有關歷史。對我來說，都是十分充實靈性和學養的著作，使我受益良多。

余杰：回到香港以後，你有良好的教育和專業背景，在大公司裡也找到很好的職位，後來為什麼決定移民加拿大？

盧維溢：當然跟「九七大限」有關，中英達成聯合聲明，香港將於 1997 年回歸中國，我和太太對香港的未來缺乏信心。我的父親當年為了躲避共產黨的統治才到香港，如今共產黨的陰影籠罩在香港頭上，我們都很憂慮。但回歸又是一種必然，我們無法改變，只能選擇第二次離開。

作為基督徒，我特別看重一個社會的宗教信仰自由狀況，這是民主社會裡公民最基本的權利。在殖民地時代的香港，這不是一個問題，但在共產黨的統治下，這肯定是一個問題。我閱讀過一些中國家庭教會信徒的見證和學者的研究文章，知道共產黨如何對宗教進行控制和打壓，而這個政策是不會改變的。我當然不願在一個宗教信仰自由岌岌可危的地方生活。

另外，我發現香港填鴨式的教育有很多缺點，這種東方式的、望子成龍式的教育模式，並不符合聖經的教導。包括我的孩子在內的香港孩子，讀書非常辛苦，很多孩子都不能自由發揮自己的天才和能力。我不願讓孩子在這種教育模式下成長。

第三個原因，香港的居住環境不好，住得太密集，生活節奏太快，壓力太大，我不喜歡那種生活方式。而早在大學時期我曾到加拿大旅遊，十分喜歡那裡海闊天空的生活環境。

以上三個重大的原因，使我決定移民加拿大。

余杰：你是到了加拿大之後才決定作全職傳道人吧？有沒有一個契機，促使你邁出這關鍵的一步？因為作平信徒相對容

易得多，而作全職牧者，需要付出很大的代價。那個時候，你是一個高薪的工程師，要放棄這一切，在一般人看來是很難的。

盧維溢：我到加拿大之後的第一站，是到西部的卡加利，我在那裡也是做發電工程工作。我在一家大公司的發電工廠，做發電器械的維修、改善和保養。對我來說，這是輕車熟路，但那僅僅是一份職業。我只希望平平淡淡發展我喜歡的工程事業，而將九七問題置諸腦後，滿足於廣闊的生活空間，經常可與大自然生態接觸的生活。

讓我對人生、職業和使命有全盤思考的，是 1989 年的「六四」屠殺。可以說，在「六四」之前，我從來沒有想過要作全職的神職人員。我從小就是一個性格內向的人，並不具備多好的口才，也不善於處理人際關係，我才選擇作工程師這樣一個比較獨立和安靜的工作。這樣的個性和天賦，不夠資格來作牧師。

但是，「六四」屠殺讓我受到很大的震撼。八九天安門事件剛剛發生於我回香港度假之際，自己也和一般香港人同樣於電視機之前目睹天安門事件的結局。本來平常只顧「搵食」（生計／糊口）的香港人，竟然在電視機前落淚，更於 5 月底在很多報章上登廣告聲援在北京示威的學生。可惜，正義之聲在 6 月 4 日之後好像海嘯巨浪之後那麼快地消失了！

「六四」事件引發我對罪惡這個命題重新思量。這一事件使更深刻認識到聖經所指：罪惡控制這世界，所以很容易滲透到政府的權力核心。雖然中國平民中善良的佔多數，但如何克制政府機關的腐敗，如何達到一個公平的社會，這些卻是中國公民在官員面前無權過問的議題。

余杰：談到這裡，我才明白為什麼你敢於在我們起草《華人基督徒關於「六四」二十周年的呼籲書》上簽名。二十多年過去了，中共繼續野蠻打壓「六四」受難者及其家屬。隨著中國經濟的崛起，海外對「六四「的關心亦日漸淡漠。在海外華人教會中，「六四」儼然成了一個談虎色變的題目。在許多海外華人教會中，牧長帶頭為共產黨的領導人禱告，卻不願為「天安門母親」等「六四」受害者家屬禱告；人們願意為逼迫者禱告，卻不願為被逼迫者禱告；為被逼迫者禱告就被冠以「搞政治」的惡名，而為逼迫者、專制者禱告，反倒顯得很屬靈、很寬容。這真是一件天大的怪事。

我還記得，那份呼籲書在起草和徵集簽名的過程中，遇到了很多的障礙和非難。你慨然簽名，讓我們深受鼓舞。

盧維溢：我當然要在那份文件上簽名。「六四」於我而言，是永不忘懷的傷痕。雖然我不是內地人，沒有直接受到「六四」的傷害，但「六四」讓我重新思考人生的定位。我看到黑暗中的中國對基督信仰的需要，看到必須用信仰來幫助中華民族，來改善中國社會的很多問題。

毫無疑問，「六四」流血源於人的罪行，人對權力的無窮欲望。那麼，如何改變這種情形呢？我們不可能在這個世界建造一個天國，這個世界裡被罪、被撒但管轄，不可能有完美的境況、不能達到神的境界。但是，基督徒的信仰可以幫助人們看到社會裡的種種罪，並為大家指出一條出路。

我想，我們的方法是讓人們知道每一個人都是罪人；我們的途徑是讓所有人知道法律總有漏洞、總有灰色地帶，不能設計一個完美的國家制度出來。在這樣的前提下，如果教會裡面有領袖在信仰跟社會的話題上，有從神而來的正確瞭解，那

麼，基督徒就可以幫助國家和社會走向一個比較公正、公平、自由、平等的社會。在那種社會，所有人在神的律法之下。就不會有「六四」慘劇的發生。

多年以後，我回想當年的情形，仍然歷歷在目。我深信，由於「六四」而激發起基督徒的社會正義感，並非出於在人間尋找天堂的夢想，乃因這二十世紀世界大事震撼了我們的靈魂，而希望終於能真相大白，以至犧牲者的家屬不再被蒙冤和折磨。當中國政府能不怕交代歷史真相時，神州大地和海外的僑胞就會看見中華民族的真正進步。

余杰：那段時間，你有沒有機會親身去瞭解內地社會和教會的情況？

盧維溢：「六四」之後，我雖然沒有馬上立志作傳道人，一直到 1992 年，這種思想不斷在我腦海中出現，有一種聲音在呼召我。

1992 年，我母親本來也移民到加拿大，剛剛辦妥相關手續，就發現她的肝炎惡化，西醫說沒有辦法醫治。我就想，也許可以找中醫看看，就帶母親回到香港，採用中醫的療法。兩年多以後，母親還是過世了。

在那段時間，我順道跟一個香港牧師去廣州的一間家庭教會，作探訪工作。那一天，我們到了廣州火車站外面的廣場，車還有兩、三個鐘頭才出發，我在車站門口觀看人來人往。

碰巧，當局正在廣場上舉行一個所謂的公判大會，有一些被定罪的罪犯，在這裡被公開宣判。我看到好多稚氣的年輕人，大約十八、九歲或二十歲出頭的模樣，他們的罪名是搶劫殺人，有幾個人被判死刑。

我為這樣年輕的生命的滅亡而憂傷，我就想，他們是怎樣

一步步地淪落到這樣的地步的？對於這群即將被處死的、永遠沒有翻身機會的年輕人來說，神的寬恕、神的愛在哪裡？如果在他們犯罪之前就努力向他們傳福音，讓他們接受上帝的道，他們一定不會走上可怕的犯罪之路。

我回到溫哥華之後，這些被判死刑的年輕人的臉龐不斷出現在面前。我並不同意一些世俗的人權活動者提倡的完全廢除死刑的理念，但我想，即便殺人者被判定死刑，他也應該有機會聽到福音。神給每一個人都有悔改和信靠的機會，神讓我們知道自身的可怕的罪。我不是說法律應當改變，謀殺的人不用判處死刑；而是希望中國人多一些反省，就算人已經犯了很大的罪，必須受法律的懲罰，但罪犯最起碼應當有一次悔改的機會，在監獄裡面作真正的反省。如果中國有宗教信仰自由，如果有牧師願意去向這些死囚傳福音，他們的生命雖然走向死亡，但他們的靈魂卻可以獲得永生。

從那一次到廣州之後，我有了很清楚的呼召。我求神帶領我確定人生的方向，那就是作全職傳道人。我就禱告說，我願意承擔這個職分。我也向教會的一些弟兄詢問，他們是否認為我可以去學神學、當傳道人。他們都覺得我要認真考慮神的帶領，如果這是上帝的呼召，教會可以為我提供一些學費上的補助，讓我安心地去學習。於是，我就邁出了全時間服事神的道路的第一步。

牧者以愛和真理帶領教會前行

余杰：從工程師到牧師，工作內容、工作環境、工作方式都有巨大變化，立刻出現的問題是，收入大大減少，你的家人如何看待你的這一決定？

盧維溢：我和太太是在香港認識並結婚的。她原先在香港作護士，好幾年後才移民到加拿大，一直作護士，最初是半職，因為還要在家中照顧孩子。當我 1993 年念神學之後，她就做全職工作。那時，我們一家從卡加利搬到溫哥華，她很快就找到一份新的、全職的工作，到現在都很穩定，讓我不需要擔憂生活上的需要，輕鬆地服事教會。我們有兩個女兒、一個兒子，一個女兒在加拿大出生，其他兩個在加拿大長大。現在大女兒在學校當老師。

余杰：神學院畢業之後，你立即參與了牧會的工作，現在你牧養的教會大致是怎樣的情形？

盧維溢：我 1993 年到維真神學院念神學，1996 年畢業後就到大溫哥華地區的一個教會當傳道人，現在我牧養的是第二間教會。教會有十五年左右的歷史，我到這裡作牧師已經八年多了。

這個教會沒有宗派背景，先前的牧師是從宣道會裡出來的，自己開創這間教會，他不想跟大宗派有關係，希望成為一間獨立教會。以前曾有一些會友希望加入到宗派之中，教會便舉行一次投票，最後這個方向沒有通過，所以我們直到現在也沒有歸入某個宗派。

我們教會的治理模式，比較接近浸信會，我們也曾經有長老，但不是終身長老，現在則只有執事。目前，會友大概有四、五十人。會友中比較多廣東人，小部分是廣東以外的華人。大部分都有香港背景，在香港居住過，後來跟隨父母移民到加拿大。他們大都是在加拿大信主，有些是從浸信會、宣道會轉過來的。在神學方面，大部分會友都沒有太多的關切和思考，很滿足平常的教會生活。

我認為，耶穌看重的是基督徒怎樣做，而不是他怎樣說。基督信仰與佛教很不一樣，基督教是一種入世的信仰。雖然我在講臺上常常涉及到一些神學觀念，並教導基督徒多一些關心社會的態度，對周遭社區的需要作出回應，如果我們有能力，一定要幫助社區裡有需要的人。耶穌在《馬可福音》中說，人子來這個世界，不是讓人服事，乃是服事人。基督徒應當履行神的教導，要做服事人的基督徒，要有作光作鹽的心態。不過，很多基督徒通常滿足於個人的家庭和工作，改變還是太慢。這要慢慢來，不能揠苗助長。牧者要有相當的耐心。

余杰：近年來，溫哥華華人移民人數猛增，九〇年代主要是香港移民，兩千年之後來自內地的移民占了多數。在這種新情勢之下，你認為當地華人教會如何向新移民群體傳福音？

盧維溢：目前，大溫哥華地區擁有約四十萬華人，當然不一定都說中文。大溫哥華地區有二十多間國語（以及兼顧粵語和臺語的）教會，尚不能滿足移民之需要。據一份資料顯示，在溫哥華的華裔當中，新教徒和天主教徒加起來大約占華裔人口的百分之十五左右，新教大約占百分之六，新教要發展到百分之十的比例，還要經過很長的時間、付出很大的努力。

除了如何吸引新移民來教會之外，我發現北美的華人教會還面臨著另外一個危機：年輕人尤其是華人第二代，一般都會去英語教會，只有兒童跟成人在一起聚會，這些教會都面臨缺少青年人的困境。

那麼，怎樣向新移民傳福音？這是我們面臨的一個挑戰。傳福音需要從多方面入手，不能單靠傳統的方式，如親朋好友帶到教會來。還需要在一些公開的場合接觸新移民，比如開始一些新移民的服務專案、講座等等。如果多家教會一起配搭，

將這類活動看作是對外拓展的機會，那麼多辦一些這類活動，就能找到一批新移民的朋友，向他們提供一些實際的幫助，並邀請他們參加教會的活動。

我認為，福音的工作應當突破傳統的方式，更加積極主動參與社會服務，透過社會服務帶領新朋友認識教會和認識基督教信仰。這樣，就要求教會的成員在公開的社會服務的聚會中，認真工作，固定地、長期地服事，為教會帶來新的朋友。不能一開始就把他們拉近教會，需要有一段接觸、瞭解的時間，慢慢地讓他們放下對教會的偏見和成見，對福音多一些嚮往。

我們也在復活節、耶誕節這些節日做一些活動，邀請朋友們來參加。我們大概一個月一次的固定的晚會，邀請那些沒有信仰的人士來教會晚餐，之後是不同題目的討論，啟發他們對基督信仰產生興趣。

我也發現，在大城市作福音工作比在小鎮困難很多。首先，溫哥華是個很繁榮的城市，現代生活和娛樂方式很豐富，對人們有太多的吸引力。城市有衛星電視、有網路、有各種娛樂場所，很多東西吸引和捆綁人，讓人不容易放下這些興趣愛好來教會。

其次，在大城市，一般人為生活奔波，有很多的新移民，同時做兩份工作，一份是全職，一份是兼職，才勉強平衡收支。即便是節日，也抽不出時間來參加教會的活動。他們的業餘時間不多，很難形成固定到教會的習慣。那些禮拜天要加班的人，如果來教會，就會少一天的收入，要付出很大的代價。

第三，像溫哥華這樣的大城市，對華人移民來說，是他們的第一站，這裡工作機會並不多，一般人到了這裡之後，慢慢找其他地方的工作，一年半載就會離開，去相對小一點的城市

人是被光照的微塵

基督與生命系列訪談錄

謀生。所以，要進一步栽培他們的信仰很困難。

余杰：一般華人教會的牧師，都是「一心只讀新舊約，兩耳不聞窗外事」，你是少有的關心社會議題的牧師，這種關注是怎樣開始的呢？

盧維溢：我在 1993 年還在神學院念書的時候，就作過一位競選國會議員的人士競選團隊的義工。那是在一個地區裡面，在一個月的過程中，幫助參選者作各種競選活動。由此，我認識到民主選舉的過程。

盧牧師在溫哥華基督徒社會關懷團契的研討會上發言

1996 年，我剛開始牧會，同性戀合法化的問題成為社會熱點。到了 2005 年，同性戀團體努力了二、三十年左右，讓加拿大通過《同性婚姻法》。加拿大在性解放方面，比美國更「進步」。在這場戰鬥中，基督徒慘敗而歸。由此，我開始思考，我們的價值符合聖經的教導，但為什麼失敗了？我們該以什麼樣的方式參與社會政治及影響道德倫理議題？於是，從思考到行動，包括寫作和參加基督徒社會關懷團契的工作。

余杰：是的，你除了是教會的主任牧師之外，也是溫哥華基督徒社會關懷團契負責人，請談談這個團契的異象。

盧維溢：2008 年，我被推選為溫哥華「基督徒社會關懷團契」總幹事。這個團契是一群不同教會的基督徒組織起來的，主要目標是從基督徒的角度來看社會的事，包括道德問題。聖經裡面有牽涉到基督徒信仰的道德問題，如家庭、男女關係、安樂死、墮胎、性關係等。我們鼓勵、幫助基督徒參與這些議

題的討論，參與各種投票活動。我們沒有說你們一定要幫某一個黨，但會提醒大家，要選舉那些比較好的、符合基督教價值的人來管理社會。我認為，這是牧者的責任，牧者既要牧養教會，也要對公共、私人事務也有最基本的認識，不能對社會完全沒有關懷。

當然，教會要跟政府保持一定距離，我們不直接跟政府、政黨打交道。但是，如果有基督徒參政，選議員，我們會跟他有一些聯繫，有禱告會、午餐會等，鼓勵他怎樣用基督徒的角度來幫助政府運作，幫助政府立法等。

我們 2013 年的主要事工有：向政府和傳媒表達我們的信仰立場、在教會中推廣公民意識和幫助信徒瞭解社會事態；透過舉辦論壇和協助民意調查和簽名請願、在教會主日崇拜中推廣公民意識；寫信去政府官員、報章、電臺、電視臺表達對某些時事議題的信仰立場。

我們接觸範圍是：對政府而言，表達我們的立場；對教會而言，教育信徒瞭解社會事態；對傳媒而言，爭取大眾傳媒的支援。

我們關注的議題有：大麻和毒品合法化、性關係和學校教育、生命的尊嚴（包括安樂死、墮胎問題）、宗教言論自由、公民責任與權利（基督徒參與政府選舉）。

余杰：我觀察到，加拿大社會像歐洲那樣世俗化、自由化的趨勢，似乎不可逆轉。在眾多社會議題上，他們打作自由、人權、進步的名義，撼動傳統價值，顛覆道德倫理，已經越來越危險。基督徒和教會能否成為力挽狂瀾的中流砥柱？

盧維溢：對比美國，加拿大的自由化風氣更為強勁，直追北歐和西歐的步履。比如，同性婚姻早於 2005 年成為國家的

法律；中學和大學生的性濫交不遜於北歐之情況；墮胎不單是合法，更有政府管理的醫療制度的財政支持；經營賣淫事業的合法化在一些人高舉人權和對娼妓的憐憫心推動下，正於今年開始在聯邦最高法院裡角力；賭博事業不單合法，也是政府庫房賴以進帳的一大途徑；「慈殺」（即一般人稱為安樂死）於過往十多年曾多次成為國會修改法律的熱烈爭辯的議題，今年還在爭持中。對於墮胎問題，雖然現在沒有法律禁止、而且主流傳媒都對基督教有偏見、甚至鄙視，然而，在過往十多年，每年5月總有不少尊重生命的基督徒（包括天主教徒）在首都渥太華的國會門前大示威，今年有超過一萬五千人參加反對墮胎，催促聯邦政府重新立法。

從2003年至2005年，加國基督徒曾數次向聯邦政府請願和示威，反對同性戀人士之結合等同一男一女之婚姻。然而，當時執政的自由黨由於是大多數政府，保守黨作為反對黨未能攔阻該法律的順利通過。雖然一般基督徒對要求社會保留傳統道德標準都不敢樂觀，參與發揮社會行動的信徒之比率不高，但一些基督教機構（例如 Evangelical Fellowship of Canada 和 ARPA，即 Association of Reformed Political Action）仍忠於使命，每一場法庭爭戰或每次國會修改法案都全力以赴，有時也有一些小小的勝利。

談到華人基督徒影響加拿大社會這議題，除了少數牧師和像「基督徒關懷社會團契」這樣小小社團之外，幾乎沒有什麼聲音。

余杰：很多華人教會神學上有偏差，只談愛，不談真理，導致信仰的「私有化」。

盧維溢：愛和真理缺一不可。由於過往一百年的華人教會

發展忽略了改革宗神學所提倡的信仰與社會的關係，一般華人基督徒都欠缺公共神學的培育，沒有注重在社會上發揮鹽和光的功用，而牧師和傳道人普遍都不以為這是值得推動的神學理念，以致華人基督徒莫說參與行動，就連關注也十分缺乏。一般基督徒參與社會行動尚有漫漫長路。

固然，不少牧者和信徒也被正統神學之末世論所影響或攔阻，認為人類社群好像在「鐵達尼」號沉船之前的局面，除了拯救靈魂之外，其他所有社會行動都是不值得做或沒意思的事。要改變這樣的光景，恐怕必須在神學院課程中作適當的培育和教導，重新強調加爾文神學對救贖、呼召、和作見證的詮釋，好讓新一代傳道人能傳達包括公共神學的牧養。

在世俗文化中堅持保守主義的寫作

余杰：從某種意義上說，你也是一名影響力溢出教會內部的「公共知識分子」。從教會而言，你牧養的是一個小型教會；但從文字事工來說，你的讀者不僅僅侷限於你牧養的教會以及當地的華人教會，而是遍及教會內外。

在清教徒時代，牧師兼有作家身分，是一種普遍現象。那個時代最優秀的作家、最優秀的學者，都在教會內部，很多都是牧師。他們是基督教人文主義者，他們的佈道詞紮根於聖經，同時也旁徵博引，從「他們的藏書目錄、個人日記與信函以及大學時所學的課程」中，可以發現他們是那個時代的知識精英和有影響力的公共人物。[2] 但是，在今天，牧師失去了向公

---

2 （美）瑪戈・托德《基督教人文主義與清教徒社會秩序》，中國社會科學出版社，2011 年第 1 版。

共社會發言、發聲的能力，不再具備「公共性」，這是一個很大的遺憾。

盧維溢：我的社會關懷的理念，跟受到改革宗神學的影響密切相關。我們的教會雖然不是一間改革宗教會，但我是一個深受改革宗神學影響的牧師。

我第一次認識加爾文，從在中學念世界歷史的時候，那時我還不是基督徒，但我發現加爾文對整個西方民主的發展有很大的作用。後來，我在神學院念書，選讀了《基督徒與政府》的選修課。我寫過關於基督徒怎樣看民主政治的論文，對西方國家民主發展的歷史作了一些研究，買了一批書，在圖書館看了一些書，逐漸有了一整套的看法和思路。

牧師一邊牧會一邊寫作，這確實是清教徒傳統。我從2005 年開始為加拿大的一份基督教中文報紙《真理報》寫作專欄。剛開始，我覺得自己在寫作方面不是有很大的恩賜，從來沒有想過在寫作方面發展，但當時《真理報》的編輯告訴我，他們需要一位牧師寫基督徒如何處理社會議題的文章，問我有沒有意願試一下。就這樣，我就試著寫起來，慢慢地，神給我一個新的服事的場域，我覺得寫作是牧者應該有的一種習慣。

從一家報紙開始，後來有很多基督教機構和媒體，如《大使命》期刊等，邀請我寫一些關於信仰與文化、社會、民主、自由等方面的話題。比如，我雖然離開香港很久，但香港的一些基督教機構和媒體注意到我的文字，向我約稿，我就給香港的《時代論壇》寫稿。

我不認為自己在寫作上有很多恩賜，最初我當加拿大教牧同工團契的秘書之動機，乃希望幫助年輕的傳道人在北美的環境中，做服事主的工作。北美華人教會是多元文化背景，有來

自中國大陸、臺灣、香港，和東南亞各國的華裔弟兄姊妹；而在亞洲，無論是大陸還是香港、臺灣，一般都是是「單元文化」的教會。

余杰：我在你的一系列文章中看到堅定的保守主義政治觀的表達，這種政治觀是來自於聖經的。這些年來，我一直在思考一個問題，一個非基督徒有沒有可能是真正的保守主義者？透過你的文章，我大致得出結論：只有建立在純正的基督信仰基礎之上的保守主義，才可能是整全性的、徹底的、自洽的。儘管這樣的表達在日漸世俗化的西方世界是少數，但我們有信心和勇氣說，我們是光榮的少數。

盧維溢：是的，我把自己的寫作定位為基於聖經的、保守主義的寫作，我是從傳統福音派基督徒的立場看同性戀、墮胎、安樂死、毒品等加拿大社會最熱門的話題。很多教會都不敢在這方面發言，但神給我的異象就是要發揮先知的功用。當這個社會大部分人都覺得什麼是對、什麼是錯已經不重要的時候，上帝讓我站穩立場。教會內部很多人說，這個社會就是如此敗壞，你講了也沒有用，大部分人都不聽你的。但我認為，就像舊約中的那些先知一樣，不管有多少人聽，只要是神的話，就要勇敢地講出來。

我不僅在報刊上寫作，電臺和電視臺的一些公開討論的節目，他們邀請我，我也願意去當嘉賓，與不同意見的各方討論。近年來，加拿大通過同性戀婚姻合法化法案，如果基督徒不去申明自己的立場，教會的教導就在現實世界行不通，下一代的基督徒甚至喪失聖經的立場。所以，即便我的表達，聽的人不多，有人說是白費力氣，但這是神給我的崗位，不管多少人聽，不管多少人讀，如果是對的，我就繼續寫、繼續說。

我多次在在溫哥華的中文傳媒上，就安樂死、大麻合法化、賭博合法化等社會議題，代表「基督徒社會關懷團契」，發表公開聲明。我還在新聞中接受採訪，在基督教之外的媒體上表達從信仰中生發的立場。雖然基督徒的保守主義在北美不容易持守，但我願意堅守下去，神給我的使命和冠冕，超過人對我的讚賞。有時我也會覺得孤單，保守派在加拿大，特別是溫哥華，少之又少，連白人都覺得傳統的道德觀念不需要了，這個時代再也不需要聖經中的教導了，那是落伍的陳規陋習。但我認為，作為教會的牧者，不管多少人同意你的看法，一有機會發言，就儘量使用這樣的機會。

余杰：很多時候，基督徒立場的邊緣化，是「自我放逐」的結果。我們更要抓住一切機會，不厭其煩地、甚至苦口婆心地表達我們的觀點。我相信，你的很多文章發表之後，都會引發爭議。你可以介紹一下讀者的回饋嗎？

盧維溢：讀者對我的文章有各種不同看法。一般的華人基督徒，即便不同意，通常不會高調批評。有一次，我寫了一篇提醒公眾警惕關於伊斯蘭教在北美擴張的文章，有一兩位讀者打電話給《真理報》，認為那樣寫，恐怕伊斯蘭教徒對《真理報》、對基督徒的印象會不好。也有伊斯蘭教徒表示不滿，認為不應該刊登這類所謂「激烈」的文章。但編輯沒有聽他們的話，讓我繼續發表文章。還有一次，我寫到臺灣的競選和馬英九的當選，涉及到藍綠之爭，《真理報》編輯組曾討論該不該發表這篇比較「政治性」文章，最後還是發表了。我認為言論自由是不可撼動的基本價值，但在當下的西方，言論自由是不公平的，大家普遍害怕黑暗勢力，傳媒大都不敢輕率地談及伊斯蘭世界一些惡劣的現象，比如歧視婦女、一夫多妻等。

余杰：在言論自由的西方社會，實際上存在著必須符合「政治正確」的「潛規則」。保守主義的立場天生就是「政治不正確」，持守這種立場需要另外一種勇氣。比如，在經濟學界，海耶克從二十世紀上半葉就反對計畫經濟、反對大政府、反對過度福利主義，結果被孤立長達半個世紀之久。直到上個世紀八〇年代，主流知識界仍然認為蘇聯會在冷戰中獲得勝利。海耶克卻堅信，計畫經濟一定會崩潰。直到他的晚年，才親眼目睹蘇聯的崩潰，他的預言變成現實。評論今天的中國同樣如此。

在孤獨中堅持自己的立場，需要馬丁‧路德的勇氣。討論西方社會所謂「多元主義」也是如此，用中國基督徒學者沈陽的話來說，在多元之上應當有「正義一元論」。沈陽認為，一元多樣主導下的多樣格局的正義秩序是一個既自由又有秩序的社會，一個既民主又能保障高效運轉的社會。建國之初的美國便是這樣一種以廣義基督教為價值根基的公民社會，「基督教倫理為整個國家提供一套制度規則的正當性基礎，基督教會為國家和政府源源不斷地輸送合格公民和優秀的國家領導人。」[3] 從這個視角，可以進一步討論當代西方社會「一元」與「多元」對峙的困局，以及基督教如何在一個後現代社會中持守古舊而彌新的真理。

盧維溢：是的，基督徒的言論自由在西方世界日漸受到打壓和限制。基督徒若不警醒，會和其他人一樣受到主流文化影響。現今歐洲和美加的主流是多元主義文化，這種主流思想認

---

3 沈陽《基督教正義一元論的實現》，見沈陽《正義一元論》，武漢大學出版社，2012 年第 1 版，第 103 頁。

為：兼收並蓄、百花齊放，其後果一定是好的。多元主義不僅在人們一般生活中表露，成為「文化多元主義」，更在宗教意識上產生「宗教多元主義」、直接打擊宗教信仰，值得信徒留意防範。

這些思想模式，不僅深深地控制著歐美的學術界和平民百姓，有時甚至影響不少歐洲和北美的基督徒，將信徒的信仰潛移默化。例如，現今世代極多人不能相信基督耶穌在《約翰福音》所說的「我就是道路、真理、生命」，覺得這句話太「絕對、單元、唯我獨尊」了。最令人惋惜的是：連自稱是基督徒的人也不抓著耶穌基督這句話的真正意義。美國一個基督教研究所作過調查，發現美國福音派信徒有一半以上不會堅持「絕對真理」這個信仰立場。加拿大也是類似的境況，接近四分之三的大宗派基督徒居然同意「所有宗教都是殊途同歸」，甚至保守的福音派信徒中也有百分之四十五的人認同。這些數字很實在地反映出北美基督信徒不能持守主耶穌這句話的真正意義，跟隨世界潮流走「宗教多元主義」之途。

「宗教多元主義」提倡的有三個重點。第一，是任何一種宗教不可能是全部真理，兼收並蓄所有宗教肯定是好事。第二，鼓吹各個宗教大家合作、對話，以達到彼此之間有瞭解、和諧的關係，甚至走「殊途同歸」之路。第三，相信真正的宗教自由是看所有宗教為平等，所以各個宗教要學習彼此「容忍」，因為沒有一個宗教比其他的更好、更對。

我認為，信徒要留心多元主義所產生的不良影響，以下幾點希望有助基督徒對此命題的覺醒：第一，在知識論範疇，基督教的聖經不是絕對真理。第二，信徒對聖經的話語產生越來越多懷疑，以至不敢對聖經教導和關於宗教的歷史事件作肯

定的評論和公開發言。當信徒的世界觀越來越模糊不清時，哪裡會有勇氣為聖經真理作見證呢？第三，衝擊基督徒的道德底線。這種意識形態的一個後果是一切事物沒有什麼對與錯、好與壞的標準，人們不再需要認同、持守任何先賢和宗教所傳授的道德標準。例如，基督徒若要尊重其他宗教、不能評論伊斯蘭教或摩門教的多妻傳統，要尊重他們的道德立場，那麼為何要理會其他人的道德問題呢？難怪今天北美的教會也要面對越來越多的離婚、家庭破裂、年輕一輩濫用毒品、性濫交沒有不妥、全方位的道德操守問題。

余杰：生活在北美這個富足而自由的地方的基督徒，包括華裔基督徒，仍要面對巨大挑戰。儘管這裡沒有中國專制政權的迫害，不會有警察上門騷擾教會，但世俗世界的干擾和侵蝕，是另一種對信仰的考驗。基督徒如何抵擋這種「宗教多元主義」的負面影響？

盧維溢：首先，在思維上，基督徒要肯定《約翰福音》表明的耶穌身分的獨特性，正因為其他宗教沒有如此獨一無二的宣稱。再者，更要確認《使徒行傳》中這句經文的意義：「除他以外、別無拯救·因為在天下人間、沒有賜下別的名、我們可以靠著得救。」基督復活更是其他宗教缺乏的信義。

其次，要肯定信仰有其群體性內涵和實際生活方式，絕對不只是個人的事情。不單要在教會中履行自己的位分、也要為基督的緣故在社會中作見證。信徒本身可以藉著自己的職業和人際關係去表達基督教信仰的內涵和立場，更可組織獨特的專業團體去抗衡世俗潮流的勢力。信徒的使命感不單只落實於教堂的範圍之內，更要在傳媒、學校、法律界、普遍社會層面中彰顯。

其三，在教會而言，宗派之間要避免「各家自掃門前雪」，要有彼此守望的眼光，並且教導信徒有「天國」意識，這是耶穌基督在福音書明顯的信息。要抗衡敵對聖經教導的世俗潮流，眾教會和普遍信徒需要有廣闊的眼界、認識清楚現今世代的危機，同心合力去努力為主工作、將福音傳到萬民中。

余杰：當教會變得跟世界越來越相似，比如，世界上講求成功，教會中也宣揚成功神學，信仰的根基就動搖了，信仰的本質也被掏空了。以你多年的牧會經驗，你認為如何在教會裡展開持守真道的教導？

盧維溢：牧者要多講公義的問題。華人教會中，對神的愛講得多，卻甚少講公義這一面。我會較多地講神是公義的神，以保持愛與公義的平衡關係。

我們需要回到聖經之中。在美國和加拿大，教會和基督徒最大的問題，是很多神學教育和牧師教導，不再堅持聖經的權威，不再堅持聖經無誤論，這樣必然影響基督徒生命的成長。很多基督徒認為聖經在生活中沒有多大作用，乾脆不談。我認為，這不是純粹的神學問題，若不堅持聖經權威，什麼事情都可以做，就沒有對錯的判斷標準了。

以前不對的事情，現在整個文化的氣候改變了，基督徒的看法也改變了，在教會中就很難堅持符合聖經真理的教導。比如，男女關係、婚姻、孩子的問題，一些保護動物的人主張貓狗的生命與人的生命同等，我們如何回應？很多基督徒很難勇敢地面對。問題的根本就是在教會中沒有思考和討論聖經的權威。許多教會，隨便搞大型聚會、大型佈道會，在牧養方面卻不能真的堅持符合聖經真理上的教導，面對很多社會問題，不能有肯定的從聖經而來的看法，很多信徒對此也缺乏認真的思

考，無法建立鞏固的神學根基。

下一代教會如果要保持傳統的基督教的信仰，最起碼的要從宣講從聖經的無誤論開始。不然，很多教會都會變成另外一種自由派教會。

永遠不放棄翻轉文化的「大使命」

余杰：基督徒無法即時回應社會議題，跟沒有在教會受到整全性的真理的教導有關。平信徒得不到整全性的真理教導，是因為牧師在真理和知識上存在缺陷。斯托得在《當代基督教與社會》一書中指出，現代倫理問題越發複雜，很多基督徒不作回應，是不瞭解、不思考。他批評說：「有些基督徒容易不用大腦，對這些問題或許無法瞭解，也可能不想去面對，於是乾脆否認其存在。……這種態度便是對複雜的問題敷衍了事。」[4]

盧維溢牧師在城市宣教大會上發言

我想強調的是，許多牧師都需要補上公共神學這一課，或者神學院裡應當增加這類課程。

盧維溢：當下最大的麻煩不是神學院不知道有此需要，而是神學的課程不會認真詳細討論基督徒在社會中作見證這

---

4 （英）斯托得《當代基督教與社會》，臺灣校園出版社，1994 年第 1
版，第 62 頁。

議題：怎樣參與、參與到怎樣的地步。神學院沒有培養出願意盡力解決這些問題的新一代傳道人。如果神學院設置了這些課程，對教會、對基督徒在社會的整體見證，會有很大作用。最近幾年，我跟神學院以及神學班的同工，神學院的院長、系主任，都曾談到這個問題，希望他們在神學訓練上，補上基督徒怎樣承擔公共角色這一課，而且要放在每一個神學生的課程中，作為必修課。下一代的傳道人就能面對社會全面的變化，下一代的教會就能成為時代的先驅。

關於政治參與的問題，教會直接參與則不妥。太直接參與，會受政府的干預，給教會帶來很多麻煩，教會內部也會有紛爭。基督徒的政治參與，應該是基督徒個人的參與。但是，作為教會的牧者，應該對社會政治議題作一些引導性的建議。比如，基督徒如何投票？作為牧師，我不會直接說，你們要投給某黨、某人，但我會教導會友在投票前作起碼的考慮，從參選者本身的抱負、對社會議題的看法、對國家政策的闡述、對宗教自由的關心、對道德、對人權等，是否有清楚的認識，跟基督教的價值關係是怎樣的？是相同的，是近似的，還是不同的？如果是不同的，距離有多大？是不是對立的？在詳細瞭解和考慮之後，再投票。不是單從他是不是一個基督徒來決定是否投票給他，而應當從參選者的政綱對整個國家、對本地區的人，是不是公平的、有益的來判斷。也要看他們的政策對整個國家的宗教自由是不是正面的。要從這幾個方面來決定，來投票，或不投票。這就是我在教會的基本教導。

再比如，加拿大保守黨削減政府規模，奉行小政府的理念，減少開支，政府機關減肥，裁撤海洋管理部門。在首都，有一些政府部門，擁有兩、三千名政府雇員，最近一年，保守

黨政府宣佈讓大量雇員提早退休，這些職位不再招聘新人補充。小政府顯然是比較符合聖經的理念的。

余杰：在英語國家中，加拿大繼英國、澳大利亞之後，迅速走向世俗化和自由化。政府往左轉，慢慢影響到基督徒的日常生活。這個過程，基督徒似乎束手無策。如果要改變這種趨勢，首先就要在選舉上表明基督徒的價值觀。我想，這也是你重視選舉問題的原因吧。

盧維溢：我不久前寫了一篇題為《從信仰角度看卑詩省選》的文章，討論當地的基督徒如何看待選舉。

首先，我談到財政問題。大部分選民只關心財政問題：政府如何減輕收入和銷售稅、如何使用納稅人的金錢、官員有沒有貪汙、財政預算是赤字抑或有盈餘。從政治理念來看，新民主黨（NDP）主張大政府主義，權力範圍越大越好，喜好無事不管，後果當然是高稅率和龐大開支；其對手卑詩自由黨（Liberal），則較提倡大企業和自由市場經濟，後果應是令私人商業蓬勃，營造出一個樂觀和有利的社會經濟環境。

我又談及「倡導美善事」。對基督徒來說，政府不單要在理財方面有量入為出的智慧，更該重視倡導美善的事、打擊罪惡、警惡懲奸。同時，更要有堅定的公義原則，「公義使邦國高舉，罪惡是人民的羞辱。」尤其對大麻和毒品問題、學校性教育等議題，均要在公義原則上站穩。

關於大麻和毒品，作為一個良好政府，要立法明確地指出，服用大麻和毒品此等物品會危害國民的身體健康。一個負責任的政府，更不會因為一些壓力團體製造聲勢而隨便妥協，當以國民健康為首要，不可以收稅大於一切而改變立場；同時，要鼓勵執法機關，努力依據法律辦事。從政黨領袖的言論

和過往業績考慮，卑詩自由黨領袖和當中較多成員均主張對毒品和大麻不妥協，且要嚴厲打擊。相對而言，新民主黨絕大部分黨員則主張放縱的立場，只重視將大麻合法化而增加稅收。

在教育下一代上，政府可以在教育政策和執行上給予教師工會指引，並運用財政鼓勵國民生養，以及願意花時間教導兒女，尊重和確認傳統家庭是穩定社會的基石。在這議題上，新民主黨並不贊成家長在家裡看管和教導兒女，卻倡導「國家托兒」（National Day-care），由國家執行中央主導計畫去教育兒童，典型是社會主義和共產主義的色彩。反觀卑詩自由黨之中，多數有傳統家庭觀念而認同聖經所顯示的倫理道德。

很多人認為「天下烏鴉一般黑」，由誰來當政都沒分別，這是錯誤的觀念。從世界歷史看許多國家，不同的政黨會帶領不同的進程，政策是可以註定國家的興衰成敗。對比非洲許多落後、動盪、生命沒保障的國家，縱有不完美或不滿意的政府，總比無政府較為安定和帶來樂觀的盼望。

余杰：盧牧師，你深受斯托得牧師影響，他的著作也讓我獲益良多。斯托得牧師對二十世紀基督教最大的貢獻，就是他宣揚的「大使命」概念，這個概念被洛桑會議接納之後，改變了教會日漸私密化、封閉化的趨勢，使得基督教重新恢復活力和影響力。這個觀念，亦特別值得華人教會效仿和推廣。

盧維溢：斯托得可以說是福音派基督徒的一代宗師，其美好人生的努力和見證塑造了二十世紀下半葉不同國籍基督徒的普世福音派運動。

斯托得事奉初期，英國和西方世界都被「自由派神學」所左右，有些神學工作者「看風使帆」加入自由派陣營，幸而，斯托得沒有「順應時代」，不但堅守十字架在聖經的教導，更

加成為「保守派」「福音運動」的領袖。

一般基督徒對斯托得的認識只在於他寫的解釋聖經和福音佈道的書籍。然而，他最獨特的地方在於「全人關懷」的神學理念。鞏固他這種理念的一次人生經歷要歸功於 1974 年在瑞士洛桑的「全球福音運動大會」。那次全球福音派領袖大會所研討的核心問題是：面對現今國際間貧窮與發達（富有）的鴻溝，福音佈道的策略是什麼？

起草這次大會宣言的重任落於斯托得身上。他從 1960 年代世上貧窮國家的觀察反省當代福音佈道的策略，思考第二大誡命（愛你的鄰舍）與「大使命」——傳福音使萬民作門徒——的實際關係。他強調，基督徒不能對社會上的事情不聞不問：要關注貧富懸殊、職業道德操守、公平交易和機會、人權運動、政府清廉、政策和法律對宗教和道德的影響等等問題。斯托得對全球福音派的巨大貢獻在於「洛桑宣言」在宣教和社會關懷兩方面的兼顧。

余杰：盧牧師，你生長在香港，也訪問過內地，如今在北美牧會，對華人教會有獨到的觀察和思考，那麼，你認為海內外的華人教會如何持守「大使命」？

盧維溢：最近幾年，我兒子回香港工作，岳母也九十多歲了，每年假期我都回香港一次，在香港停留一個月。我因而認識不少香港的牧者和基督徒學者，尤其是在社會關懷、在公共領域作見證的一些弟兄姊妹，比如胡志偉牧師、明光社等，聽到他們的分享，我很受激勵。

我對中國內地教會的瞭解比較有限。但我發現，在中國出現越來越多以知識分子為主體的教會，在神學研究方面，也出現萌芽。

北京守望教會受逼迫的事情出現後，我和一些海外的弟兄姊妹都簽名呼籲當局尊重公民的宗教信仰自由。讓我感動的是，過去幾年裡，這個教會能繼續持守，影響到新一代的基督徒。他們跟政府有正面交涉，而不是像過去那樣躲藏起來。他們勇敢地為主作鹽作光，在公共領域作見證，在中國教會史上留下值得記念的一筆。

　　上帝讓一大批高級知識分子成為基督徒，他們在社會上有一定的影響力，是教授、記者、律師、編輯等。以前我不敢多往這個方面想，如今接觸多一些來自中國大陸的這類基督徒，讓我深受鼓舞。比如，「六四」之後出現了新一代牧者，有知識、智慧和勇氣，對整個海內外的華人教會都有推動。

　　坦率地說，在 1989 年「六四」的時候，我心中很絕望，祖國居然發生這樣的血案，這塊土地還能有平安和希望嗎？後來，我看到第一代曾見過或經歷中國苦難而現居在北美的傳道人，神興起一批真正悔改的知識分子，讓他們帶領新一代的教會。我在每年記念「六四」時都會想，「六四」固然是一個悲劇，但也是上帝「化妝的祝福」，那些人的犧牲，好像耶穌為人的罪而死，是崇高的，他們自己不一定意識到這種價值，但我越來越看到「六四」背後，有十字架的意味。這二十多年來，上帝讓教會紛紛建立，讓新一代信徒成長起來。正因為「六四」，讓很多祖國知識分子的悔改更加認真、更加徹底。

　　「六四」也讓香港人覺醒過來，帶領很多香港人關心中國。香港對中國民主發展的貢獻，正變得越來越大。「六四」是一個起點。中共儘管想控制香港，但是香港人不會屈服，他們在行動上、組織上、信念上都對中國的民主轉型提供支援。

　　有一次，有一個洋人問我，在渥太華等加拿大的城市，有

很多來自中國的移民，來了三四年又回去了，拿著加拿大的護照，享受加拿大的好處。你用牧者的眼光如何看這個現象？我回答說，即便他們回去做生意，但神也讓他們認識加拿大的社會是怎樣運作的。更重要的是，如果他們心胸開闊，多多少少會聽到基督信仰的信息，會與教會有所接觸，即便不是每個人都信主了之後才回去，但福音的種子，在很多人心中都種下了，發芽的時候，很可能是在中國，在中國成為基督徒。在加拿大幾年的生活經驗，會幫助他們認識教會和基督教的真理，回去對中國教會的發展會有很好的影響。這群人的出現，總的來說是好的，對加拿大好，對中國好，對神的國度也好。

我對中國的期望是，盼望「行公義、好憐憫」不單是華人基督徒所堅持的座右銘，也成為普遍中國人逐漸接納的信念，以至中國人不再懦弱和良心麻木，敢向著無辜坐監的人伸出援助之手，勇於在黑暗的世代裡指摘罪惡，明白到沉默的結果是縱容了太多不義者！

作為牧者，我呼籲華人教會領袖和神學教育工作者：基督教的神學不可缺少一種社會廣度。基督徒的靈命若停留在個人的層面，則很難叫信徒去關懷社會，參與管理大眾的事（政治），在社會議題上為神作光和鹽。從神學家加爾文（J Calvin）、巴特（K Barth）、尼布爾（R Niebuhr）和英美清教徒著作中，我盼望信徒都領略到基督教怎樣影響到歐美社會的民主政治制度的發展。

余杰：趙天恩牧師生前提出「三化」異象，對我最有啟發的是「文化基督化」。寫作是「文化基督化」的一部分。基督徒不能漠視文化，甚至像一些基要主義者那樣反對文化，而要讓基督的道充滿文化、改變文化、翻轉文化。尤其是在中國，

締造出一種新的，有真理、正義和愛的文化形態，是上帝給這一代華人基督徒的使命。

盧維溢：文化是人類在生活上刻意創造或無意形成的一切生活方式、風俗、習慣等，廣義上，任何從人類生活所產生的事物，如語言、宗教、學術、藝術、飲食習慣、衣食住行所產生的模式，都包涵在文化之中。

廿一世紀的基督徒與初期教會的信徒一樣，都要面對當代文化的撞擊。誠然，現今北美基督徒所面對的文化與中國大陸信徒所處的文化環境有所不同，今日與第一世紀羅馬帝國的文化也有極大的差別，但與第一至第三世紀的信徒一樣，這個世代的基督徒也面對相同的問題：如何應付不合乎聖經教導的文化。

過去兩千年裡，基督教在歐美兩大洲不但產生主流文化，同時也曾結合不少當時的「外邦人」社會文化，以至神學家尼布爾[5]在其經典著作《基督與文化》（Christ and Culture）中，提出五種心態和立場：抗衡、駕馭、超越、對等、改變。

綜合歷史和近代神學派別的立場來研究，福音派基督徒比較接近第五種心態，那就是「轉化」。固然，從第一至四世紀，基督徒要採取「抗衡」和「對等」的立場來掙扎求存；在中世紀直到二十世紀五〇年代，歐美社會的確深受基督教所產生的文化所影響，雖然並非一直在控制歐美文化，很多時候的

5　卡爾・保羅・雷茵霍爾德・尼布爾（Karl Paul Reinhold Niebuhr，1892-1971），美國神學家。早年在底特律擔任牧師十三年，此後在紐約聯合神學院任教授。尼布爾試圖將基督信仰和現代政治外交聯繫起來，他的思想影響了美國左右兩翼。1964 年，美國總統林登・詹森授予尼布爾總統自由勳章。尼布爾著有《道德的人與不道德的社會》、《人的本性與命運》等。

確引導當時社會，轉化或改革當地文化，歐洲從封建的帝王政治文化進步至平等民主的制度就是其中一個例子。從中世紀到工業化時代，基督教所孕育的主流社會文化，可以從當代的繪畫、音樂、歌唱、話劇和文學作品如小說中清楚領略。

然而，現今歐美社會脫離了基督教的影響，至於世界其他國家（也許除了南韓）則從來很少受到基督教的薰陶。今天的信徒要明白，以上五種立場有其優缺、可行性和不切實點。教會的宗派歷史已清楚地向我們顯明各類的長短，讓我們明白不能固步自封、墨守繩規而不作明智的對策。

福音派教會原本承襲了改革宗的加爾文神學思想，重視個人的認罪悔改、得救重生的真理。正如尼布爾在《基督與文化》一書中指出，約翰福音多處提及人因為認識神便要改變，從以「人為中心」轉化為「以神為中心」。當社會上越來越多人這樣改變的時候，當地的文化便會轉化。

我認同加爾文派對文化的立場：基督徒可以並且能夠改變社會文化。從加爾文在瑞士日內瓦的成就，到約翰・衛斯理於十八世紀在英國的功業，「轉化派」的推理本來是可以完全接納的，不過，基督徒生命轉化了是否便會對社會文化有一致的見解呢？在改變文化上是否便會有同一的取向呢？社會文化確實是個非常複雜的課題，需要基督徒極其努力來共同面對，透過一起研究、研討、辯論、計畫、決議才會有所建樹。

在現今歐美推崇個人權利、放縱性關係、女權主義者鼓吹婦女生兒育女是過時和老套的世代裡，聖經的教導與潮流文化大相逕庭。今天信徒所面對的文化是蔑視傳統制度和權威、打倒一切宗教的單一嚴謹標準，在歐美國家裡，社會文化更敵視基督教的傳統道德和倫理教導。

余杰：在我看來，兩者的根本分歧是，究竟以人為中心，還是以上帝為中心。在此背景下，普世的基督徒和教會如何面對敵對聖經的文化呢？

盧維溢：我認為，有以下幾個簡略方針可以採用：第一，在教會和家庭中，有系統地教導聖經啟示的世界觀。現今歐美教育制度不再教導傳統道德課題，完全脫離基督教和中國傳統所傳揚的美德人格，兒童和成人每天所吸收的訊息是崇尚個人意欲的放縱而已。

第二，為了活出呼召和聖經的教導，信徒要在職場中發揚基督教精神，包括在電子網絡、娛樂界、媒體、政治、法律、教育、學術、服務行業。若眾多信徒能夠同心合力，相信便能夠成為一種不單是抗衡的力量，還可以進展為轉化文化的力量。

第三，重視民主政治帶來的社會文化，積極參與政府選舉：候選和助選。現今不少社會風氣是因為政治和法律被一些純粹謀求私利的人所利用而形成。再者，基督徒在公眾地方的言論自由越來越受到壓抑，宣教、傳福音越來越被藉法律途徑來禁止。基督徒為了作光作鹽和追求社會公義的緣故，應該重視公民權利和責任，不輕易放棄參與政府的選舉。當今歐美和不少亞洲的文化是鄙視政府和公職人員，不懂得尊重從政的人，特別是選舉出來的社會領袖。基督徒應該懂得如何取得平衡，一方面認定聖經《羅馬書》十三章的教導，政府權力本來是神所賦予，對公職人員要有基本的尊重心態；另一方面，我們則本著舊約《彌迦書》的教導，對政府和社會上不公義的事提出質詢和適當的行動。

余杰：訴諸世界近代的歷史，專制暴政的改變和翻轉，追

求公義的基督徒都是奮不顧身的「馬前卒」。希望未來中國的轉型過程中，中國的基督徒也是如此。

盧維溢：在世界歷史進程中，有三個民眾運動對歐美社會產生極大的影響：十七世紀英國清教徒的政治改革，十八世紀美國獨立戰爭和法國大革命。英國清教徒的政治革命孕育出美國人的革命精神，因為兩者都承受了聖經所啟發的世界觀及自由和平等的意識。

從美、法兩個國家的革命事件，不難發現美、法國民那麼崇尚平等與自由的原因。毫無疑問，當平等和自由這兩種觀念要經過血腥戰爭才能實現，該兩個國家的公民很自然地會以這兩個理想為最高價值標準。這兩種觀念，可以在歐美社會的制度和主流文化中隨處可見。從社團組織的方式、公司的運作、工會所爭取的權利、家庭模式的轉變、性解放運動等等，輕易看見為爭取自由和平等的各種表達方式。

然而，美、法兩國雖然同樣打過革命戰爭，但該兩批革命分子原本對自由和平等卻有非常不同的見解，前者是基督教徒對自由平等的觀念，而後者卻代表著人文主義者對民主的意識，亦即這分別的核心命題在於有神與無神論的權利觀念。

美國獨立革命的中堅分子派翠克・亨利（Patrick Henry）曾如此說：「不自由毋寧死！」但美國獨立戰爭中大多數中堅分子是基督徒或有神論者，他們爭取自由的原動力是一種宗教信念：創造主（上帝）所賜予的生命、自由、謀求幸福的平等權利。

眾所周知，英國清教徒移民北美洲的最大目的是為爭取宗教自由。他們希望不受傳統國教的約束，用創新的基督教會組織模式運作，將教會與政府的關係分開，教會不受政府干預。這是「政教分離」本來的意思，可惜這意念已被今天北美的所

人是被光照的微塵

基督與生命系列訪談錄

謂「自由」派分子曲解了。

余杰：最近幾年，中國學界逐漸認識到英美革命與法俄革命之間的天壤之別。近代以來，中國學法俄，而棄英美，結果暴政越來越暴，人民陷入極權的網羅之中，苦不堪言。如今，我們需要重新梳理英美路徑，以及背後的清教徒傳統。同時，英美系統的國家，也需要重新認識自己的精神傳統，近半個世紀以來，歐美的清教徒傳統迅速邊緣化，這是一個值得注意的問題。

盧維溢：美國獨特之處在於其民主制度之上還有上帝，但法國的政法的基礎卻失去了神。加拿大的民主政制承襲英國的國會制度，憲法於 1982 年從英國倫敦和平地移交至渥太華，加拿大從一個殖民地演變為獨立主權的國家，雖不像法國那樣離棄上帝的程度，但可惜神已不再是以往那麼受人尊重。

在今天的北美，基督徒在公眾地方已經失去了不少自由和平等發言和活動的權利。加拿大一位公立學校教師 Chris Kempling 在私人時間內寫信給報館，發表其對對同性戀弊病的見解，反被教師工會最初判短暫無薪停職，後來更被吊銷牌照，不能再當教師。另外，一位基督徒印刷商因不肯為同性戀團體服務而被判有罪及罰款。在美國，情況也差不多。一些基督徒中學生穿著有警惕同性戀字眼的上衣被校長勒令不准進入學校；在一些公眾地方祈禱或豎立聖經的警世語句也被禁止。

歐美自由平等的觀念發展至今，已經使人們進入盲目崇拜人權——個人權利。人權本身就是個人的選擇和取捨。而這種無窮無盡地追求人權的惡果已經慢慢地顯露出來——人愈來愈自私自利。現今，北美洲的人是世界上最醒覺自己權利的人，但越來越多人完全沒有義務和承擔責任的意識。美加人們高舉

選擇權利，卻不願意承擔自己選擇的責任，特別是錯誤選擇的後果。聖經創世記亞當、夏娃犯罪的那一段故事，其實啟示出一個重點：人若憑著自己自由意志作取捨，違背神的指示，就要自己承擔惡果。

余杰：C.S. 路易斯甚至用「敵佔區」這個嚴重的詞語來形容我們生活的世界。在「敵佔區」的戰鬥，比在兩軍對壘的戰場上還要困難。這場特殊的戰爭，基督徒不可當逃兵。如保羅所說，我們必須打這場美好的仗。

盧維溢：基督徒有義務，不單須要捍衛基督教在社會上應有的平等參與的權利和言論自由，更要令社會人士明白，並且尊重基督徒的立場和權利。為何基督徒不能參政和發表其個人權利的意見？平等原則何在？為何公立學校可以容許同性戀人士隨意去宣傳其立場而其他人卻不可以？同性戀人士不是有特權而其他人卻無？難道他們比較其他人更平等和自由嗎？

基督徒關心世事，乃因為這個鄰舍並非單一個人，卻可引伸到社區和社會，因為舊約時代的以色列人已經引用到社群的層面。這條「愛你的鄰舍」誡命叫神的子民去關懷在社群中發生的事。試想，假如你不關心社群中發生什麼事，你又如何知道那些人需要你去幫助呢？

況且，來到廿一世紀，世界演變得非常快，全人類的聯繫越來越頻密，世界許多事情都會在短時間內影響到我們，不單禽流感、SARS 病毒、金融危機很快可以影響到我們，許多社會運動可以從世界任何一個角落迅速傳到其他地方。基督徒如不留意世事，不單不瞭解世俗思想、以致難以和他人溝通福音信息，更可能導致自己和社會脫節、在職場上不能應付其急速的轉變。例如你察覺電腦科技所帶來對社會大眾的生活習慣和

人是被光照的微塵

基督與生命系列訪談錄

行為有巨大轉變，你便懂得迅速去應變，譬如提早轉行或進修去迎接將來世界的改變。

今天，北美這個曾經是差遣宣教士的基地，教會在社會的「光和鹽」功用日漸失守。究其原因，雖然十分複雜，其中之一是教會不能啟發不信的人怎樣瞭解社會的種種問題，以致不信的人覺得基督教信仰不能幫助他們應付現實生活的種種困難。但如果信徒肯留心世事、瞭解社會問題的核心、能夠理性地表達出信徒對社會問題的正確瞭解，他們便可以幫助親朋好友正確地應付很多難處，不信的親友便對基督教信仰有好感和開放的友善態度。所以，信徒肯留心世事，思想、分析，從而能夠表達對社會問題的瞭解，其結果也會對傳播福音有一定的正面價值。

余杰：盧牧師，很高興能對你作這個訪談，祝福你的牧會和寫作更加蒙福。

盧維溢：我做得太少、太微不足道了，一切榮耀都歸給主。也願華人信徒一同努力、更加警醒，留意社會事情對教會和基督教信仰的衝擊，樂於為神的國和義，在社會事務上表達正確的信仰立場。這樣做也是基督徒生活見證的重要一環，盼望教會領袖們同心合力關心社會動態，為基督在社會中打那美好的仗、作美好的見證。

2012 年秋初稿

2013 年冬定稿

第 7 章

從崇拜柏格理到順服上帝

——《「窄門」前的石門坎》作者張坦訪談

張坦簡介

張坦弟兄，1954 年生於重慶，一歲隨父母移居貴州省貴陽市。小學 5 年級時遇「文革」輟學，打過零工，修過鐵路，後到街道工廠作學徒。1979 年考入貴州大學中文系，1983 年分配到貴州省宗教局，歷任業務科副科長和業務處副處長。1990 年，寫作《「窄門」前的石門坎》，於 1992 年由雲南教育出版社出版。該書被認為是中國大陸首部客觀評價基督教傳教運動的著作，同時也使現已名揚遐邇的「石門坎」首次為外界所知。之後不久從貴州省宗教局離職，作過外企公司總經理，也辦過文化公司，涉及電視、出版、旅遊開發等領域。2012 年 2 月，在辦公室開辦「尼哥底母查經班」，每週接待教會牧師和慕道友，親自端茶送水，2012 年復活節蒙召，由貴陽活石教會蘇天富牧師施洗歸入基督。

採訪緣起

2008 年初，在貴陽朋友約的一個飯局上，我第一次和張坦老師見面。其時，我剛寫完《用生命愛中國──柏格理傳》[1]

基督與生命系列訪談錄

---

1 柏格理（Samuel Pollard，1864-1915），英國衛理公會傳教士。1887 年，抵達中國雲南。1892 年，在昭通負責當地的傳教事宜。1905 年，應苗族一個分支大花苗的邀請，前往石門坎傳教。在石門坎期間，柏格理不但成功的使當地苗民皈依基督教，還在當地建立了一系列的醫院、學校和其他公用設施。他與當地苗民從速記符號中（一說，從苗民傳統服裝的圖案）獲得靈感，為苗語創建了一套被稱為「滇東北老苗文」的書寫系統，時至今日，這套書寫系統仍然被不少苗民使用。他還設法改良當地風俗，引入各種體育、文化活動，使得石門坎這個偏遠苗寨一度成為中國西南部最為先進文明的地區之一。1915 年，石門坎地區流行傷寒，柏格理在照顧病人時不幸染病去世。

的初稿。這本書的前三章，柏格理在昭通的部分，由於沒有找到更多具體的史料，顯得很單薄。

飯後，張坦老師邀請我去他的辦公室。坐下後，他開始在辦公桌的抽屜裡尋找，翻出一冊厚厚的資料交給我看。我打開一看，是我一直在苦苦尋找，由柏格理同工鍾煥然手寫的《中華基督教循道公會西南教區各少數民族信仰基督五十年史》。

由於初次見面，我心中很忐忑，小心地問我可否下樓找複印店複印一份，馬上把原件還給他。張老師回答的很乾脆：「複印什麼？你拿去看，看完還回來就好！」

我大受感動，那是我和張坦老師交往的開始，從此我們成為亦師亦友的朋友。這些年我們一起查經、信主、寫作，加入「石門坎後援團」，力爭為石門坎的苗族同胞做點力所能及的事情。

2015 年 7 月，在成都張坦老師「三白山房」，我和他做了這次對談。2016 年 1 月 7 日定稿。

惶惶舊朝逆子運，文革輟學一少年

阿信：張老師，您是我的老師，我們這些年亦師亦友。因為我們熟悉，採訪您我很可能是最合適的人選，我想這一定是上帝的安排。您寫的《「窄門」前的石門坎》影響了許許多多的人，很多朋友都想瞭解您的人生經歷和信仰歷程。請您先給讀者介紹一下您的父母好嗎？

張坦：我父親張彥夫，四川渠縣人，生於 1920 年。1938 年考上「國立政治大學」，入蒙藏政治訓練班學習。政治大學也被稱為是國民黨的「中央黨校」，1927 年在北伐期間創立，主要是為了培養國民黨幹部，可謂「國民黨的親兒子」。

當時國民政府蒙藏委員會的委員長是吳忠信[2]，他也是蒙藏訓練班教授。吳忠信在中華民國史和邊疆民族史上有其獨特的地位。1940 年 2 月，他代表中央政府赴拉薩主持（也有學者認為是觀禮）西藏第十四世達賴喇嘛坐床大典。

爸爸就是一個普通的農家孩子，沒有任何家庭背景，但是因為學習刻苦，成績好，寫一手漂亮的「館閣體」，在校期間發表的關於內蒙、新疆、西藏問題的文章，事後都被認定具有超前預見性，為此獲吳忠信的賞識，畢業後就留他在身邊作祕書。之後吳忠信任總統府祕書長，爸爸也隨他到總統府，任總統府簡派專門委員。

我媽媽叫胡詠淩，也是四川人。她畢業於重慶教會大學，但不信耶穌。1948 年時，爸爸已經是總統府祕書長身邊的紅人，廳級幹部。按說我父母都很支持國民黨吧，不！他們夫妻同心，認為國民黨腐敗、不民主。媽媽還跑去參加反對國民黨的「反饑餓、反內戰「遊行示威」，爸爸也祕密加入「孫文主義革命同盟」、「新民主主義同志會」，在南京、上海等地掩護過共產黨地下黨員和進步人士。

吳忠信知道我父母思想左傾，但還是很關心他們。離開大陸前，吳忠信送來兩張機票，邀請他們和他一起去臺灣。但是

2　吳忠信（1884-1959，字禮卿，一字守堅，號恕庵。安徽省合肥縣人。早年參與同盟會，1912 年，南京中華民國臨時政府成立時，被任命為警察總監。此後，參與護法運動，任桂林衛戍司令兼大本營憲兵司令。南京政府成立後，先後出任安徽、貴州省主席。1936 年，任蒙藏委員會委員長。1944 年，任新疆省主席。1948 年，任總統府祕書長。赴臺灣後，任總統府資政等職。吳忠信在處理西藏和新疆的宗教和民族問題上有丰富的經驗和卓越的成就，其主要著作有《西藏紀要》等。

他們不，他們要留下來迎接解放！

成都解放時，父母就站在歡迎的人群裡，看著解放軍進城，他們高興壞了！

新政權剛成立那會，需要用人，而爸爸又是蒙藏問題專家，所以很風光了一段。1950 年任二野十八軍政策研究室研究員，正團級。後在西南軍政委員會民族事務委員會當祕書科長，大區撤銷，父母分配到貴州省民族事務委員會工作。

1957 年，我三歲那一年，父親成了右派，加上他加入國民黨時介紹人是三個國民黨中常委，於是被想當然認定為「歷史反革命」，判刑十年。這件事對我們家影響很大，全家三個孩子和我的外婆，都靠媽媽一個人微薄的工資養活。

阿信：那段經歷對您長大後性格有影響嗎？

張坦：我覺得那一時代這樣的遭遇太普遍了，家家都有一本難念的經，所以沒什麼特別大的感受。我小學 5 年級遇上文革，從此長期輟學。去建築工地上打過零工，到磚廠搬過磚，到湘黔線修過鐵路。之後安排到街道合作社翻新汽車輪胎。不吹牛，解放牌卡車的輪胎，我可以用雙手同時滾動四個在地上排起走。

阿信：張老師，這樣說，您是小學五年級輟學，那就是自學成才啊？

張坦：談不上「成才」。那段時間我讀了很多書。那個時候我們家那棟樓——21 宿舍是省政府宿舍中最爛的一棟，住的全是「牛鬼蛇神」。他們之中很多人都富有學識，他們教我讀書，教我知識，每天晚飯後聽他們吹牛就是「我的大學」。最難得的是，他們知道哪些書好，告訴我的許多書我從來沒有聽說過。

1979 年參加高考，我的數學得了 0 分，但我的語文分高，總分上了重點大學分數線。當時妹妹也考上貴州大學外語系，但我們一家父親在勞改農場，母親下放到外地的工廠，姐姐作為知青在鄉下，考慮到照顧妹妹，就報了貴州大學中文系漢語言文學專業。

阿信：請談談您的大學生活。

張坦：大學期間沒有太多值得記憶的事，只是有一件事我至今認為沒有做錯。我們班有四個黨員和一個入黨積極分子，按常規由他們組成班委會。可是這個班委會以黨支部書記為首，做了很多見不得人的壞事，比如告密一些老師在課堂上的「反動」言論，檢舉同學遲到早退和思想問題，在同學中拉幫結派，以助學金脅迫貧困學生成為他們的眼線等。我便組織了一場民主選舉活動，經過小說般曲折情節，重新民主選舉了新的班委，把原先的班委全部選下來。這件事在當年很轟動，學校把這件事上報教育部，上綱上線地定性為新中國成立以來在高校排斥共產黨領導的第一次選舉。這件事對我的直接影響是：畢業時原本留校的，但學校黨委的態度很堅決：留誰都不能留張坦！

1983 年大學畢業，分配到貴州省政府宗教處工作；1984 年還未到一年的大學生轉正期就提拔為業務科分管基督教、道教、佛教的副科長（副處級）；後宗教處升格為宗教局，業務科升格為業務處，我仍是業務處分管這方面工作的副處長。

耀邦新政黯然收，石門書成天路遠

阿信：張老師，您大學畢業，分配到宗教部門工作，做得開心嗎？

張坦：很開心！那時正是耀邦新政時期，中心工作就是「撥亂反正」。你想想，大到國，政治運動的冤假錯案搞得這個國家國將不國了；小到家，用我當時寫的一句詩形容我們家是「三十里地孤鰥寡」。我當時真正認為共產黨是中國的救星，自然心甘情願沒日沒夜忘情於工作。1982 年中國共產黨發佈了針對宗教工作的 19 號文件——《關於我國社會主義時期宗教問題的基本觀點和基本政策》。這個文件是胡耀邦先生親自主持起草，很有水準。當然以現在的眼光來看，有一些侷限，但是他的主要思想，是希望和宗教和平共處的。

參加工作的第二年，我就入黨。宣誓時我很激動，真真實實願意為共產主義奮鬥終身。宗教界在歷次政治運動中被衝擊最多，我們的工作重心就是「落實政策」。我記得 1983 年初到貴州省宗教處工作，就參與平反「楊志城反革命集團案」。在那個特殊的年代，中國內地會[3] 培養出來的楊志城牧師帶領一些人在自己家裡聚會，被打成現行反革命，入獄十幾年。平反「楊志城反革命集團案」時，我發現楊牧師及與他一起坐牢的同工，與絕大多數受到不公平對待的人不同，他們並沒有計較於幾十年的不公平對待，也沒有要求任何物質上的賠償和安置，而是抓緊被耽擱的時間做一件事——傳福音。當時我不懂得是什麼樣的精神支撐他們的行動，但他們的行為帶給我很大的震撼，我從心底裡佩服這些真正有信仰的人。

阿信：那您是什麼時候知道柏格理和石門坎，並興起寫作《「窄門」前石門坎》一書的念頭的？

3　中國內地會，是 1865 年由英國傳教士戴德生發起成立的宣教機構。

張坦：那時剛剛改革開放不久，很少有人知道柏格理（Samuel Pollard）和石門坎。但我因為在宗教機關工作，又負責編輯《貴州省宗教志》，當然得地利之便，從很多內部資料上很早就知道柏格理和石門坎的傳奇，及中國內地會黨居仁牧師等在貴州安順、赫章葛布等地傳教的事蹟。1985 年，胡錦濤來貴州任省委書記。他到貴州的第二天，在接見省政府處級以上幹部的見面會中，竟娓娓談起了石門坎和柏格理。他說：「西元 1905 年，一個叫柏格理的英國傳教士來到貴州畢節地區威寧縣的一個名叫石門坎的鄉村。那是一個非常貧窮、荒涼、艱苦的地方⋯⋯他傳播了科學知識與西方文化，留下了奉獻和敬業精神。」

那天會面時我在場，聽到胡錦濤的講話非常驚訝。那時，貴州幹部中知道柏格理和石門坎的人都少之又少，而且，在絕大多數人的印象中，基督教還是帝國主義麻痺中國人民的工具，是侵略中國的帝國主義別動隊。胡錦濤一個剛來貴州的外地人，一個共產黨的高官，他給予柏格理這位外國宣教士這樣高的評價，我內心非常震動。

漸漸地，國外對石門坎這一基督教歷史陳跡的關注，也悄悄地傳到國內。美國人類學家路易莎（Louisa Schein）贈送了一本英文版的《柏格理在中國》，由柏格理次子沃爾特‧柏格理所寫，也由蘇大龍先生翻譯，作為省民研所內部資料印出來。少許的介紹石門坎和柏格理和石門坎的文章，也陸續見於報刊雜誌。

想去石門坎的人不能去，我卻天生有這個便利。石門坎和中國內地會傳教的烏蒙山區就像磁鐵一樣吸引著我。沒有領導要求，我自願跑到烏蒙山深處去做各種調研。我跑到納雍縣調

人是被光照的微塵

基督與生命系列訪談錄

研，以扶貧名義在宗教科辦公室裡面搭張床待了一年；我還跑去赫章縣，在一個不通路、不通車的村子裡住了一個月。知識分子作學問靠大腦，我寫書則是「體力勞動」。

在《「窄門」前石門坎》的後記中我寫到：「筆者頭圍偏小，大腦不發達，於是揚長避短，傾力於田野採集工作。雖然現今有眾多先進手段獲取資訊，而且時下流行的文化理論鄙視這種原始的「體力勞動」。但筆者冥頑不化，仍願自討苦吃，一味我行我素。曾拄拐杖、背乾糧，八十天環山（烏蒙山）旅行。晝行夜伏，甚至風雨兼程，訪問於教牧教徒，人謂之『行腳僧』。也曾於烏蒙山中蹲點一年，扶貧問苦，走村串寨，與苗族群眾（主要是基督徒）同吃同住同勞動，人或戲謂『傳教

在烏蒙山區調查

士』，愚者千『力』，必有一得。多年艱辛『體力勞動』的收穫，便是自謂知道了一件事——石門坎；認識了一個人——柏格理……」

我寫柏格理的另一個原因是大約從 1982 年開始，國內的宗教政策發生變化。工作的前幾年，我是真的很喜歡、很熱愛這份工作。我認為黨的宗教工作就是真心實意地和宗教界人士交朋友，為他們服好務、排憂解難；我也的確是這樣做的。但是，慢慢地，我發現宗教政策越來越要求我們去防備宗教界人士，特別是那些有真正信仰的宗教界人士。這樣，我做得越來越無奈，越來越不開心。

舉個例子，我那時分管的有佛教工作。有一個明照法師，是太虛的弟子。但是他後來還俗了，和政府走的很近。宗教界的人一旦和政府走的很近，就必然和大量的信教群眾走得很遠。那時他正在籌備省佛教協會，我們宗教局領導的意

見是，這個人聽話，省佛教協會會長就是他。我不同意，我公開堅持我的意見說，這個人不能當省佛教協會的會長，佛教協會的會長必須由僧人來當。為這件事我和領導鬧得很僵。不過報上去後上級採納的是我的意見和我提的人選。

又比如貴州有了老基督徒叫安寧，他本來是水西彝族土司的公子，五〇年代考上北京大學，在王明道的教會受洗。王明道被抓起來之後，公安也把他抓起來，逼迫他在群眾大會上公開控訴王明道，以此作為釋放他的條件。在群眾大會上，他

勇敢地站起來，說王明道牧師並沒有做任何不好的事。結果安老在獄中待了二十幾年。從監獄出來，安老已經變成一個中年人。但從那時起，安老又開始偷偷地傳神的道。有一次他被公安抓起來，我們與省公安廳在討論他的案情時，我說，現在黨的政策要求我們依法辦事。安寧是「自由傳道」，但他沒有犯法。既然要依法，就不能說想抓哪個就抓哪個。最後討論的結果是不再追究安老的刑事責任。

1989 年之後，氣氛更加壓抑。就在這時，雲南教育出版社委託西南師範大學張詩亞教授主編一套《西南研究書系》，他找到我，希望我寫一本。我立即想到要寫石門坎和柏格理，於是一口答應。這本書寫得很快，寫得很投入，很有激情。不到半年時間就完稿。當時我有三個問題長期糾纏在心中，不能釋然，於是在書中提出來討論。這三個問題是：

一、為什麼儒家文化二千年未能對苗族實現「教化」，而基督教文化卻能在二十年中就造成整個族群的「皈依」；

二、傳教士並沒有帶來多少經濟上的投資，卻在短時期內奇蹟般創造出「海外天國」；

三、「錫安聖地」石門坎數十年後竟銷聲匿跡，而在同一時期、同一地區、同一族群中傳播的基督教另一宗派卻得以十倍發展。

稿子交給張詩亞，他認為非常好。他參加一些學術會議時，專門拿去給大家傳閱，都說好，但就是出版不了。上世紀九〇年代初那個環境，沒有哪個出版社敢出這本書，也沒有哪個人敢做這本書的責編。雲南教育出版社那時的社長、總編名叫周鳴岐，是一位性格豪爽的重慶妹子。最後她告訴我說：「沒人敢做這本書責編，我來做。張老師，要坐牢我們倆一起

坐！」我很感動。她請求我說：「這本書這麼出很危險，麻煩您在書裡加點馬克思主義思想及與當前政策相適應的一些內容，這樣我們好通過審查。」

人家總編冒著坐牢的危險為我出這本書，我還好意思推辭？所以，細心的讀者能明顯看到，《「窄門」前的石門坎》這本書裡面，有很多地方的內容，很明顯的是勉強加進去的。

《「窄門」前的石門坎》拖到1992年才出版。書出版後，我送了一本給局長。局長給省人大宗教委員會主任楊智光說：「這本書很壞、內容很反動，是在破壞我們的民族團結和民族政策。」我的頂頭上司既然是這個態度，我很快就感受到機關裡「小鞋」的滋味。我是貴州省宗教局業務處的副處長，從前是絕對主力，那時宗教局絕大部分文件都出自我的手筆，但是現在開全省宗教工作會議都不通知我參加；還讓人把我的辦公桌搬出辦公室，摔到走廊的角落。業務上讓我邊緣化，單位裡讓我抬不起頭。

我心裡很清楚，我和這個體制只能說拜拜了。

五宗研盡心難安，窄門卻進查經班

阿信：請您談談您是怎樣離開體制的。

張坦：說來也巧，一次很偶然的機會，我在一次飯局上，認識了華新國際的總裁盧鏗先生。盧先生是盧作孚先生的孫兒。我原先就對盧作孚先生由衷佩服，因此飯局上大家談得很投機。後來盧先生談到公司正在成都籌建一個大型旅遊項目——西南日月城。盧先生說完之後，其他人都說項目好，輪到我說話，我就直言不諱地講說這是我見到的危險性最大的一個投資項目。盧先生很吃驚，問我為什麼這麼想，我也告訴他

人是被光照的微塵

基督與生命系列訪談錄

我的理由。

　　結果沒過好久，盧先生的祕書打電話給我，說盧總邀請我到華新國際在瀋陽的總部去玩。並說機票已經為我買好了。

　　去了以後，什麼事也沒有，就是玩。參觀他的企業和項目。臨走的那天，盧先生找我談話。他告訴我：「我請你到四川華新國際當總經理。我已經給董事局彙報，而且董事局已經同意了！」

　　我大為驚訝，回答說：「我這種人，可能全世界所有工作我都幹得下來，但是最不適合幹的就是總經理。因為我很散漫，而且很沒有條理，也不喜歡管理人。不行不行！」

　　盧先生說：「不要緊。你不會，我們會對你進行培訓。而且，第一，四川公司我們總部不派一個人去，你自己全權組班子；第二，財務你一隻筆；第三，你自己喜歡的事放到一起來做。」

　　那時我在單位正不得志，想想這也未嘗不是出路。於是回答說：「我想像我的確是不合適啊，要不這樣，我給您幹半年吧！」盧先生回答：「你想想，我給董事局報告說，我給我們請來一個總經理，但人家只幹半年，這怎麼解釋嘛！」我說：「好，那我就幹一年！」

　　那時華新國際是新加坡第二大的財團在中國組建的合資企業，在成都投資有錦繡花園、西南日月城，可以說是當時四川最大的外商之一。我從宗教局辭職，就做了這個企業的總經理。

　　一年之後，我申請離職。盧先生請他的助理來成都和我談話：「張坦兄，你為什麼非要離職？你知道不知道，有多少年人做夢都想要你的位置？」

我回答說：「關鍵是我在這個位置上我會害人。我不會幫人啊。而且，坐在這個位置上，對我來說，很可能會誤人啊！」

我這人不具備商業頭腦，也不喜歡經商，這點我還有自知之明。我當總經理這一年，公司主要搞建設，接待政府各級官員，那時我們是四川最大的外商企業，都是政府官員來找我們，華新國際是新加坡企業，因此還接待了來訪的新加坡總理吳作棟。

離開華新國際後，我就和朋友成立了一個影視公司，此後二十年商海沉浮，艱難創業求生存。

阿信：您寫了《「窄門」前的石門坎》，但是您不信基督，卻遍訪各種文化？

張坦：不信。我寫這本書，是心裡佩服柏格理這個人，把他當成一個英雄。我崇拜英雄，僅僅如此。我那時對柏格理背後的信仰和精神力量毫無所知。我也從來不讀《聖經》，有一段時間倒是讀了一點《新約全書》，那也是幫出版社朋友的忙，帶領幾個年輕人編寫《聖經故事》。我帶著編故事的目的讀《聖經》，也真是把《聖經》當成故事來讀，完全不相信耶穌是神。我認為耶穌是值得我尊敬的一個人。

阿信：平時禱告和聚會嗎？

張坦：不讀聖經，更不禱告。《「窄門」前的石門坎》出版之後，常常有基督徒從全國各地跑來找到我，還有從國外來的。他們勸我說：「張坦老師，您既然都在為主做事，為何還不進主的門，信仰基督呢？」

我都會這樣回答他們：「哎呀，你想一下嘛！我要是跑到基督教裡面去了，釋迦摩尼那裡，人家又怎麼看我呢？道家老

子那邊又怎麼看我呢？王陽明他老人家又怎麼看我呢？」

我當時的心理就是這樣，我如果信了基督教，那麼釋迦摩尼、老子、王陽明等人都對我有意見了，是不是？在我心裡，他們都是我的朋友，我必須很平等地對待他們。對各種宗教和思想，我都把他們作為我平等的研究對象。我五十歲時寫的一句詩：「五宗盡研，不入一門」。我總是想在各種文化中找到生命的意義，從未放棄對信仰的關注。我的朋友，五花八門，三教九流，無奇不有。我遍求各位文化：從道教、佛教到特異功能；從諸子百家到易經八卦；從程朱理學到陽明心學；從憲政民主到自由主義……

自蔣介石參拜陽明祠後，我與蔣慶等人是大陸第一批去叩拜王陽明的人。在上世紀九〇年代初就與日本人矢崎勝彥一起，組織召開中、日、韓學者參加的「王陽明國際學術研討會」；在華新國際那一年，我和謝永健、柯雲路一起成立「中國生命科學院」，吸引全國大部分「牛鬼蛇神」。那時，經常有所謂「特異功能」牛人來訪，我就告訴他們：「我不相信神蹟，但我希望看到神蹟。你就在我身上做法吧，我願意以身試法」；我也曾應中國社科出版社宋立道學兄邀請，在貴州組織一堆人，把佛經翻譯成現代漢語，出版了十本《白話佛經》；我親近「當代第一比丘尼」隆蓮法師，拍攝《隆蓮法師與中國女性僧團》系列專題片；親近臺灣華嚴宗掌門人寄夢法師，一同編寫《佛教詞典》；親近紅教祖庭噶托寺法王莫扎活佛、咯噶活佛，拍攝《雪線之上的生命學校》，這是紅教三大密修之一的「扎龍」首次為電視記錄；結緣大善智者何世光老師，拍攝《峨眉十緣》系列專題片；我還去中國道教發源地鶴鳴山投資並組織開發，也曾問道於樓觀台，拍攝《衡山論道》專題

片，兩任中國道教協會的會長都是我的朋友。

那些年我也接觸各種各樣的公共知識分子，瞭解普世價值和自由主義，但我感覺他們沒有根基，說得和做得不一樣，有很多弊病。我遍訪三教九流，雖然個個喜歡，但是沒有一個能讓我全然信服。徒然眼花繚亂，還是沒有找到歸宿。外面看上去轟轟烈烈、熱熱鬧鬧，但我知道的內心，我無法達到我內心希望的那種安靜，就是能尋找到一個寄託，把心安安穩穩地放上去。

儒家、佛教、道教還有那些數不甚數的「學問」，其實從本質上都是靠自己，靠個人的自覺和修行。但是，我就是因為自己靠不住才要去尋找。我無可奈何地發現：凡是人創造的理論都不能得究竟，最後宣告了我文化信仰的破滅。

雖然心裡沒有平安，但我變得越來越驕傲。能和這麼多「高人」稱兄道弟，而且能洞察他們個人的弱點，讓我充滿「知識」上的驕傲，虛榮心得到極大程度的滿足。但是我內在的情況怎樣？我的內心有沒有確據，有沒有平安，只有自己清楚。

2004 年，我五十歲。孔子說「五十而知天命」，但我的內心滿是徬徨和猶豫。這年，我在成都給自己買了一套房子，我給新房取名「三白山房」，寫了一篇「三白山房銘」，刻匾懸於客廳，銘中表露了我「有求無解」的思想狀況，銘曰：

人生半百，始遷新舍；新舍何名，謔稱三白。

首曰白丁，謂吾生平：一怒辭官，獨行窄門；

兩謝主系，不辱斯文；三厭商海，未染雜塵。

往來鴻儒，唯吾白丁。

次說白衣，言我窘境：五宗盡研，不入一門；

踏石門坎，倡鶴鳴山，修宗教志，朝噶陀寺，

頌第一尼，探八卦謎。解有若干，行不一轍，

門外論教，故曰白衣。

再言白癡，慨余本性：喜吉科德，愛梅斯金；

貪夢中夢，戀身外身；只求對錯，不論輸贏；

對上鯁介，對下婦仁；機來不應，無事生非；

嗔權惡貴，白癡不昧。

嗚呼，三白山房，死生道場；山肴野蔌，濃茶淡湯；推窗指月，閉門身忘；有為而為，無住而住；魂不守舍，想入非非；心遠地偏，舍何寒熱？

五十九年求道路，蒙恩只在一瞬間

阿信：我現在還清楚地記得 2012 年初和您見面的情形：正是貴陽最冷的季節，我們偎在您辦公室的電火爐旁，您沏上一壺您學生鍾彬送您的陳年普洱，屋子裡彌漫著一股醇香。當您告訴我您準備去張春雷弟兄家查經時，我的第一直覺是您很可能不會去，或者抹不開面子勉強去兩次。

因為像您這樣待人看似謙卑，骨子裡自認為比別人理性、堅持真理心高氣傲的知識分子，剛開始去查經班聽牧師講道，聽別人作見證，心裡肯定很抵觸。心裡不舒服，還要跑遠路過去，聽一些人講您根本認為很荒謬的事情，肯定幹不了多久。而我在讀聖經《馬太福音》的時候，上帝讓我看見耶穌傳福音的獨特方法。耶穌傳福音，並沒有建立教堂，也沒有在自己家裡開查經班，讓別人跑來查經。耶穌不停地行走：「耶穌下了山……耶穌進了迦百農……耶穌到了彼得家裡……」。我發現了耶穌「送福音上門」的原則。那天，我提議在您辦公室開辦

查經班，就是對耶穌「送福音上門」原則的具體運用。

張坦：過去的十多年，我和基督徒很少來往，也沒有感動要讀《聖經》。最早給我傳福音的是吳彩金姊妹，她就讀於南京金陵神學院。在神學院讀了《「窄門」前的石門坎》，很受感動，畢業後無法忘記石門坎，一個人跑到威寧，跑到石門坎的所在地石門鄉，後聯合一些朋友在石門坎建起一所私立小學「石門坎新中小學」。她找到我並給我傳福音。我很尊敬她，因為我這些年商海沉浮，也從未忘記石門坎。我心繫石門坎，但並沒有為石門坎的鄉親做任何實際的事情。而吳彩金不光是有信仰，而且是「行者」，是勇於把自己信仰行出來的人。這樣的人我很尊敬。

我的大學學弟張春雷不知道什麼時候也信主了，也時常來「厭煩」我；我也認識了貴州活石教會的陳問姊妹和姚勇夫婦，知道他們長期在默默地做孤兒關懷事工，這一切都讓我感到很親切、很敬佩。

自第一次見面後，吳彩金就每天堅持為我禱告。2011 年夏天，我九十一歲的父親病重住院，吳彩金姊妹當時正好在石門坎，聽到消息，她連夜坐火車趕到醫院，與張春雷一起，要在最後時刻帶領我父親信主。父親當時已經連續幾天神志不清，嘴巴和眼睛都一直張開著。吳姊妹到我父親床前禱告後，大聲對我父親說：「張伯伯，耶穌愛你。您信了主，耶穌就領你去天國。我現在帶領您作決志禱告，如果您願意，就請您動一動嘴巴！」

我們所有人都看著父親，他清楚地動了動嘴唇。當時我兒子也在現場，他握著爺爺的手說：「爺爺，如果你知道，你就閉一閉眼睛」，我爸爸馬上閉了閉眼睛。

人是被光照的微塵

基督與生命系列訪談錄

給父親作完決志禱告，張春雷又盯上我。他「欺騙」我：「哥，只有你也決志禱告了，你爸爸去往天家才能得救。」

在他們的「欺騙」、「脅迫」下，我跟著決志，但完全沒有真正地感到內心的渴慕，而是出於孝心——在最危急的時刻希望家父的靈魂有一個好的歸宿。

父親既然已經信主，因此去世之後，盟約教會的一些弟兄姊妹就趕來，用基督教的儀式給老父親作了追思禮拜。看著這麼些和我非親非故的人，忙前忙後地辛苦，而且個個都看上去心甘情願，吃飯的時候，又全部藉故離開了，我心裡很感慨。

之後張春雷約我去盟約教會禮拜。這時我在理性上已經能接受基督教，對它有一種文化上的信任，因為我這些年的摸索，清楚地看出來他們耕的這片地，結出的果子比佛教、道教、儒家、甚至比自由主義都好，而且普通基督徒的愛心讓我很感動。

但我還是很不願意去張春雷所在的教會，這倒不是他們教會牧師不好、弟兄姊妹不好，而是我心中有一個障礙，就是他們教會雖然是家庭教會，但是他們是掛靠在「三自」下面的。我是從宗教局出來的，太瞭解「三自」領導們的信仰情況了。我覺得信仰就必須是很純粹的事情，因此無法完全接受，就總是推脫。

2012 年初，張春雷又三番五次地找到我，說他開放自己家，建立了一個查經班，邀請我去。這下我無法推脫，答應他去。就在這時，你來我的辦公室，我告訴你我準備去張春雷家查經的事，你就和我商量不如就在我的辦公室辦一個查經班，這樣我單位的同事有興趣的也可以參加。一來我磨不開人情（家父的追思禱告與葬禮都是春雷弟兄教會幫助安排的），

二來我多年有一個價值上的思考：基督教的一套道德規範與強大組織最有益改變當下病入膏肓的中國，何不趁此機會接觸教會，利用一下教會達到經世濟民的理想。

於是，在這兩個「不良動機」支使下，我在辦公室開起了查經班。

2012 年 2 月 20 號，辦公室第一次開查經班，我早早把房間打掃得乾乾淨淨，準備好水果、點心，沏上一壺好茶，等大家來。記得那天來的有黃燕明、姚勇、章軍、高冬梅、艾英紅、羅漢果夫婦、張春雷夫婦等。帶領查經班的是貴陽活石教會的蘇天富牧師。蘇天富牧師雖然只有小學文化程度，卻是一位很優秀的傳道人。2009 年，他和仰華牧師（真名李國志，「仰華」的意思是「信仰耶和華」）帶領貴陽幾個家庭查經小組浮出水面，走公開化的服事道路。他們公開租賃辦公大樓聚會，選舉教會執事會，財務透明公開。「活石教會」有許多弟兄姊妹積極參與棄嬰領養、腦癱兒童助養、教授福利院孩子求生本領等社會福利事業，到現在他們已經收養了一千六百多名棄嬰，幫助建立一千六百多個幸福家庭，真正踐行耶穌「愛人如己」的教導。

由於活石教會凡事公開，影響力很大，就招致「相關部門」的密切關注。威脅利誘他們必須加入「三自」，至少也要在「三自」掛一個名，但他們認為，「三自」其實和福音無關，是一個政治組織，過去參加階級鬥爭和政治運動犯過很多錯誤並沒有主動認錯，是為數不多的未「撥亂反正」的機構。「貴陽活石教會」是純正信仰的教會，絕不會為了安全而背離信仰，加入這一組織。

「活石教會」不聽招呼當然屢屢招致有關部門的打壓，但

這樣的教會正是我一直在追求的。

查經班取名「尼哥底母查經班」，出自《聖經‧約翰福音》第三章。尼哥底母是猶太人的官，是猶太公會的成員，也是耶穌那個時代猶太人中有學問的人之一，他追求真理，用理性尋求真理，心裡有很多疑惑。但他怕影響自己前程，只敢夜裡跑去找耶穌，向耶穌請教。尼哥底母的身分、經歷、思想狀態都與我很相似。開辦這個查經班的目的很明確，就是為了收拾我這個「老頑固」。

查經班每週一次，從查考《聖經‧約翰福音》開始。既然屬於教會的查經班，開始還是由牧師帶領唱一首讚美詩；然後給在座的弟兄姊妹自由，由他們主動選擇幾首喜歡的聖歌；唱詩結束，大家輪流讀當天要查考的經文；接著牧師作簡短的分享；然後就是自由發揮。由於參加的很多是文化人，討論的時候話題很廣泛，常常會離題，牧師一般不管，只坐在那裡微笑著聽，看大家交流、辯論，離題太遠、時間過長時，就有牧師或是其中一位參與者出來說話，提醒大家把話題收回來；最後，牧師再根據大家的談話作一點總結。

查經的第一天就起了「衝突」。大家自由討論時，姚勇弟兄談到「十字架」和「復活」。他說：「主耶穌是為了我們死在十字架上，祂的寶血為我們而流，祂的復活也是為了讓我們得救，因此我們必須用愛來回報祂。」我聽了這句話很反感，就公開表明我的觀點，我說耶穌釘十字架這件事我很尊重，但我不認為這和我有啥關係；而且，「死人復活」在我看來只是《聖經》裡面很多個「神蹟」故事裡面的一個，和「變水為酒」、「水上行走」等神蹟一樣，都違背理性，我還無法接受。接著我便亮明立場：我不相信有神，更不相信神蹟；但我

從文化價值上認同基督教，認為基督教是可以救世的工具。

你想，我怎麼會相信神蹟呢？我這些年和天下差不多一半的牛鬼蛇神打交道，看他們裝神弄鬼，可是無法讓我信服。為了證實「超自然」的存在，我多次「以身試法」，可是不管是「大師」，還是「高人」，他們的法力到我跟前全部失靈。

可愛的尼哥底母弟兄姊妹並沒有對我口誅筆伐，他們真誠相信神會改變一切。

我實用主義地吸收福音，當查考到第二章「水變酒」神蹟時，我還暗自笑話。查考到第三章 3 節耶穌對尼哥底母說：「人若不重生，就不能見神的國。」我開始思考「重生」的意義；我發現尼哥底母深夜問耶穌的問題也是我這幾十年來一直在追尋的問題：人如何重生的問題就是人如何找到真理，如何內心得著平安的問題。到第八章「真理必叫你們得自由」，我有所觸動；因為我相信除了靈魂的自由之外不可能還有真正的自由。到十四章 6 節耶穌說：「我就是道路、真理、生命；若不藉著我，沒有人能到父那裡去。」我真正考慮是「我」在利用基督教，還是基督用我作器皿。之後一章耶穌的宣告、信實、勸勉、神蹟、預言，直到在十字架上最後一句話「成了」，我頓時心生太感動——這不是一般人能夠說得出的話，在生命的最後一刻，是人都會感歎人生命的「完了」，只有神子才會慶倖神計畫的「成了」。我將信將疑地相信有神了，但並沒有認為這個神就是我的救主。

我天生男高音，作為娛樂參加唱詩班，第一首學唱《普世歡騰》：「普世歡騰，救主下降，大地接他君王……主愛奇妙莫名」。「主愛奇妙莫名」這句歌詞給我留下了印象。但我仍然沒有去教會參加禮拜。

到了復活節，蘇牧師給我打來電話，輕描淡寫地提到：「明天教會在老幹部活動中心有個慶典，你是否願意來參加一下？」二十年前我就很熟悉這類活動——那時是作為省宗教局領導幹部身分去祝賀宗教界節日。想想第二天無事，剛好那段時間我老母親身體不好，正好明天要過去看她。媽媽住家的地方離活動地點走路差不多 5 分鐘的路程，因此就答應。與太太一起去了，仍然是去祝賀的心情。按照我已往的習慣，我都是坐在最後面一排，這樣方便隨時溜走，不打擾別人。但是那天到了會場，接待的弟兄姊妹看見我和太太非常熱情，專門騰出頭排兩個位子請我們坐。沒辦法，我們只好坐在第一排看演出。節目是照例的唱歌，照例的舞蹈，照例的小品，對於我這個經常組織大型演出的文化傳播公司老總來說，都是些「小兒科」，不值一提。

　　當慶典進入到最後，蘇牧師呼召願意決志的人請到臺上去。就在那一瞬間，我一生苦苦尋求的「神蹟」在我身上發生了。我「不由自主」第一個衝到了臺上，不但太太大為驚訝，甚至嚇了我自己一跳；我「不由自主」淚流滿面，內心充滿喜悅和震顫；我「不由自主」聽到內心的呼喚：就是這個日子！

　　「不由自主」！只有這個詞能夠說明當時的狀態，我相信，這就是歌中唱到的「主愛奇妙莫名」！

　　阿信：那麼，您是怎麼一下子相信「神蹟」了呢？

　　張坦：很簡單。因為「神蹟」真真切切地發生在我的身上。就在我走上台的前一秒中，我還想著演出終於結束了，趕緊回家，可是再後面的一秒，完全出乎我的計畫和預料，我突然做了一件在以前的自己看來完全不能理解的事，淚流滿面地衝上臺去，去相信一秒鐘前照理性還完全無法做到的事情。在

那一刻，主耶穌讓我突破「理性」，真正地獲得了「重生」。奇蹟發生在我的身上，其他的基督教奧祕：「童女懷孕」、「變水為酒」、「耶穌復活」……都變得無比真實！

就在那一刻，我理解了「恩典」。「我能得救是本乎恩」，不是我在尋找，而是上帝在主動地尋找我。

這一年我五十九歲，回首這一生，可不是：

惶惶舊朝逆子運，

文革輟學一少年。

耀邦新政黯然收，

石門書成天路遠。

五宗研盡心難安，

窄門卻進查經班。

五十九年求道路，

蒙恩只在一瞬間。

我曾經是一個驕傲的人，一生如名字一樣盡是坦途：大學畢業第二年當上處長，省宗教局的重要檔案幾乎全部由我起草，貴州省宗教志也由我主持編寫；耀邦下臺後，不爽這個骯髒的政壇，淨身出戶炒了體制的魷魚；到了一個大型外資企業擔任總經理，不爽官商界的一些潛規則，淨身出戶炒了資本家的魷魚；白手起家創辦傳播公司，同時擁有六個電視節目和一份雜誌，幾年內就成為成都最大的文化公司之一；我也驕傲我的才華，二十年前寫的《窄門前的石門坎》，被《基督教與中國社會研究入門》推薦為十本案例作品的第一本（其餘九本均為海外作品），評價為「在諸多範圍佔據第一」；我幫助電視臺拍的片子，隨隨便便就可以拿兩個全國一等獎；貴州大學從建校起從來沒有得到過「全國社科重點專案」，我輕輕鬆鬆就

可以拿回來玩玩⋯⋯

　　從來就是「我」作主、「我」主動、「我」可以，一生沒有求過人。我淡薄名利，追求「真理」，二、三十年浸潤於儒、釋、道各家典籍，與儒、釋、道各家大師均有往還，更有若干奇因異緣為常人所不具，然終於沒有成為其中一家門徒。而短短的查經，薄薄的《約翰福音》，只有大專文憑的蘇牧師，小師弟春雷弟兄，就使我這個驕傲的狷狂之士順服。

　　我相信他們的解釋：「不是我們能，是主能。」是的，不由自主，就是聖靈在我心中動工，就是「主愛奇妙莫名」。

　　2012 年 6 月 23 日，是中國農曆的「端午節」，我在貴陽青岩鎮姚家關小河接受浸禮，正式成為貴陽活石教會會友。二十八年前我剛參加工作不久就知道青岩姚家關，因為這裡是轟動全國的「青岩教案」的發生地[4]。時間也剛好是在一百五十年前的端午節。四位天主教徒羅廷蔭、張文瀾、陳昌品、王瑪爾大就在我受洗的小河邊被砍頭。其中的王瑪爾大只是天主教

4　青岩教案：清朝發生於貴陽市青岩古鎮的教案，是中國的第一個教案，震驚中外。清道光二十七年（西元 1847 年），天主教貴陽教區正式成立，法國傳教士白斯德望任第一任主教。清咸豐六年（西元 1856 年），第二任主教、貴陽小修院院長胡縛理為培養神職人員，選中青岩姚家關並於咸豐九年建了聖伯多祿大修院。貴州提督田興恕和貴州巡撫何冠英聯名向全省官員發出「秘密公函」，明確提出洋教是「異端邪說，最為害民」，該「秘密公函」成為全省範圍內反對洋教的動員令。咸豐十一年（西元 1861 年）端午節，田興恕培養提拔的青岩團務總理趙國澍，藉故抓捕修士張文瀾、陳昌品及教堂管家羅廷蔭。七月二十九日，趙國澍將張文瀾三人綁赴青岩城外謝家坡斬首。路上正遇天主教女傭王瑪爾大在河邊洗衣，也將她抓到刑場一同斬首。中共官方將「青岩教案」評價為「中國人民反對帝國主義文化侵略的愛國主義鬥爭」。

修院的廚工，其時正在河邊洗衣。兵丁押著三個教徒來河邊，王瑪爾大素與兵丁熟識，問「做什麼」，兵丁答以「砍他們的頭」。王瑪爾大回答：「他們只是些小毛頭，還沒有資格為主受死，要砍便砍我的頭」。說完扔下衣物便自動就死，隨即欣然就義。

1909 年 5 月 2 日，教宗碧嶽十世尊羅廷蔭、張文瀾、陳昌品、王瑪爾大四人為真福，他們也成為中國被羅馬教廷封聖的第一批聖人。

受洗當天晚上，想到舊我已死，新我重生，千思萬緒浮上心頭，夜不能寐。我寫到：

王瑪爾大死時的年紀是五十九歲，與我今天受洗「埋葬舊我」時同歲；王瑪爾大遇難的那一天，恰巧是她主保聖女瑪爾大（基督教《聖經》翻譯為「馬大」）的節日，而且我們的「尼哥底母查經班」，這周正好查到《約翰福音》第十一至十二章，她的同名人馬大的事蹟。

這兩個同樣身分的廚娘，並沒有多大的能耐，甚至一字不識，但僅憑信心跟從主，都為主所悅納，主喜悅她們單純而堅固的信心。

這時我數算自己的日子，繞了二十八年一個大圈，不若廚娘王瑪爾大信心半點，真正感受到「知識越多越反動」真實不虛。我感恩王瑪爾大，這個一字不識的廚娘，使我認識「因信稱義」的真理，破解了我的「知識障」，從此也便知道「認識耶和華是智慧的開始」。

我漸漸明白了耶穌對尼哥底母的教導：「人若不是從水和聖靈生的，就不能進神的國。從肉身生的就是肉身；從靈生的就是靈。」（約翰福音三章 5-6 節）

人是被光照的微塵

基督與生命系列訪談錄

對於我們這些有點知識的分子，最大的誤區是「自以為是」，最可怕的罪是「驕傲」，最難的改變是認罪悔改，最遠的距離是大腦到心靈。當蘇天富牧師以「聖父、聖子、聖靈」之名按我入這條「中國的約旦河」時，我彷彿感受到主耶穌的寶血覆遍我的全身，彷彿感受到王瑪爾大在同一條河裡流下的熱血覆遍我的全身，我血脈賁張，豁然開朗——主在我心裡做工。

我，重生了，成為了一個新造之人……

阿信：受洗之後，您覺得最大的變化是什麼？

張坦：2012 年上帝的揀選臨到我之後，驕傲自大的我悄然發生了改變：之前，我有更多的是「我不滿」，現在，我有更多的是「我不配」；之前，我有更多的是「我要」，現在，我有更多的是「要我」；之前，我有更多的是假模假樣的「虛心」，現在，我有更多的是真真實實的「心虛」；之前，我有更多的是「相信自己」，現在，我有更多的是「信靠主」；之前，我有更多的是「恨」和「鬥」，現在，我有更多的是「愛」和「寬恕」。

透過自身的體會，我認為聖靈存在真實不虛，沒有聖靈，我無法解釋我身上的奇妙變化，我忽然發現，大半輩子的生命，其實是在虛空之中；大半輩子的追求，其實是在謬誤之中。

我深深感受到「敬畏耶和華是智慧的開端」（箴言九章 10 節）。於是，我感受到時間的可貴。我放下所有的俗務，在我剩下的生命中，只做主喜悅的事：

第一：倡辦尼哥底母查經班。我是透過尼哥底母查經班這

種形式認識主的，我體會到這種形式向不願去教會和不敢去教會的知識分子傳福音非常適宜。我們應當把這種經驗與大家分享，去倡辦尼哥底母查經班。但是因為我的軟弱，現在真正有成果的只有貴陽和成都辦在冉雲飛家的兩個班；

第二，研究和傳揚「文化基督化」。作為一個中國基督徒，在「背起自己的十字架來追隨主」時，必然要認識到什麼是「自己的十字架」。當前「國家」對教會拆十字架、「五進五化」的行政干擾和「非法聚會」、「邪教組織」的法律打壓（我所在的活石教會就被明令取締，詳見我寫的《貴州新教案》）；「國家」與「國學」聯手導向中華民族走回頭路；教會遊走「三自」、「與社會主義相協調」，妥協於「人」的「愛黨、愛國、愛教」；教會「基督教中國化」的信仰放棄；海內外基督教學者和傳道人將《聖經》附會中國文化、「會通」中國文化的「中華神學」；趙曉裏挾跨「三自」、「家庭」、「海內」、「海外」的龐大團契在民族主義和民粹主義旗幟下的「新三自運動」，都是「人以智慧、聰明、謀略敵擋耶和華」。我認為我「自己的十字架」就是：透過《聖經》的啟示，診出中國文化基因病，使同胞生命翻轉成為肢體；使中國文化植入新基因，得以翻轉和轉型成為神的器皿；使中國社會良性建構，得以復興和發展成為神的國度。為此，我正在撰寫《無天無法──基督教視野下中國文化的基因缺失》；

第三，研究和傳揚中華內地會的傳福音模式。透過 200 年傳教運動的回顧，我發現中華內地會的傳福音模式最有成效。為此，我在墨爾本找到了中華內地會當年的檔案，但因為絕大部分是英文的，對於不懂英文的我無疑天書一堆。於是，我聯絡了六位從事研究中華內地會的弟兄，準備成立「中華內地會

研究中心」來處理這批材料。不料遇到一件荒誕事:「有關部門」在這個中心還未成立便下文取締了這個中心。他們給出的理由是:組織研究不允許,個人研究無禁區。於是,我只有從事「無禁區」的個人研究。我相信這些都是艱苦的工作,可能也是危險的工作,但我們相信耶穌的教導:「在人不能的,在神凡事都能。」

阿信

2016 年 2 月定稿

附：貴州新教案
作者：張坦

一

2015 年 12 月 9 日，世界人權日前一天，在澳洲探親的我從微信上看到：我的教會——貴陽活石教會被當局取締、查封，牧師被推揉呵斥關押拘留，數百弟兄姊妹分別遭到跟蹤、限制自由、遮罩通信、約談、威脅、扭打。過程中執法人員故意用粗暴手段 對待牧師和弟兄姊妹，意圖引發衝突，便於將事件升級好抓人關人，可是牧師和弟兄姊妹回 向他們的只有憐憫的目光。毫無徵兆地，我忠實的瑞士手錶忽然在「9」上停了下來，似乎要將這個日子定格於歷史。

是的，這一天註定要被歷史記住。我只是納悶：為什麼又出現在貴州？

歷史上貴州就是一個教案頻發的「教案省」，近代《北京條約》簽訂後在中國境內發生的第一起教案，就是貴陽的「青岩教案」。事發在清咸豐十一年即 1861 年。是年端午，當地民眾按習俗「遊百病」，路過姚家關天主教大修院門前時，高誦：「火燒天主堂，洋人坐監獄」挑逗，與大修院修士發生爭吵，爭吵後並沒有釀成事端。當時中國處在傳統社會向近代社會的轉型時期，「門戶」逐漸開放，各種矛盾十分尖銳。在此之先，貴陽官方的預備幹部——候補道儒生繆煥章編撰並刊印《救劫寶訓》一書，鼓吹「屏黜異端」，煽動反天主教的輿論。此舉得到貴州巡撫何冠英和提督田興恕的高度重視，二人遂聯名發密函至全省各地方政府官員，要求「對欲圖傳播天主教淆

惑人心者，以外來匪人看待，隨時驅逐，或藉故處之以法。」

青岩團務道趙畏三，本是一介儒生，膝下六子，竟出了四個舉人和一個狀元，算得上是貴州省的「第一讀書人家」。趙畏三以其儒家「衛道士」的本色和「青岩團務道」的本職，立即按何冠英、田興恕的命令，借題發揮，將大修院看門人羅廷蔭、修生張文瀾、陳昌品，大修院女廚工王瑪爾大斬首（四人也成為中國被羅馬教廷封聖的第一批聖人）。

「青岩教案」是之後更大規模的「義和拳案」的預演，它們的模式都是「道統」自居的知識分子作輿論宣導，「政統」的統治階級公開或暗中操縱和支持，「飯桶」的愚民百姓充當炮灰。

基督新教在中國境內發生的第一起教案，同樣也出自貴州。那就是「旁海教案」，事發於 1892 年。中華內地會的澳大利亞傳教士明鑒光在苗族人地區建立教會，支援苗族信徒的正當權利，引起長期壓榨苗民的漢族官宦大戶猜忌，明鑒光因此被會黨領袖許五斤所殺。這是內地會在中國第一個殉道的傳教士，一同殉道的還有第一個苗族教徒和英文翻譯潘壽山（他曾經把四書五經翻為英文和苗文）

「旁海教案」是一起普普通通的教案，本身沒有多少內容供歷史記載，可貴的是這次教案的處理原則首次體現了《聖經》的精神。內地會在貴州安順傳教的黨居仁受命處理本次教案，黨居然仁頂著英國領事館的壓力，堅持不按教案索取賠款，他認為內地會的傳教士是自願來中國傳福音，他們的殉道是光榮的道路，是自己背起的十字架，不應該由「他們所做的他們不知道」的「未得之民」來賠償。這個教案的處理原則後來成為內地會教案的處理原則，後來在義和拳亂中內地會被殺

傳教士最多，但均沒有要求賠償。

在貴州載入史冊的還有開州教案、遵義教案以及「文革」中發生的威寧教案。

與青岩教案和旁海教案一樣，這些跨度一百多年的教案，都有一個共同的結局，那就是它們都得到了政府方面的平反昭雪。我相信昨天發生的「活石教案」也將得到同樣的待遇。此時讓我回憶起1983年我初到貴州省宗教局工作時參與平反「楊志城反革命集團案」的情景——那也是一起教案。楊志城牧師並那些同工與其他受不公平對待者不同，他們並沒有計較於幾十年的不公平對待，並沒有要求賠償和安置，而是抓緊被耽擱的時間做一件事——傳福音。當時我不懂得是什麼樣的精神支撐他們的行動，從昨天仰華牧師面對執法者挑釁而充滿憐憫的目光中，我再次讀懂了楊志城們平安喜樂的生命態度。

二

在前天我發出的《請為貴陽活石教會代禱函》中，我簡單介紹了一下活石是一個什麼樣的教會。作為現在的基督徒、活石教會的會友，曾經的貴州省宗教局分管基督教的處長、長期研究宗教政策的學者，我相信我對活石教會的觀察是比較全面和客觀的。在《代禱函》中我寫到：

「活石教會從成立的第一天開始就不是一個『地下教會』，他們公開租賃辦公大樓聚會，每一次重要活動都向政府宗教部門和公安部門報備，活動公開透明；他們建立並民主選舉了執事會進行事務、財務管理，建立了若干管理制度，管理公開透明；他們多年來主動向有關部門申請登記，主動接受政府管理，組織公開透明；他們有與世界各大公教會一樣的『信仰告

白』，傳播一樣的基要真理，信仰公開透明；他們在教務上獨立自辦，嚴格自傳自養，是真正意義上的三自教會」。

我這裡記載一些我瞭解的片段，用執政黨在十八大上提出的富強、民主、文明、和諧，自由、平等、公正、法治，愛國、敬業、誠信、友善「社會主義核心價值觀」作參照，讓大家看看活石教會是和諧社會的正能量還是非法組織。在活石教會，你會看到很多弟兄姊妹家庭都有帶殘疾的兒童。後來我瞭解到這是教會在政府有關部門許可和支援的情況下， 明會眾開展的棄嬰領養事工。這些棄嬰生活在弟兄姊妹提供的臨時家庭裡，得到很好的心身照料，一直到國家找到正式收養他們的家庭。

多年來，這個專案收養了一千六百多名棄嬰，幫助建立了一千六百多個幸福家庭，也挽救了一千六百多條小生命。在活石教會弟兄姊妹開辦的「愛之家」裡，我們看到福利院的孩子被每週輪流接到這裡，吃一頓熱飯，洗一個熱水澡，理一個髮，換一身乾淨的衣服，感受一下家庭的溫暖，同時學會一些生存技能，以便於長大後在社會上成為一個有用的人。

我見過其中一位身帶殘疾的青年，他六歲時被他的親生父親從四川帶到貴陽火車站丟棄，他因而仇恨社會仇恨人類。是「愛之家」把他收養，作了四次手術使他能夠站立起來，並且教會他做麵包的手藝使得他可以自食其力，最重要的是用愛溫暖了他那受傷而冰冷的心。現在的這個殘疾青年，也把他的關懷送給與他一樣不幸的孩子。

我們再來讀一下 2015 年 4 月 30 日《貴州都市報》《十三年免費訓練腦癱、自閉症孩子──「愛之泉」愛心構築的彩色世界》的報導，這篇報導中說到的「愛之泉」同樣是活石教會

弟兄姊妹所建立的一項慈善專案 。他們用了十三年的時間，為三十多個腦癱、自閉症孩子構築了「愛之泉」。我曾經辦過自閉症幼稚園，知道幼兒是自閉症的最佳治療時間，也知道一個家庭有了一名自閉症孩子就意味從此失去笑容。正是活石教會弟兄姊妹無私的奉獻，給這三十多個孩子帶來希望，也給這三十多個家庭帶來溫暖。

有一次聽到一個姊妹作見證，她說她與先生曾經小有產業，但都熱愛賭博。在輸完所有的財產後，她與先生用最後的錢買了去澳門的機票，帶著孩子一同去澳門作最後一搏。他們的打算是：贏了，贏回原來的生活；輸了，三人一起跳海。就在上飛機之前，遇到了活石教會的弟兄將他們勸回。現在他們一家進了教會，戒了賭博，生活很充實。我還認識一個省級幹部的孩子（他父母與我父母原在一個單位），這個從小無惡不作的「衙內」，完全當得起用「壞透油」來形容。他的母親縫人便痛苦地述說，誰能夠教育好她的兒子並讓他娶上媳婦，她願意為誰做牛做馬。這個弟兄後來進入了活石教會，從此之後戒了菸酒，不再打打殺殺，在單位成為骨幹，在教會成為執事，同時組建了幸福的家庭。他的父母沒有對誰做牛做馬，但心甘情願做了上帝的兒女。

在活石教會中，還有一名參與中國民主運動的人士，他受到過非常多不公平對待：坐了六年大牢、被打殘一隻眼睛、至今仍被監視居住、失去工作機會、失去原有家庭。但就是這樣一位充滿苦毒的人士，他的一次見證讓我熱淚盈眶。當時是共產黨十八大提出依法治國和政治改革意向，在討論到這個消息時他說：共產黨要真心改革，他願放棄一切仇恨，衷心為共產黨祝福。我知道，只有上帝才具有這樣扭轉人心的能量。上帝

正是透過一個一個又真又活的活石教會，在平平凡凡中為中國社會輸送新的價值觀，重建了中國社會失落已久的人心。

三

為什麼這個給社會提供正能量的教會，會被有關部門取締呢？在貴陽市南明區宗教局的公告上是這樣寫的：「經調查，李國志、蘇天富在貴陽市南明區花果園二期寫字樓 C9 棟（貴陽國際中心 3 號）2 單元第 24 樓 8、9、10、11 號擅自設立宗教場所，違反了國務院《宗教事務條例》的規定，依據國務院《宗教事務條例》的規定，決定予以取締。」貴陽市民政局的公告上是這樣寫的：「經調查，「貴陽活石教會」（又稱「基督教貴陽活石教會」、「活石教會」）未經登記，擅自以社會團體名義進行活動，屬於非法民間組織。根據國務院《社會團體登記管理條例》和民政部《取締非法民間組織暫行辦法》的規定，決定對「貴陽活石教會」予以取締。」

從這兩份公告來看，關鍵就在「未經登記」和「擅自」。事實是這樣的嗎？我在昨天講過：

「活石教會從成立的第一天開始就不是一個『地下教會』，他們公開租賃辦公大樓聚會，每一次重要活動都向政府宗教部門和公安部門報備，活動公開透明；他們建立並民主選舉了執事會進行事務、財務管理，建立了若干管理制度，管理公開透明；他們多年來主動向有關部門申請登記，主動接受政府管理，組織公開透明」。成立六年來，八次主動向政府有關部門申請登記。最接近登記的一次，是 2013 年時任貴州省宗教局局長的龍德芳先生親自通知活石教會仰華牧師，說組織登記有困難，在他的任內解決活石教會的場所登記問題，讓活石教

趕緊申報。但我們的申報材料交上去後如泥牛入海。我曾經就此事在一次省、市、區宗教部門對我的約談會上諮詢過貴州省宗教局基督教處處長李偉貴，李偉貴解釋：這是他的個人意見，不能代表組織。但最起碼說明了政府管理部門對待活石教會的問題上，還是有「個人意見」的，而且這個「個人意見」來自於政府管理部門的最高負責人。

為什麼活石教會八次主動向政府管理部門申請登記都不能得到政府的批准呢？關鍵出在是否參加「中國基督教三自愛國運動委員會」這個環節上。按國家現行的政策，只有參加「中國基督教三自愛國運動委員會」才可以合法登記，只有向「中國基督教三自愛國運動委員會」登記才可以在民政部門登記。多年來，各級宗教部門反覆要求活石教會參加「中國基督教三自愛國運動委員會」，並且承諾哪怕是表面上掛一個名都可以承認活石教會的合法性。但我們認為，「中國基督教三自愛國運動委員會」是一個政治組織，過去參加階級鬥爭和政治運動犯過很多錯誤並沒有主動認錯，是為數不多的未「撥亂反正」的機構。作為有純正信仰並且真正意義上的「三自教會」，我們不願參加政治組織尤其是犯過很多政治錯誤並沒有認錯的政治組織，玷污了主的教會的聖潔。同樣，我們也認為把是否參加「中國基督教三自愛國運動委員會」作為是否接受政府領導的唯一標準，是玷污了政府的公義。如果按照取締貴陽活石教會的標準，全國的家庭教會和城市新興教會都在取締範圍之內，這是一件涉及五、六千萬人的大事！作為一名曾經的宗教幹部和長期研究宗教政策的學者，我認為用政治方式尤其是政治運動的方式處理宗教問題是不妥的；作為基督徒和活石教會的會友，我想說我們不懼怕。我們既接受上帝對我們的保佑，

我們也接受上帝允許發生的苦難。

　　附上我為活石教會所寫的歌《活石為基》[5]，正因為我們甘做「血種麥粒」，才換來我們的教會「活石為基」。

2015 年 12 月 10 日世界人權日

5　上帝造這地，天地玄黃顯神機，生生不息，生生不息；聖徒蒙召地，劈開石門慧黔黎，血種麥粒，血種麥粒；主祝福這地，基督救恩傳地極，活石為基，活石為基！（副歌）耶穌耶穌耶穌，在你的愛裡前行，建山上之城，做世上之光，榮耀歸於你。

從醫治身體到拯救靈魂

——武漢下上堂教會黃磊牧師訪談

黃磊牧師簡介

黃磊，祖籍江西玉山，1964 年 6 月 22 日生於武漢，童年時代在南京外婆家度過，7 歲隨父母到武漢。1989 年從湖北省醫學院（今武漢大學醫學院）畢業後，做了一個成功的外科醫生。1999 年升任骨外科副教授。

2002 年初，太太的高中同學從澳洲首府給他打國際長途電話傳福音，經過一個多月的越洋電話，黃磊和太太蒙召信主，並立即開始自帶查經班，一邊傳道、一邊靈命成長。

2003 年 11 月 22 日，和太太同日受洗；2006 年 8 月建立「武漢下上堂家庭教會」；2009 年 4 月 30 日被正式按立為牧師；2012 年獲得美國君司神學院（King's University）教牧學博士。

2008 年「汶川地震」發生後，黃磊牧師參與發起「中國基督徒愛心行動」，5 月 15 日和「武漢下上堂教會」首批八名志工，攜帶救災物資深入地震災區救災；6 月受神的呼召在災區服事三年，聯合國內數百家家庭教會，建立二十多個社區文化活動中心。

黃磊牧師全家福

2010 年 10 月，黃

磊帶領的「武漢下上堂教會」在湖北武漢建立中國首家「愛心食物銀行」；2012 年 4 月，發起「中國基督徒愛心獻血日」，並在全國教會推行，實踐基督「愛你的鄰舍」的教導。

採訪緣起

我首次知道黃磊牧師是在 2009 年，那時我在「汶川地震災區」參與災區事工，多次聽人講起黃磊牧師在災區的事工，還曾專門去他們設在安縣秀水鎮的「社區活動中心」參觀。

2013 年 5 月，在香港中文大學崇基學院舉行的「基督教與社會關懷」學術論壇上，聽黃磊牧師介紹「災區事工」的經驗及「下上堂教會」在武漢成立「愛心食物銀行」、發起「基督徒愛心獻血日」活動的情況，印象非常深刻。

2013 年 9 月，我去「下上堂教會」實地走訪，那天剛好碰到教會有十幾位弟兄姊妹受洗。我親眼見到裝修典雅、寬敞明亮的教堂，及教會為受洗專門設計和定制的「升降式受洗池」。這「受洗池」就建在牧師的講道臺上，平時不用時降在地板下，受洗時升起來，四周都是鋼化玻璃，明亮而潔淨，有水管自動注水進去。

隨著讚美詩的旋律響起，身穿潔白「受洗服」的弟兄姊妹一個一個走進透明的受洗池，全身浸入水中，當黃磊牧師為他們施洗，把他們扶出水面後，整個教會讚美聲、音樂聲驚天動地，彷彿有聖靈降臨……

2015 年 9 月，我去「武漢下上堂教會」對黃磊牧師訪談。2016 年 2 月 6 日該文定稿。

童年的恐懼和外科醫生的繁華

阿信：黃磊牧師，我在微信朋友圈看到《使者》雜誌對您的採訪，感覺很有趣。為什麼？因為我們兩人有一個共同的特點，都是在卅八歲真正開始信主的。我雖然受洗很早，但一直是一個掛名的基督徒，卅八歲到貴州，接觸柏格理和石門坎的傳奇之後，開始寫作《用生命愛中國─柏格理傳》，生命才慢慢地發生改變；而您在卅八歲以前一直是一位在世人眼裡很成功的外科醫生。您信主的經歷真是一個神蹟。您在那篇文章中說自己出生在醫生世家，今天我們的訪談就請您從詳細介紹自己家族開始吧！我們訪談的原則是，您覺得不適合公開的事情可以不說，但說出來的必須是真話。因為主耶穌教導我們：「你們的話，是，就說是；不是，就說不是。」

黃磊：我祖籍江西玉山，爺爺是那個時代玉山的四大名紳之一，有很高的社會地位。我父輩裡面出了幾位很有名的醫學人才，其中最著名的是我的堂伯父黃家駟，他 1906 年出生在江西上饒玉山縣，1933 年畢業於北京協和醫學院，獲醫學博士學位。1942 年成為庚子賠款最後一批留美學生，到美國密西根大學研修胸腔外科，是美國胸腔外科學會創始會員。

留美期間，他還擔任密西根大學中國留學生會主席，每兩周組織一次中國建設討論會，立志學好本領，報效祖國。1945年第二次世界大戰結束，他不為美國優渥待遇所動，回到祖國，決心為開創中國的胸外科事業披荊斬棘。他迫不及待搭乘太平洋上第一班通航的美軍運輸機回國。三天三夜的顛簸飛行，在印度轉機時行李丟失，但完整無缺地帶回整套開展胸外科手術的器械設備，成為中國胸外科的創建者。

我堂伯父給毛澤東和鄧小平都做過保健醫生。1958年創建中國醫學科學院並擔任首任院長，1960年，主編的《外科學》正式出版並多次修訂再版。1984年更名為《黃家駟外科學》。這本書現在還是醫學院校的教科書。1979年，堂伯父榮獲美國醫學會優秀醫學教育家獎。

我伯父黃嘉裳也是國內知名的耳鼻喉科專家。我父親叫黃琪裳，在上海同濟醫院工作。1950年代為支援內地，父親隨單位遷到湖北，進入湖北醫學院學習後成為該醫學院（現武漢大學醫學院）外科教授。我媽媽是南京人，1961年父母結婚後夫婦兩人都在湖北武漢工作。

我出生於1964年。由於父母工作很忙，我的童年時代大多時候是在南京外公、外婆家。

我在南京生長的家庭環境很特別，江山鼎革前，我外公是國民黨軍隊的高階軍官，外公因為軍階很高，國民黨政府給他們全家人都訂了機票去臺灣。但由於我外婆當時正懷著我家三舅，行動不便。於是全家留在大陸。

外公心想，不管是誰坐江山，他都可以靠做生意謀生，做生意，在哪個朝代都可以做。

後來，他被劃為國民黨特務，抓起來坐牢。但外公很有智慧，新政權只知道他是國民黨的一個軍官，查不出來具體身分，既沒弄清他的級別，連他的真名都沒查出來。

如果他的身分和軍階被查清，那恐怕就沒命了。命雖保住，但在五〇年代到七〇年代差不多二十多年的時間裡，幾乎是只要有風吹草動，他就是個名副其實的老運動員。（編按：每次政治運動都是受害者）

我從有記憶起，就對什麼叫「紅色恐怖」有深刻的體會。

我記得我們家是被周圍鄰居嚴密監控的。我們家任何時候只要有人來串門，馬上就會有鄰居去報告；有時候客人剛走不久，我外公就被拖出去批鬥、遊街。

我記得最恐懼的有好幾次，深夜全家人正在睡覺，突然有一大幫人在門外捶門，甚至有一次直接把門撬開，衝到房裡，這些人像抓特務那樣，用手電筒在屋子的各個角落、床底下照來照去，看有沒有人藏在那裡；還要把收音機旋鈕打開，檢查有沒有偷聽敵台。

小時候，我的一個舅舅非常喜歡無線電，自己安裝收音機沒事拆開裝上，裝上拆開。我外婆成天為這個事情焦慮。為什麼呢？擔心他不小心把波段台放在外台上面，萬一被破門而入的人檢查發現，就會給家裡帶來滅頂之災。

那時我年齡小，還搞不清這到底是怎麼回事，但是經歷這樣的半夜突襲，內心深處感受到極大的恐怖感。我特別理解一句話，就是美國總統羅斯福說的：「人有免於恐懼的自由」。

後來，大約是在 1980 年代讀中學的時候，從一本書裡面看到在美國自由女神像基座上，刻著的猶太女詩人艾瑪的那首詩：

請把那些困苦流離的人，
那嚮往自由呼吸，
在你們富饒的岸邊被無情拋棄的人，
在驟雨暴風中翻覆驚魂的人，
全都給我吧！
我在金色的大門口，高舉著明燈！

我讀到這首詩後熱淚盈眶，非常感動，激勵我長大成人後一定要追求「免於恐懼的自由」。從那時起，我心裡就有了一

個夢想：將來有一天，我要坐船去美國，從紐約港自由女神腳下坐船進去。我沒有想到要移民美國，到美國不是我的願望，我是憧憬像歐洲當年的難民那樣，坐船進紐約港，擁抱自由！

感謝主，長大後我去美國，特地跑到紐約港，搭輪船從紐約港進去，也多次到自由女神所在的小島上，在那裡流連忘返，禱告默想。求神抹去我童年時代的恐懼，賜福給這個世界，讓所有的人都享受到「免於恐懼的自由」。

七歲那一年，我離開外婆家，到武漢上小學。我從小特別喜歡讀書，從小學的我就開始看很多禁書，甚至是在一套《基督山伯爵》（基度山恩仇記）可以換一部新的鳳凰自行車的情況下，就開始看這樣的書。我為什麼能看到這些書？我同學的媽媽是圖書館的管理員。「文革」期間圖書館不對外開放，但是藏書還在。

我那時候沒有接觸到《聖經》，但現在回想起來看的書很多都和神有關。一個是托爾斯泰的小說。現在明白托爾斯泰的作品都和信仰有關，當時不大看得明白，但是印象還是很深刻。杜斯妥也夫斯基的書籍，《卡拉馬助夫兄弟們》、《罪與罰》等等我也看了很多。

那一段時間，我對蘇俄的東西特別感興趣，我在郵局訂了《蘇俄文學》雜誌，每期都看。法國作家我喜歡雨果和大仲馬。雨果的《悲慘世界》使我對恩典有了初步的印象和理解。

書中尚萬強偷了神父的銀餐具以後，神父不僅沒有告發他，反而當著警察的面幫他隱瞞。尚萬強因此改過自新，又轉過來用服務回報社會。這感覺這跟《基督山伯爵》快意復仇的故事完全不一樣。

在武漢，我家住在湖北醫學院（現在的武漢大學醫學院）

裡，我爸爸是外科醫生，可能是家庭出身的原因，他平時話少、極其謹慎，口很嚴。我從小在醫學院長大，加上家族淵源，因此很小的時候，覺得人生理想就是和父輩一樣，長大後學醫、從醫，就是這條路。

1984年我心想事成，考入湖北醫科大學臨床醫學專業。我的太太黃自力是同班同學，湖北恩施人。我們在學校相識、相愛，兩人學習又好，人緣也好，屬於招人羨慕的「神仙眷侶」。

1989年大學畢業，系裡把最好的去南京鼓樓醫院的兩個名額給我和未來的太太。由於我小時候生活在南京，對這個新工作充滿期待。那一年，由於畢業實習非常忙，每天進手術室，我倒是沒有參加過遊行，畢業分配仍然受到影響。六四之後，那一年所有跨省的分配全部停止，所有往軍隊去的分配全部停止。於是，我被重新分配，留校湖北醫學院；而由於學校當時一個奇怪的規定：女生不能留校，我太太雖成績優異最後卻進入湖北省榮軍醫院工作。

1991年我和太太喜結良緣。和那個時代的許多大學畢業生一樣，經歷過「六四」之後，對國家民族不再抱有希望，讀大學時感覺是天之驕子，社會的脊樑，有強烈的「匹夫有責」的使命感，現在不讓你報國了，就好像最近網路上出現的一個熱詞，這國是「趙家」的國，用不著你外人來操心。伴隨著內心深深失望的是「一切向錢看」的誘惑。很多讀書人一看，以前那些根本瞧不起的沒有文化的人都暴富了，我能比他們做得更差嗎？在這樣的時代背景下，整個社會把人導向以賺錢為唯一目的！

大約就在上世紀九〇年代初，我們做醫生開處方就拿廠家

和銷售商的回扣了。剛開始拿回扣時，我和太太感覺非常爽，認為這是對我們付出和收入極不公平待遇的一個極好的補償。挺好！拿、拿、拿，拿到一個地步，很快就看不上病人家屬給我們的紅包了，因為包的錢太少！

我記得那時我一個人的工資有一百多塊錢，但是拿回扣一個月可以拿到幾百到上千元。到 2002 年我信主後不再拿回，之前一個月的回扣能拿到幾萬元。

我太太在醫院工作一段時間之後，在家帶了三年孩子後應聘進一家醫藥公司。這樣，我一邊開處方拿醫藥公司的回扣，一邊還給太太介紹其他的醫生客戶，這樣我們兩個人的收入加起來非常高。高到一個程度，醫院發給我的工資加獎金只能占到家庭總收入的百分之十左右。

腰包鼓起來以後，就開始追求生活上很多刺激和好玩的東西。我們經常和朋友探討武漢及周邊好玩、新奇的東西，全部要玩到。

醫藥行業的競爭越來越激烈，藥商感到單是用回扣已經不足以讓我們這些「客戶」滿意，於是大約從 1997 年開始，醫療器械機構的藥商就常年請我們星期五出去玩，星期天晚上回來。因此我變成一個常年星期六、星期天不歸家的人。

你可以選擇不去，但很少有人經得住這個誘惑。藥商會以開學術交流的名義，邀請部分醫生一起去海南島或其他風景名勝玩，機票、靠海的酒店都幫你訂好，名義上是開學術會議，其實就是純粹去玩。玩好、吃好、喝好，走時再給你發一個貼心的紅包帶走。多麼爽的一件事！

那時，出去最主要的活動就是打麻將賭博，到風景很美的地方賭博，很少有人出去看看風景。醫藥公司代表還經常安排

一些小女孩來陪伴，我們也習以為常。大家出去都不帶太太，因此這些事情基本上彼此不隱瞞，而且大家都有默契，回去之後，絕對不會亂說話。

不管是拿回扣，還是吃喝玩樂，倒楣的都是患病的普通百姓，最後所有的費用都轉嫁到他們身上。

我這樣的生存狀況我太太黃姊妹完全清楚，因為她就是藥商代表。如果說我是收回扣、接受服務的醫生，那麼，她就屬於給回扣和提供服務的藥商。

由於我在單位喜歡組織活動。因此我們家裡就變成麻將場。我們家那時客廳和客房裡各擺著一台麻將桌，幾乎每天不斷人。我打，我太太也打，因為打麻將，連孩子都沒有時間管。

阿信：您那時覺得歉疚嗎？

黃磊：沒有，完全沒有。這種情況在我們的圈子中很平常，大家都覺得人生就是這樣的，賺錢、享受，到中年的時候就要換房、換太太。但現在想來是神的保守，1995 年兒子黃一韜出生，夫妻感情一度出現危機，但是後來兩人一冷靜又算了，覺得還是可以成為一家人繼續生活，沒有鬧得不可開交。

當然我一直沒有忘記從小的夢想——出國，尋找「免於恐懼的自由」。可是幾次都陰差陽錯。1994 年我太太考 TOEFL（托福）和 GRE，考取了，而且美國和加拿大都有學校願意給我們提供獎學金。但就在這個時候，我們發現太太懷孕了，我們決定留在中國。

1999 年，我升等為副教授，是同學中最早幾個被升等為副教授的。

2001 年開始，我們夫婦又一次籌畫移居海外。我們花了

一年多的時間和幾個朋友一起辦理去往澳洲的技術移民。花了差不多八、九萬塊錢，把一切都辦妥了。有朋友在我鼓動之下先去了澳洲，都等著我們過去。

我們已經辦好手續，計畫 2002 年 6 月技術移民澳洲。可是，就在這一年的春節前後，神透過我太太一位澳洲的同學，讓福音很奇妙地臨到我家。

信主的傳奇和傳福音的恩賜

阿信：在此之前你們聽過福音嗎？

黃磊：接觸過一點。2001 年左右，湖北省基督教兩會的主席出了車禍，到我們醫院看病，結果一聊天，才發現他的太太和我們家是世交。他太太的爸爸和我外祖父他們家在南京是隔壁鄰居，坐牢也在一起，他媽媽和我外婆那時經常一起探監。這樣他出院後我們來往很密切。他們送了我一本聖經，邀請我去教堂聽道，我斷斷續續地去了幾個月，覺得基督教實在不怎麼樣，《聖經》則是完全看不懂，感覺就是些奇奇怪怪的神話故事，一看就想睡覺的那種感覺。

阿信：請您詳細談談你您信主的經歷。

黃磊：很奇妙。我們全家計畫 2002 年 6 月移民澳洲，可就在這年春節期間，我太太恩施中學的同班同學喻世紅，大年初三要回恩施探訪父母，我後來知道她這趟回家的主要目的就是給父母傳福音。在路過武漢時她來我家住了一天。喻世紅是我和太太都很佩服的人，高中時，她是班上成績最好的學生，考上清華大學數學系；碩士畢業後，她又去西班牙馬德里大學修了數學博士。博士畢業後，她有一段時間去新加坡工作，然後又去了澳洲首府坎培拉定居。

我們那時全家正在辦移民，對國外生活充滿好奇和夢想，對她的到來非常高興。我們全家人都急切地希望她給我們講述在澳洲豐富迷人的生活。但是令我們非常驚訝的是，在我們家待的差不多二十多個小時裡面，她幾乎用了二十個小時給我們傳福音。

　　她就給我們聊她在澳洲的生活，講她在新加坡工作時接受基督徒信仰，她講了許多，其中很多我覺得從醫學的角度完全不可能接受，諸如童女懷孕、死人復活、道成肉身等等這些基督教裡面極其重要的概念，我當時都感覺極其荒唐。我不明白她一個清華大學數學系畢業的高材生，怎麼會相信這樣荒唐的事，是不是被人洗腦了？

　　她還和我們討論這個世界到底有沒有神的問題，現在當然知道她想讓我相信的就是《羅馬書》一章所講的：「神的永能和神性是明明可知的，但藉著所造之物就可以曉得。」她沒有多講經文，而是用了一些很實際的例子講給我們。

　　有些東西我們聽得也蠻有意思，但是因為從小接受的是無神論、進化論的教育，對她說得「神創造世界」完全無法接受。

　　但那天的交流，對我衝擊最大的還不是福音。福音，我根本沒在意，就是禮貌地聽她講，我感興趣的是她給我講述的她的澳洲生活。

　　結果她嘴裡描述出來的澳洲生活，跟我出國後想過的澳洲生活完全是兩回事。差別太大了！我想過的是極其浪漫、休閒、豐富多彩的那樣一種生活；她給我講的澳洲生活卻是非常刻板、單調。聽起來每天就是去工作，下班回家，家庭聚會，禮拜天去教會禮拜，公司、家、教會，三點一線。

我聽著失望至極，認為我們在武漢的生活還要精彩、豐富得多！我記得當時就告訴她：「如果澳洲的生活就是你描述的這樣，那我們跑那麼遠去就毫無意義了，就沒有多大動力了！」

　　我們給她講我們在武漢的生活，講在武漢逛過的商場、保齡球館、舞廳、卡拉 OK 等等，她也承認我們在武漢的生活過得比她豐富得多、花樣多得多。

　　據我太太後來回憶，在和我們交流中，喻姊妹說了一句話「我信主之後才發現，我以前的日子都白過了。」這句話讓我太太極其驚訝，就問她為什麼？她就給我們講她信主的經歷，她是從馬德里大學讀過數學博士之後，去新加坡工作期間信主的；她講了她為什麼會信主及這給她的生命帶來的變化。因為她學數學，邏輯性很強，她就找很多的證據為我們證明她所說的話。其中在講述耶穌死而復活時，說耶穌死了以後，兵丁用槍刺他的肋旁，就有水流出來。這時我家姊妹又覺得很驚奇：同學不是學醫的，但是，她講的和現代醫學講述的一樣，人死了以後，血清會和血漿分開，這時劃破身體，就會有水流出來……

　　她講得時間太長了，我太太就提醒她說：「要不我們出去轉轉，帶你看看武漢。」喻姊妹回答：「沒什麼好轉的。我現在唯一的興趣就是要給你們講耶穌。」中間我們實在聽得不耐煩了，幾次打斷她，然而她就一直講。她是太太的高中同學，我們又不能和她吵架。

　　晚上她和我太太住在臥室裡，我太太睏得眼睛都睜不開了，她還在講。後來，她問我太太：「自力，你現在有沒有什麼不滿足的地方」我太太回答說：「沒有啊。我生活得滿好，

工作得也蠻好，都很好啊！沒什麼不滿足」喻姊妹這時才說：「好吧，如果你真的覺得都很好，沒什麼需要，那我們就睡覺吧！」

這位姊妹就是上帝派來的天使，專門來給我家傳福音。她回恩施住了幾天後，又來我家住了一天，還是傳福音。

回到澳洲以後，她就連續一個多月不停地給我們打國際長途電話。一兩天打一個，都是晚上打過來，因為白天我要上班。每次打電話她都找我太太，我太太嫌煩，就把電話讓給我。我這人不太容易拒絕人，加上和她關係也不錯，也就聽她講。每次通話時間都在 3-5 個小時，長途電話啊，不知一共花了她多少錢！

記得最長的一次打了六個小時，從頭天晚上十一點打到第二天清晨五點，我只好提醒她：「不能再說了，再說下去我沒法上班了。」

大多數時間是她講，我偶爾也回應一下。記得有一次她又給我講耶穌「死裡復活」的事，我就說：「我是學醫的，這件事根本不可能，搞科學的人不可能相信一個人死了三天然後又活了過來，這沒辦法解釋。其他的你都不用講了，只要你能讓我相信這一點，其他的都好說！」

結果喻姊妹還真的說服了我。

阿信：一個人透過打越洋電話，可以讓一個外科醫生相信「死人復活」，她是怎麼做到的？

黃磊：喻姊妹說其實當時困擾她最大的問題也是「死人復活」，為此她專門跑到倫敦大英博物館裡專門去查耶穌復活的證據，結果發現證明耶穌「死裡復活」的證據比世界上任何一個真實歷史事件的證據還要多。

我不相信，說：「不可能，都過去差不多兩千年了，哪裡還有什麼證據啊？」

她就問我：「在中國有沒有人懷疑孔子是不存在的？」我說：「沒有。」

她告訴我說：「耶穌的復活和孔子的存在一樣真實。為什麼？第一：他們基本上屬於同時代的人；第二、耶穌當時影響的人、帶過的弟子、見過他的人都非常多；第三、他的遺物在大英博物館裡有詳細的記錄，她仔細地看過，發現這些東西都是當時人們的真實記載下來，絕不可能杜撰出來。」

我們又談到信心，也就是《希伯來書》十一章開頭那一句：「信就是所望之事的實底，是未見之事的確據。」但當時我不知道這句話。她對我說：「人很多問題是憑著信心去看待的。這個東西你沒有見過，但是別人見過，他和你說了，你就相信了，我們這樣做靠的完全是對他人的相信。比如你黃磊，澳洲、美國是非常好，但你從來沒見過，你為什麼要來呢？是因為你相信別人或是書本上告訴你的，你這就是一種相信。你如果說已經到過澳洲或者美國，你再做判斷，那你就不叫相信，而是用自身的體會作證明瞭。科學是講證明，信仰是講相信。這是完全不同的。」

我覺得很有道理。剛好我在武漢有一個朋友是基督徒，我就和他討論這事，他告訴我說：「生活中很多事需要信心。比如你去郵局寄信就需要信心。你把信放進郵筒，怎麼會相信信一定可以寄到你嚮往的地方呢？因為你完全不瞭解郵局的制度還有中間的過程，所以你這樣做靠的就是信心──你相信郵局能把信寄到你想要它去的地方！」

我這時醒悟過來，我們醫學中很多事情也是憑信心來做

事的。舉個例子：一個病人得了絕症，問醫生：「我這個病能不能治好？」醫生告訴他：「這裡有一劑藥很可能能治好你的病，但風險很大，你敢不敢用？」這時就要考驗你的信心；除非你對這個醫生很有信心，你才會願意賭上你的生命去嘗試。我又想起一個不久前實際發生過的例子，一位知名的醫生，他一生中已經成功地救治了二千多位絕症患者，這時有一位病人去他那裡動手術。醫生告訴病人：「這個手術風險很大，在你來之前，我已經動了五例手術，但是都失敗了，病人也失去了生命。你是第六例，如果你不動這個手術，你還可以活好幾年；如果你今天選擇動這個手術，成功的機率有，但失敗的風險也很高，選擇權在你！」、

　　那個病人怎麼辦？聽了醫生的話之後他的心情怎樣？他是決定現在去搏一搏徹底根除疾病，還是放棄治療再活上三、五年？他最後選擇開刀，病治好了。所以，很多時候即便是一個無神論者，也是憑藉信心來做事的。

　　這樣有一天，通電話時，我告訴喻姊妹我願意相信神。我信主從來沒有作過決志禱告，因為她沒有帶我作。我說我信了，她說那你去教會吧。我去過幾次「三自教堂」，發現講臺上講的都是一些似是而非的話，很失望。我告訴她我不喜歡這個教會，她就建議說：要不你找幾個人來開個查經班吧。

　　這樣，信主沒多久，大約在 2003 年 3 月，我就發起了一個查經班，自任帶領人。我找的全是我的朋友，這些人之中，沒有一個人認真讀過《聖經》。

　　我們每週一次，聚集在一個朋友家查經。可是我們之中，包括我在內，沒有人知道應該如何查經，不唱讚美詩，也沒有禱告，也不讀聖經，主要是爭論有沒有神。大家隨便講一件神

人是被光照的微塵

基督與生命系列訪談錄

奇的自然現象或者是發生在自己身上的離奇事情，然後大家開始討論這背後有沒有神的作用。有人說有，有人說沒有。我太太每次都和我一起參加。她回憶那段時間說她很少發言，看著幾個有錢有閒的大男人吃飽沒事做，每次為這個事爭得面紅耳赤，覺得滿有趣。

後來，我感到這樣爭論下去也不是辦法，建議大家學習《聖經》。學《聖經》總得有人講吧？他們說：「黃磊，就你講好了！」說實話，《聖經》我也沒讀多少，而且沒有任何人教導我，這時喻世紅姊妹已經不給我打越洋電話了，她可能覺得神交給她的任務已經完成了，網路也遠遠沒有現在發達。

我講《聖經》，常常是邊看邊講。問題是很多地方我自己都讀不懂。我開始自學禱告。每次聚會前，我就禱告神：「主耶穌，今晚我要分享這段經文，但我不知道是什麼意思，請您告訴我這是什麼意思。」

有的時候我會禱告很長時間。真的。神給了我很多啟示，禱告後我就懂了經文的意思，這感覺非常奇妙，非常甘甜。

阿信：耶穌親自教您讀《聖經》，您能舉一個詳細具體的例子嗎？

黃磊：比方說，《創世記》第二章裡面講到夏娃吃了禁果以後眼睛就明亮了，發現自己是赤身露體，感到羞恥，然後就用無花果樹葉遮擋。這一段我就沒看懂。夏娃的眼睛在吃禁果之前是能看見還是不能看見？這是一個很大的問題。《聖經》要麼是寫錯了，要麼就是有別的意思，我不知道。我禱告後，神給了我啟示，讓我明白了其中的內涵。

類似的地方還有很多，完全不懂的地方，禱告後一下子明白經文的意思，這種甘甜的感覺非常好。我也更樂意分享，而

越樂意分享，發現自己越愛讀聖經、越愛禱告、越來越多地得到其中生命的道理。

所以，我到現在都鼓勵剛信主的弟兄姊妹要樂意分享，特別是在沒有人帶領的情況下更要分享；我鼓勵弟兄姊妹儘量多讀《聖經》原文，遇到不理解的地方多向神禱告、尋求亮光。現在環境改變，解經書很多，網路也很方便，但也讓許多弟兄姊妹喜歡咀嚼別人吃過的東西，而不是緊緊地抓住《聖經》本身，也就體會不到我當時所經歷的那份單單向神請教的甘甜。

那時除了查經，就是到處跑，去認識一些牧者、基督徒。

那時，發生了一件影響我一生的事。信主後不久，有位弟兄告訴我武漢有一個外國宣教士，大約一年前被人殺害了。他的太太帶著六個孩子還住在武漢。這個宣教士家庭雇有一個小保姆，才十七、八歲，最近發現有可能患上了骨癌，而我又是骨科大夫，因此希望我去看一看這個保姆的情況。

我後來知道這個宣教士中文名叫莫布魯（Bruce Emerson Morrison），她太太叫華曉星。我一進門就看到桌上放著的她丈夫的遺像。我告訴華曉星說我認識她丈夫。她很驚訝，說：「他去世一年多了，活著時也只在學校上課，週末去教堂，很少去其他地方，你剛信主，怎麼會認識他？」

我回答說：「1998年的時候你女兒的手劃破了，你丈夫把她送到醫院，是我給她做的手術！」我為什麼印象深刻呢？第一，他是個老外，而我當時又打算出國，想練習英語，結果他一開口，普通話比我還標準；第二，來到急診室後他女兒一直在哭，他問能不能讓他也進手術室陪陪孩子，幫孩子安靜下來。而我們醫院規定手術時不能有家屬在場，但我出於好心，還是請他同來的一個護士朋友進去了。

聽了我的解釋，華姊妹說：「哦，你就是那個幫我們孩子看病的醫生！」她把孩子叫過來讓我看她的手，已經完全好了。這時，真正讓我吃驚的事情發生了。她從書櫃裡拿出一本相簿，給我翻出一張照片，就是在孩子受傷的那天晚上拍的。那天晚上，她丈夫把女兒帶回家之後，他們把我手術後纏在孩子手上的紗布和繃帶打開，禱告並拍了一張照片。我當時覺得很滑稽，至少等到換藥的時候再拍照片也來得及啊，況且，為什麼要打開包紮好的傷口拍照呢？通常我們中國人是不會這樣做的。

我把我的疑問告訴華姊妹。她說不，那天晚上我們打開為女兒的傷口禱告，但是更重要的是，那天我們一家六口專門為給女兒做手術的醫生，也就是黃弟兄你全家的得救禱告！

她給我看他們全家一起禱告的照片。看了這張照片，我特別感動。我從來沒想到過，在我信主的四年前，就有人為我們全家禱告。我那時覺得我選擇了耶穌，這是一個不錯的信仰；現在我才明白，不是我選擇了祂，而是祂揀選了我。

我全家的得救是在神的計畫之中。

我看到他們居住的地方，就是普通的一室兩廳的房子，華姊妹帶著六個孩子住在那裡。我後來也瞭解到莫布魯去世前每月的收入還沒有我高，更不可能有外快。放著國外優裕的日子不過，跑來中國幹什麼？

我問華姊妹：「你們為什麼要到中國來，並且一住就是十三年？」和我一起的弟兄告訴我，我也曾問過同樣的問題，華曉星姊妹只有一句話：「因為中國需要拯救！」

因著這個原因，他丈夫家族僅有的兄弟三人，全部到亞洲宣教，莫布魯弟兄來到中國，把生命獻給中國。

第 8 章 從醫治身體到拯救靈魂

我聽了很感動。我做醫生這些年，被職業訓練以後人是很冷漠的，很少流淚，但是聽到這句話我當時就流淚了。

後來我瞭解到，莫布魯牧師被殺之後，華姊妹原本可以上訴，但她放棄這個權利。在丈夫葬禮後的一天，她竟然帶著六個孩子和一些禮物去看望和安慰兇手的父親，告訴他說：「我失去了丈夫，我的孩子失去了父親；而你也失去了自己孩子。願上帝讓我們同得安慰！」武漢警方聽說她要帶孩子去看兇手的父親，反覆勸說無效，派了好幾輛警車跟著她，因為不知道會發生什麼事情，結果啥事也沒發生，很平安！

我讀《聖經‧馬太福音》讀到耶穌說：「要饒恕你的仇敵，為迫害你的人禱告」，當時也沒有特別覺得怎麼樣，但是目睹發生在華姊妹身上的事情，再回想那段經文時，我就覺得這段話不是說著玩的，真有人能夠做到。只有神能做到，只有神的兒女能夠做到！

我深受感動。這個宣教士為了拯救中國人的靈魂，放棄優越的生活環境，來到中國宣教，，最後把自己的生命獻給中國，而我作為一個土生土長的中國人，已經信主，如何能為了安逸和享樂，輕鬆地移居海外、一走了之呢？

回家之後我和妻子認真地討論這個事情，然後我們共同做了一個決定——放棄澳洲移民。我不應該離開中國，應該留在這個我不喜歡的地方，留下來拯救中國人的靈魂。

做這個決定並非易事，因為我們已經花費了大筆金錢，好不容易才拿到移民澳洲的機會。我的很多朋友被我「忽悠」出國，成天催著我們趕緊出來。後來他們常和我開玩笑說：「我們都被你『忽悠』了。」

我信主之後，太太發現我的變化，我不出去玩，待在家裡

的時間增加了，也更多地尊重和關心她。她雖然對福音沒有多大興趣，但查經班每次陪我一起去，不打麻將了。不久，有一位從臺灣來武漢宣教的姊妹邀請我太太和幾個姊妹一起查經，這樣，在我信主兩個月之後，我太太也相信了。

話題還是回到 2002 年，在我去那位外國宣教士家後不長時間，又發生了兩件對我生命有重大影響的事情。其中一件發生在 2002 年 7 月，那時我剛信主後不久，我一直想向一位和我同齡、又從小一起長大的好朋友傳福音。他的名字和我的名字只差一個字。他是我大學時的同學，我們兩人愛好也相同，都喜歡戶外活動和攝影。那一年，中央電視台、湖北電視台和中國科學院三家聯合成立一個科普考察團，計畫去湖北神農架徒步考察。他們向我們學校申請派一個隨隊醫生。醫院領導覺得我是骨科醫生，又喜歡戶外探險，就推薦我去參加。我也答應了，可是後來日期一推再推，考察時間最後從 6 月推遲到 8 月，而我正好 8 月受邀去香港參加全福會，時間正好衝突。

我這位同事從我這裡聽到這個變化，就和我商量說：「我想參加這個活動。既然你時間衝突，乾脆推薦我去！」我當然答應。院方也同意他代替我參加活動。

他臨行的前幾天，我告訴他想給他傳福音。他說沒問題，但也不急在這麼幾天。他說：「我回來就來你們查經班！」我當時猶豫了一下，就沒再堅持。我想等他從神農架回來，我們有的是時間慢慢聊。

他去了神農架，我做去香港的準備。他們到神農架的那天，遇上下雨，他走在山路上，腳下一滑，摔到山谷裡，不久即過世。

我的這位好友、同事去世時年僅卅八歲。

我聽聞這個消息後內心非常痛苦。我和其他同事一起去宜昌把他的遺體接回武昌。但是對我來說，當時最大的痛苦是沒有及時給他傳福音。神給我傳福音的熱誠和恩賜，自從信主之後，雖然沒讀多少《聖經》，對福音也所知無幾，但我從一開始就滿有傳福音的熱心，當時見到誰就給誰傳福音。

　　但讓我極度痛苦的是，我卻沒有及時給我這位好朋友傳福音，以致讓他的生命落在沒有盼望的境地。我覺得這全是我的過錯，我總以為我們是從小一起長大的，以後有的是時間，哪在乎這幾天時間。

　　這件事讓我傷心很久，從此以後，我對傳福音的態度發生極大的改變，只要有感動、有機會絕不放過，立即傳。

　　我從小被外婆帶大，那一年他老人家八十五歲。有了我同學的教訓，我擔心外婆隨時會離開人世，有強烈的感動要給她傳福音。因此，就買張機票飛到南京去給她傳福音。我外婆一生信佛，我想要讓她信耶穌不會那麼容易，因此準備在南京待三天時間，沒想到我給她老人家講了不到一天時間，就搞定了。老人家人老心不老，她知道我愛她，給她說什麼都是為了她好，我講的東西她都相信。而且她當時是真的相信。那時已經有牧師教會我帶領人做決志禱告，當天我就帶外婆做了決志禱告。

　　做完決志禱告之後，我就不著急了，再回武漢，捨不得買飛機票，坐火車回到武漢。

　　有一天，我剛做完手術下來，又餓、又累，這時接到一個老朋友的電話，告訴我她的女兒馬上要去法國讀書，問我能不能過來給她傳福音。我回答說：「你已經信主了，你完全可以自己傳福音給女兒啊。」這個姊妹剛信主不久，她說：「黃

磊，我擔心我講不好，還是你來講吧！」

如果是以前，我多半會這樣回答她：「算了，我剛下班，還沒吃飯，真的很累，下次有時間再講吧。」說實話，這樣講，我的理由也很充分，而且沒說假話。但因有了我同學慘痛的教訓，我立即出門叫了一輛的士趕到她家，給她女兒講了很長時間，終於在她女兒臨出門的前十分鐘，帶她做了決志禱告。

這丫頭去了法國之後，在當地找到教會，靈命成長許多。一年之後，她回到武漢，來我們教會，我親自為她施洗。她作見證時說：「這間教會就是我的母會，將來我學習畢業，要回來教會服事。」

又有一次，我去美國辦事，一個大姐打電話給我，說她媽媽病危，以前給她傳福音都沒有用，現在可能是一個很好時機，而且可能是唯一的機會。這時美國是凌晨左右，我就用我的手機打了一個多小時的國際漫遊電話，最後帶領她信主。雖然電話費高得嚇人，但讓一個靈魂得救很值，想到喻姊妹為了讓我得救，電話費花得更多，我的內心充滿感恩。

另一件讓我生命發生重大改變的事發生在醫院一個中層幹部的身上。她的太太是我的同事，我們關係很好。他突然被查出得了肺癌，他剛住院那會，我天天去病房看他，給他傳福音，他就是不信。他在部隊當兵、入黨、提拔為幹部，是一個堅定的無神論者。

這樣，大約有幾個星期我沒有再去探望。我記得有一個星期六晚上七點多，外面正在下雨，我心情很不好，因為我們教會發現一個新的聚會的地方，想把它買下來，但當天和房東商談沒有談成。就在這時，我突然有一個感動，要去看看這個

得病的同事。按常理，我太太會提出反對，因為我喜歡騎摩托車，而那天下雨路滑，不安全。結果她不但同意了，還說：「好啊，我陪你去！」

我們是老朋友、老同事，去就去吧，也不用多禮。可是那天我們卻專門買了一束花。走進病房時我驚訝地發現他們全家人都在，看見我進來，她太太特別高興，說：「黃磊啊，你不知道，他已經昏迷一天多時間了，半個小時前才清醒過來。我們估計很可能撐不了兩天，我正考慮要不要打電話麻煩你過來一趟，給他講講耶穌，讓他安詳地離開。」我問她：「大哥是什麼時候清醒的？」她回答我：「剛好半個小時。」

我心裡特別感動，因為我明白這完全是聖靈帶領。為什麼我這麼肯定？因為我恰好是半個小時前做出要來看他的決定。如果我來早了，他還在昏迷中。以前我傳福音給他會講許多道理，而這次，我走到他的床前，單刀直入。我告訴他：「大哥，你的生命已經很危急了，我只有一個願望，要帶你信耶穌，你願不願意？」要在以往，他會這樣回答：「黃磊，你很好，你們這個信仰也很好，但我無法相信。」

但這次，他說：「願意。我願意跟著你信耶穌。」

感謝主！我看著他已經異常虛弱，就請他躺在那裡和我一起作決志禱告。但是他不。他堅持一定要太太扶他坐起來，我每說一句，他都用最大力氣跟著我說一遍。他的全家人圍在他旁邊，和他一起作決志禱告。

當時的場景真是非常令人感動！

後來她太太告訴我，我離開後不久，我這個大哥就再次昏迷，再也沒有醒來，但他走的很安詳。神奇妙地安排這一個多小時的時間讓這位大哥信主，我也感謝聖靈帶領我沒有浪費這

人是被光照的微塵

基督與生命系列訪談錄

比珍珠還寶貴的時間。

奇妙的是，這影響我傳福音三位：美國傳教士莫布魯、我的同學、還有這位大哥，都葬在一個墓園。即使是現在，當我遇到很大的難處時，我會去他們的墓地去看望他們。我彷彿聽到他們三個人都會對我說話，從而構成一個完整的傳福音的奧秘：

外國宣教士莫布魯告訴我：「黃磊，你要多傳福音，拯救失喪的靈魂！」

我的同學告訴我：「老同學，記住我的教訓，你要快傳福音！」

我的老同事告訴我：「小弟兄，你要按著聖靈的感動去傳福音！」

靈命的成長和「下上堂教會」的建立

阿信：下面請您談談您和太太靈命的成長及建立教會的過程。

黃磊：大約在 2002 年 8、9 月，武漢「三自」感恩堂借了一間一百多平方公尺的房子給我們做聚會點。

我們當時有五、六個朋友一起投資十多萬元，把教堂裝修的漂漂亮亮。我們鋪上地毯，買了鋼琴和會議桌。到現在那間屋子還是「感恩堂」最漂亮的一間房子。我們每個星期五對外開放青年團契。站講臺的人還是我。不到三個月，每次來聚會的人數就有一百多。

我們那時聚會就是講道，沒有禱告、也不唱讚美詩，也不彈鋼琴，鋼琴放在那裡純粹就是擺設。聚會開始，我就站上去講。我記得那段時間我講《創世記》和《馬太福音》，我每次

講多長時間，差不多兩到三個小時！

我當時信主還沒多久，《聖經》一遍還沒讀完，可是就有感動上去講。我後來才知道，我講的時候，下面聽眾中其實藏龍臥虎。有信主五六十年的老弟兄，也有從美國神學院畢業的傳道人。

在神呼召我出來講道的同時，也開始透過弟兄姊妹訓練我的靈性。

大約在我們進入感恩堂後不久，一天，我碰到一位信主很久的弟兄，突然問到我：「你是不是一直在拿回扣？」我坦白承認了。他說：「這是不討神喜悅的，不能拿。你要放下這些，你要做一個真正的基督徒就要放下這些東西！」

我當時很不以為然，心想你說得容易啊，放下這些東西，那我豈不是什麼都沒有了？但說來奇怪，他這句話在我心裡翻騰。我翻聖經，好像主也這麼說的。我看到《路加福音》十四章 27 節說：「凡不背著自己十字架跟從我的，也不能作我的門徒。」我不大懂，就找人去問：「是不是背起十字架就意味著我要過苦日子？」對方回答：「不是的。但是過苦日子可能和十字架有點關係，所有在十字架上的人都是對這個世界完全絕望的人，完全沒有自己的想法、完全死去的人。」

「完全死去」這四個字讓我很震撼。

一個多月後，我又碰到那位弟兄，他劈頭就問：「你怎麼樣了？這個錢還拿了沒有？」我說現在還在拿，已經想不拿了。但是不容易，他說不管怎麼樣，你一定要做到，否則的話，你信主就不是真的，到上帝那裡交不了帳。

提醒一次比一次嚴重，我整整掙扎了三個多月，最終我實在是受不了了，當時聖靈在我心裡動工，我心裡納悶：「以

人是被光照的微塵

基督與生命系列訪談錄

前這錢拿得心安理得，如今怎麼那麼難受？」記得差不多是2002 年年底，有一天回家跟我太太說：「你說我們信主是玩真的還是玩假的？」她說：「信主，當然要真信啊！」我說：「是的，如果是玩真的我現在要做一個決定，以後我不能再拿工資以外的錢了。」黃姊妹回答的很乾脆：「說不能拿就不拿了。」我太太這點特別好，她從來都不把錢當一回事。她這一句話，解決了我三個月來的糾結。

第二天，我給科室主任說：「我信耶穌了，以後不再參與分錢了。」主任很詫異：「誰跟錢有仇，你是不是信教信傻了？」最後他見我態度堅決，好心地勸我：「你想好了，信仰是好的，但不要走火入魔！」我告訴他這是我和太太商量之後的結果。他想了想說：「這樣好不好？我先把這個錢給你存起來，你將來還要買房買車，哪天後悔了，要花大錢的時候找我。」

過幾天，我在心裡盤算：「錢已經從公司的帳目上出來了，我不拿，划不來啊。怎麼辦呢？以後教會肯定有些弟兄姊妹需要，貧困的有病的急需的，可以把這些錢留下來給他們。」我就想了個主意：設立一個帳號，把錢存進去，有人需要的時候就把錢轉給他們。

半個月之後，再度碰到那個弟兄，這一次，我輕鬆地告訴他：「我現在一分錢都沒拿過了。」他連說：「太好了，太好了！」我說：「但是，他們把錢都給我存下來，當我們的教會弟兄姊妹有需要的時候，我們拿去幫助。」我本以為他要誇獎我有愛心、樂於奉獻，沒想到他說：「不行啊，這個錢是不義的錢財，不能拿，更不能用在神國的事工上，神的家裡面不缺錢！」

我想也對啊，萬有都是神的，祂創造萬物天地，還缺我這些錢嗎？

但我還是不甘心，又想出一個好辦法，我告知對方：以後錢不要給我，也不要存起來，也不能給別人用，神的家裡不缺錢，但是我們要傳福音，送聖經。於是就用這錢買了許多聖經，見人就送。我覺得這是妙計，把錢用在神的福音工作上。

幾天後，我又碰見那個弟兄，我把「妙計」告訴他。他說：神的家裡也不缺聖經。是啊，聖經就是神的話，神的家裡面怎麼能缺聖經呢？至此，我完全斷絕了對這部分錢的支配想法。

我不拿回扣以後，很多人知道了。半夜我值班的時候，有藥商悄悄跑來找我：「你為什麼不收這個錢？」我回答說：「因為我信了耶穌，按照《聖經》的教導，所以就不能拿了。」

他聽了非常驚訝，說：「黃大夫，看來你這個信仰是真的，是好信仰！」那年我卅九歲，正年輕力壯，工作之餘，經常晚上通宵地給藥商、醫生、護士傳福音。

後來又發生一些事，迫使我最後不得不離開我心愛的醫生崗位，去做清閒的教學工作。並不是我非要和這個世界脫離，而是我信主之後，工作中很多微妙事情變得難以處理。

這是人性之惡，也是體制之惡。我有時想，這就像你坐在一列火車上，無論你往相反的方向跑得多快，你都在朝火車行駛的方向前進。「獨善其身」不僅不可能、而且完全沒有用。

唯一的辦法是跳車。

我離開醫生崗位後不久，我太太也辭去了醫藥公司的工作。這樣，我們家的收入減少到原來的十分之一。我也不再追求名牌和金卡生活。而神也一再用他的奇異恩典托住我們。

太太辭職之後，八個月沒有工作。期間，有好幾個更有名、待遇更好的醫藥公司來我家和她談，而且給的工資都比以前要高一倍，我們都沒有動心。後來，她的表弟在湖北收購一家藥廠，請我太太去幫忙。我們商量後決定：「既然我們已經向神做了那個決定，就不走回頭路！」我們每天為太太工作禱告。

2003 年 4 月，朋友介紹國際學校（LDI）的慕幸福校長和我們認識。慕校長是德國人，父母是在臺灣宣教的宣教士，他本人出生在臺灣。談完話，他交給我太太一個信封，裡面裝著一袋錢：「黃姊妹，我們要在武漢建一所國際學校，你就是我們聘用的第一個員工！」

我和太太大吃一驚。學校還不知道在哪裡，也沒有簽訂任何協定，工資就發上了！

武漢國際學校選址、辦手續，所有的事情都是我太太具體去辦的。在相處中，我們從慕校長身上學了很多。學校建成開學前，我們問慕校長：「學校有多少學生？」他回答說：「不知道。開學以後就知道了！」

開學那天來了七個學生。

現在武漢國際學校已經有在校學生二百多人，我太太也已經在這裡工作十三年，擔任人事主管，是在這所學校工作年限最長的。

在感恩堂聚會的時候，上帝給我一個異象：「使百萬職業人士家庭基督化」，這到現在都是教會的異象。2003 年春天，由於一些原因，我們當初一起來「感恩堂」的五、六個朋友又一起離開感恩堂，借朋友家的房子做家庭教會。這時我找到啟導本、串珠版的《聖經》來讀，團契也開始建立同工會。

2003 年 8 月，我們這個團契發展到差不多有三、四十成員，同工有十人，大家定期開會，討論如何建立好教會。就在這時，發生了對我生命成長影響極大的「開除事件」。

　　那時我很渴慕，經常自費出去學習和參訪。對弟兄姊妹關心不夠。一次，我從外地回到武漢，和同工一起吃飯。在飯桌上，他們竟給我開批鬥會。宣佈我的十項罪狀，諸如老往外面跑、不關心教會；和香港教會聯繫、自己得好處；用很多教會資源為自己牟利等等，最後對我提出十項要求，如果做不到，就請我和另一位弟兄立即走人！

　　當時我很震驚、特別委屈，那時教會沒有什麼奉獻，我出去學習都是自掏腰包，弟兄姊妹不知道，當時我本能的反應是：「有什麼大不了的，我隨便去哪個地方，馬上就能建立教會；憑我的能力、關係，再建立一個教會輕而易舉！」

　　我正要發作，但那時聖靈提醒我、幫助我：「恒久忍耐。」我耐著性子讓他們一個個全部講完，然後我說：「你們所講的一切我全都承認，你們提出的十項要求我保證全部做到。只有一點，我不離開這個教會。」

　　在場的人全愣住了。他們本來以為按照我的性格，他們這麼一說，我肯定走人了。沒想到我不離開，他們這個批鬥會就沒有辦法開下去。

　　有人不甘心，過了幾天，又開同樣內容的會。這次開會，他們把常在我們團契聚會的來自香港的蕭文光弟兄和駱培華師母也叫來。

　　蕭弟兄來武漢前在香港使徒信心會做過十多年的主任牧師，這間教會是由美國宣教士建立，在香港有一百多年的歷史。2000 年左右，蕭牧師和師母加入「香港禧福協會」，被差

派來武漢建立一家孤兒院。

批鬥會開始，說我這個錯、那個錯，我不做聲。最後有人宣佈說：「黃磊，如果你不離開教會的話，我們就離開，我們不願意和你同工，我們要自建教會。」

這個時候，神的靈突然感動我，我很誠懇地回答說：「弟兄姊妹，我信主時間不長，我也不知道什麼是『屬靈爭戰』，我真不懂。但是，今天我有一個很確定的把握，今天你們是中了魔鬼的詭計！」

在場的人大多數和我一樣，信主時間不長，也不懂魔鬼、撒但是怎麼回事。他們就問我：「你為什麼這樣說？」

我說：「我知道撒但有一個最大的詭計，就是挑撥、離間、拆毀、欺騙、分離，這是撒但的工作。它肯定要拆毀這個教會。我不走！而且，不僅我不走，你們也不能走。你們誰走，誰就中了魔鬼的計！」

這時，蕭弟兄站起來講話。據他後來回憶，當時有人請他開會商量一些事情，但沒有事先告訴他內容。來了之後，才發現是要讓我和另一個弟兄離開。他感覺在場的弟兄姊妹信主時間都不長，不太成熟，因此站起來發言。他說：「弟兄姊妹，教會不管怎麼樣不能分裂。黃磊弟兄出去學習也不是為了他自己，也是為了教會的成長。你們這樣做冤枉了黃弟兄。黃弟兄是有錯誤，但這不是原則性的錯誤，並沒有違背聖經的真理。我們大家信主時間都不長，都不太成熟，所以說要用愛心彼此包容，而不是開批鬥會，把別人開除！」

蕭弟兄的發言緊貼《聖經》真理，加上他又是來自香港的牧師，靈命很成熟，大家都尊敬他。因此決定誰也不走了。

從那以後，我們教會再也沒有發生過派別性的分裂。

那段時間，我一度心情很難受，這時一位從美國回來的傳道人對我說了一句話讓我很得安慰，明白上帝是藉著這件事讓我靈命成長。他說：「同工合一的時候，教會就增長；同工不合一的時候，靈命就增長。」

我信主之後，傳福音、建立教會，有兩點很蒙福：

第一、我很能聽進去別人在信仰和靈命上，給我提出的點點滴滴的意見和建議，這些建議不管多麼刺耳，我都會認真去想，去反思；

第二、想通的事，我就馬上去做；再難的事情，我都努力去改變。

我總結，這是我和我們教會能夠不斷成長的原因之一吧。

2003 年 11 月 22 日，在我信主而且事奉一年半之後，我和太太以及多位弟兄姊妹在湖北咸甯溫泉，由來自加拿大的宣教士盧牧師施洗，正式歸入基督。

2004 年 7 月，蕭弟兄夫婦面臨工作上的壓力，他們在武漢建孤兒院的事情沒有成功。

機構決定調他們夫婦到設在湖北恩施的辦公室工作。這時他們夫婦已經有兩個孩子，師母正懷著第三個，這時他們需要考慮孩子將來的教育，而且他們也不願意做辦公室的工作。師母住院那段時間，蕭弟兄又要照顧家裡的兩個孩子，又要到醫院照顧師母，挺難的。知道這個情況之後，我們團契的弟兄姊妹非常關心他們。弟兄姊妹幫助做家務、照顧兩個小孩，還去醫院精心地服事師母。這讓蕭牧師和師母非常感動，覺得服事這麼多年，還從來沒有得到弟兄姊妹這麼多的愛心回饋。

這時我就禱告，盼望神能把蕭牧師和師母留下來，與我們同工。很奇妙，神應允了。我就跟蕭弟兄談，蕭弟兄和師母商

量後，願意留下，但要我跟機構的負責人劉博士談。劉博士回覆我說：「我們機構在武漢的工作被迫停止，只要蕭牧師同意留下，我沒有意見。」

這時我就正式邀請蕭牧師和師母留在教會。但是由於我們團契那時幾乎沒有奉獻，我就給他出了一個難題：「蕭弟兄，很抱歉，教會現在無法給你們夫婦任何的經濟上的謝禮。」

我自己都覺得那時有點過分。現在，我不可能這樣和人提這樣的要求。但是蕭弟兄回答說：「沒問題，我們家還有點存款，起碼可以支撐一、兩年。在這段時間內，我們不需要教會支付費用。」

2006 年，我們團契經常聚會的信徒差不多有五、六十人，每月的奉獻也有幾千元，這時神給我們感動，要正式建立教會。同年 8 月，我們在武昌閱馬場雲鶴大廈租了一間一百多平方公尺的房間，房號我現在還記得，是 1102。

「下上堂教會」這個名字是香港的王一平牧師取的，出自聖經《列王紀下》十九章 29 至 30 節和《以賽亞書》卅七章 30 至 31 節，兩處同樣的經文：「以色列人哪，我賜你們一個證據：你們今年要吃自生的，明年也要吃自長的，至於後年，你們要耕種收割，栽植葡萄園，吃其中的果子。猶大家所逃脫餘剩的，仍要往下扎根，向上結果。」

王一平牧師任香港亞洲歸主協會會長四十年，上世紀1980 年代就頻繁來大陸探訪、服事家庭教會。2003 年他來武漢我們這個四十人左右的小團契時，驚訝地發現聚會的人中有醫生、法官、大學教授等職場人士，他說我們這個團契是新興的城市家庭教會的代表。此後他經常來關心、輔導我們，也經常邀請我去香港學習和交流。大約 2005 年左右，我們計畫

在國內各家庭教會辦連鎖圖書館，王一平老師給取了「下上堂」這三個名字，後來圖書館沒有辦起來，就借用來做教會的名字。

神給的教會的異象是「使百萬城市家庭基督化」；教會也有來自神的託付和使命，來自聖經《詩篇》六十篇 4 節：「你把旌旗賜給敬畏你的人，可以為真理揚起來。」

教會成立時，我專門提寫了一副對聯，裝裱在教會的進門兩邊：「往下紮根基督為磐石；向上結果生命作見證。」

神是我們的磐石、山寨、是我們一切的依靠。神既然「應允我們，用右手拯救我們」，我們就要把這份愛傳揚出去，「好叫你所愛的人得救」（《詩篇》六〇篇 5 節）。

靠著神的恩典，教會的敬拜、講道、牧養、信徒培訓、奉獻都越來越好。我也對教會有更多、更大的委身。教會成立之後，我和蕭牧師有分工，我主要負責教會的方向、組織、架構和管理，他主要負責牧養和探訪。

2003 年的「開除事件」我沒有怪弟兄姊妹委屈我，我後來明白神是透過這件事提醒我，做傳道人就要更多地承擔起日常牧養的工作。以前，我從來不做牧養的工作，弟兄姊妹有什麼事情，我也從來不管，但是現在，在做好管理的同時，我也花大量的時間和精力協助蕭牧師做探訪、牧養的工作。

教會弟兄姊妹的婚禮、葬禮只要我在武漢，都要趕去主持；教會年齡七〇歲以上的老人，每年我都要上門探訪一兩次，如果遇到生病的和有其他需要的，我會去的更多。我也和弟兄姊妹個別談話，和太太一起給他們做婚前、婚後輔導，幫助他們解決生命中經歷的艱難和掙扎，我會花很長的時間關心和陪伴他們。

我對教會的委身還體現在一件具體的事情上，有一位美國的宣教士，他和我一樣，也是一名外科醫生，他每年都來中國宣教，因著神的帶領，我們認識了。他非常喜歡我，把我當成兒子一樣看待。他在美國很知名，是許多福音機構的董事。2006 年 11 月，我被邀請去芝加哥北美華人教會做講員。

　　會議結束，牧師介紹去慕迪神學院訪問。交流之後，神學院理事會專門為我開了一個會，決定免我托福（TOEFL），提供全額獎學金，接納我來慕迪神學院讀書。畢業之後，在中國建立慕迪神學院的分校。

自慕迪神學院畢業

　　這是我多年來夢寐以求的願望。這之前，我曾經和香港、美國的許多神學院聯繫，盼望去讀書深造，可是都未成功。現在機會降臨，而且還是培養了許許多多知名宣教士的慕迪神學院。但是靠著神的保守，我沒有當場答應，而是祈禱，求神給我三個印證：

　　1. 我是家中的獨生子，父母都已年邁，我需要父母同意；

　　2. 我的太太和兒子同意；

　　3. 教會同工支持。

　　結果，父母、太太、兒子都很支持，但開同工會時，蕭牧師及所有同工都堅決不同意。

　　我雖然極不願意放棄這難得的機會，反覆禱告後，還是決定順服同工，這就是我對教會的委身。

　　2007 年以前，教會的奉獻一直不太好。從 07 年開始，奉

獻成為我們主日敬拜的一個極其重要的組成部分。

　　大約從 2000 年開始，我們就選出七、八位平信徒弟兄姊妹，輪流作主日崇拜的值班主席。每次牧師講道結束，就會有一位值班主席，上臺講聖經裡關於奉獻的教導和自己的領受，講完之後禱告，然後他帶頭奉獻。接著，所有弟兄姊妹依次走到講道台前奉獻。

　　為了幫助信徒明白奉獻是基督徒理所當然的行為，我們要求弟兄姊妹把自己每月的薪水分成四部分，每週奉獻一次。要每個人每週走到台前奉獻，這個壓力非常大，因此一開始很多弟兄姊妹有意見，後來才慢慢習慣。

　　到現在，我們教會差不多有三分之一的人堅持具名奉獻。奉獻時，他們把名字寫在奉獻信封上，我們要求所有的同工和執事必須具名奉獻。

　　當然，在強調奉獻的同時，我們也希望所有的弟兄姊妹甘心樂意。

　　我個人從神那裡的領受，一個基督徒要和神建立良好的關係，有三點必須做到：

　　第一、必須有好的靈修，包含讀經、禱告和默想。

　　很多基督徒忽視默想，其實默想特別重要。默想就是你必須要定期預備一個單獨的時間，

　　默想你和耶穌的關係。

　　我舉一個例子，2004 年我四十歲生日的那一天，許多朋友提出給我慶生，我都沒有同意。那天我和太太悄悄去了武漢的東湖，一整天默想神。後來，神啟示我一節經文，是《耶利米書》四八章 10 節：

　　懶惰為耶和華行事的，必受咒詛！

說實話，這節經文我以前從未看過，或者說我雖然看過卻從未留心、也未在腦海中留下任何記憶的一節經文，這天卻很清晰的跳出來。我當時感覺很詭異、很警醒。

那天，我沒帶聖經。回家之後，我找到這節經文的中英文，列印成一張小卡片，每天隨身帶著。從那天開始，我不敢再隨自己樂意，懶惰和隨隨便便、而是盡力地為神多做事。

這次的默想對我衝擊很大。在我人生的默想當中，神帶給我很多的領受，許多經文會給我特別的亮光，照亮我一輩子的亮光；

第二、必須參加聚會；

第三、必須堅持奉獻。

在我看來，這三個方面是基督徒的基本功。如果這三個方面任何一個沒有做到，信徒的生活和靈命就不正常，一定會出現問題。

正是因為我們教會重視奉獻，不僅我們教會發展，弟兄姊妹得造就，而且使我們有足夠的財力，在 2008 年汶

汶川地震救災行動

川地震爆發後，積極地投入「災區事工」，實踐耶穌「愛你的鄰舍」和「愛人如己」的教導。

從某種意義上來說，奉獻對教會的重要就如財務自由對個人和家庭的重要一樣。

感謝神的恩典，這些年不僅帶領我牧養祂的教會，也滿滿

地祝福我和我的家庭。神差派許多老一代的傳道人來教導我，幫助我。2006 年我認識一位美國宣教士保羅，他真的成為我主裡的師父，我的保羅。他在武漢開了一個門徒培訓班，帶領我們學習《不再一樣》，很多一起學習的人都沒有堅持下來，而我沒有缺席任何一堂課。

2006 年，美國君司神學院在香港專門為中國大陸的傳道人開了一個碩士博士連讀班，王一平牧師是這個班的班主任，我開始在這個班讀神學。

2009 年 4 月 30 日，我在上海被正式按立為牧師，那天的會議舉行的特別隆重和莊嚴。參會的，除了王一平牧師外，還有來自全國各地及海外的二百餘位牧者，主辦方邀請教會的同工、我的太太、兒子都來到現場觀禮。

我當時特別感動，作見證說：

「前二十年，我拿了一張紙，這張紙就是湖北醫學院的畢業文憑。這個文憑讓我工作流血流汗；今天，我又拿到一張紙，就是我被正式按牧的證明。這張紙，它不僅要我流血流

被按立為牧師

汗，還要讓我獻上自己的生命，但是，為了愛我們的主耶穌，我認為完全值得！」

千真萬確，完全值得！

我心愛的獨生兒子黃一韜出生於 1995 年，小時候特別聽話、懂事，2004 年受洗。但是進入青春期以後，一度很判

逆。上初中時，經常給父母發怨言說：「怎麼信主信的窮成這個樣子？」

這也不全怪孩子。因為他看到我們的同事和他的同學的父母都在換大房子，買好車，給孩子買名牌，我們家一直就住在原先的房子裡，顯得很寒酸。

孩子心理一度有自卑感，從不帶同學來家裡玩，覺得丟人，抱怨我們從不帶他去旋轉餐廳吃飯，說：「你們信的這是什麼神？」

在家裡鬧彆扭，在教會也不聽父母的話。

2008 年，汶川大地震爆發，我大部分時間都在災區事奉，以前就對兒子關心不夠，現在的關心更少。偶爾回到武漢家中，我心還是在四川災區，電話一天二十四個小時開著。我太太和兒子都對我很不滿意，但我自以為是在為神幹大事，不以為意。

這年，兒子從武漢一所公立學校轉學到武漢國際學校，一時英語跟不上，和同學關係也有障礙，成績下滑很厲害。兒子一度和我關係很好，按說我這時應該好好地幫助和安慰他，但我沒有。我心裡很不耐煩，心說這兒子從小成績就很優異，現在是怎麼啦？怎麼越大越讓父母不省心？

我對兒子簡單、粗暴的批評越來越多，這樣他就更不願意和我交流，我們的父子關係變得很疏遠。

2011 年，我和三十餘名牧師連袂去泰國宣教，有一天我突然接到太太和兒子分別打來的電話。母子之間剛剛發生了激烈的衝突，在電話裡相互告狀。

我當時非常生氣。心想我正在為主宣教，怎麼在這個關節點上兒子還要跳出來搗亂。回去必須得好好處理才行！

回程的飛機上，聖靈突然責備我：「這是你的問題，不是孩子的問題；孩子這樣是因為你父親有很多地方沒有做好，才使得孩子產生了這些問題！」

聖靈提醒我有兩點沒有做好：作為父親，我既沒有給兒子足夠的愛，也沒有好好地按聖經的原則管教他，只會簡單、粗暴地批評對待兒子。

受到聖靈的責備，我很驚訝、內疚、淚流滿面。當時和我一起的兩位牧者崔權和余璞也和我一起禱告。那是我一生中最痛苦的時刻，我決定放棄在四川的服事，回武漢家中，多花時間陪伴和照顧太太和兒子。

兒子見到我很緊張，他本以為我肯定要狠狠地教訓他。但讓他沒想到的是，一見面，我就把他緊緊地抱在懷裡，流著淚告訴他：「兒子，爸爸真的對不起你！這幾年爸爸在四川災區很忙，但是絕對不應該忽略你。爸爸為什麼這麼說呢？因為在回來的飛機上，聖靈感動我向你道歉：第一，爸爸沒有好好的愛你，第二，爸爸也沒有好好的管教你；該管的爸爸沒管，該愛的爸爸沒愛，以至於你今天對我們有這麼大的反感。爸爸願意道歉，希望你給我一個機會，讓我從現在開始，好好地跟你重新建立好的父子關係！」

聽了我這段話，兒子當時就傻了。真的很感謝神，給了我一年多的時間，跟兒子恢復良好的親子關係。

2012 年夏天，我們送兒子去美國一個軍校讀高中，這時他和父母的關係已經明顯好轉。在軍校，他漸漸學會自我管理和尋找自己內在的動力，為自己設定人生的目標。

現在兒子黃一韜在美國林肯基督教大學讀書，這是一所以「聖經世界觀」為辦學理念的教會學校，目標是培養跨文化

的宣教人才。兒子在學校學習的主科是聖經，有很規律的團契生活。

2014年6月22日，我五十歲生日時，兒子送給我兩張照片做禮物，在兩張照片的背面，寫了這樣一句話給父母：

「過去二十年，你為這個家付出了很多，你和媽媽很辛苦，現在你們坐下來看我的，你們要幹什麼就幹什麼，不要顧及我，神一定會看顧我家。」

《聖經》上說：「教養孩童，使他走當行的道，就是到老他也不偏離。」但是我們原不曉得如何教養，只有愛我們的主知道，囑咐聖靈啟示我。

感謝主！以前關係不好時，兒子頂撞我們說：「我長大以後絕不當牧師！」現在他經常認真地和父母探討屬靈的事，告訴我們，如果神帶領他，他將來願意做牧師、向父母一樣事奉神！

願神的恩典和慈愛臨到我家，直到永遠永遠！

阿信：蕭牧師告訴我，您們教會一直同工很合一的一個重要的原因，是大家都明確地看到您是教會唯一的帶領人和領袖，這是來自神的權柄。他說有兩件事讓他深刻地體認這一點：

一、2003年的「開除事件」，當時要求您離開的同工都是您多年的朋友，關係一直都很好，但那天為了逼迫您離開，有些話當時說得很難聽，但是您都忍耐了，而且明確表示不離開；

二、2006、2007年的時候，您們教會多次遇到騷擾、衝擊和逼迫，有一次同工開會，商量如果有一天教會辦不下去，怎麼辦？您當時的表態很感人。您要求所有同工統一口徑：「下

上堂教會是由我一人創辦和負責的，所有法律責任全部由我一人承擔，和其他人沒有任何關係。」

蕭牧師說，您當時還在醫學院上班，卻甘心情願承擔一切風險和代價，讓全體同工清楚地看到神把這個教會的負擔放在您的肩上，也把權柄放在您的肩上。

黃磊：感謝神，願意使用我這個卑賤的僕人為祂做事。2006 年，韓國大地教會的宣教士來武漢辦了幾場大型的讚美敬拜會，最後一場差不多有二千多人參加。有關部門趕到時，韓國牧師和同工已經離開了，由於我是負責接待他們的同工，因此安全部門就找我喝茶談話。從那以後，每個月差不多要談兩次話，以後我也成為國保、宗教局、統戰局定期談話的對象，每個月差不多要談三到四次話。

大多數時候，我們相互之間都很尊敬和客氣，我知道他們是職責所在，也很體諒他們。我首先對他們開誠佈公：「我是基督徒，有我自己的原則。很多事情我不能和你們講，很抱歉；但是，只要我跟你們講的，都是真實的。我不會給你們說假話。」

這些年，雖然偶爾也會有激烈點的衝突，但我們雙方基本達成了這個共識。

2010 年，「北京守望教會」受到打壓，很多信徒被迫禮拜天露天敬拜。這時全國有十七位家庭教會牧者聯名上書人大委員長吳邦國，我也是其中之一。那段時間，我每天隨身帶著換洗衣物、應急藥物和洗漱用品，做好了坐牢的準備。

簽名後不久，公安部來人和我談話，很嚴肅。我心平氣和地告訴他們：「六十年前，王明道牧師是全國家庭教會的領袖，他坐牢的時候，很清楚只要加入『三自』就不用坐牢，他也不是傻瓜；他如果是傻瓜，也做不了全國的領袖。那他為什

麼非要選擇坐牢呢？是為了信仰。和王明道先生一樣，我參加這次十七位牧者簽名上書也同樣是為了信仰。你們不用勸我，我黃磊也不是不明事理的人，我不糊塗，做的是什麼事，會有什麼風險我很清楚。我想你們也很清楚。所以，你們用不著勸我，我如果認為為了信仰必須做那件事，我一定會去做；我也不是靠這個出名、出風頭，我也沒有政治上的訴求，就是為了信仰。我認為，這是這個時代神對中國傳道人的使命和呼召，我必須去做。如果我推脫的話，我對歷史沒法交代啊！」

他們看我的態度很堅決，就告訴我說：「這次我們就不追究你了，不過下次不准再做類似的事！」

後來，我發現有幾次相關部門找到我們教會的房東，設法把我們趕起走，這樣，我們就產生了教會自購房產的想法。

2010 年的時候，我大部分時間在「汶川地震災區」事奉，這時教會決定買房子。找了很多地方，一直找不到合適的。有一次國保和我喝茶時，開玩笑說：「你們現在聚會的地方很擁擠，應該買個大一點的吧！」我感覺他們有點故意要拿我開心，就心裡琢磨：「你們說這話，到時候可別後悔！」

大約 2011 年底，我去香港學習，一天晚上，剛好有點空閒，就上網瀏覽。碰巧，發現武昌區閱馬場附近有房子在銷售，就立即打電話給同工。他們實地看過之後告訴我資訊確實，而且這個房子已經賣了好幾年，沒有賣出去。

我回來後就和蕭弟兄，及另外一個核心同工實地察看，發現有幾套房間緊連著，打通之後面積足夠大，而且最棒的是外面有一個很大的涼臺。

我們就決定禱告三天。禱告之後，如果所有同工一致同意購買，就買下這個房子；如果哪怕有一個人說不買，我們就

不買。

禱告後的感動是買！但是教會賬上只有三五萬塊錢。我就想到一個辦法，請資金充裕，樂意奉獻的弟兄姊妹先付頭期款把房子買下來，然後把房子租給教會，教會用支付每月貸款的形式支付房租。教會和購房者約定，十五年之內房子的使用權屬於教會，十五年之後，雙方再根據實際情況和他們各人的感動確定合作方式。

這樣，不到兩個星期，我們就把房子買下來。我們又在教會發動弟兄姊妹為建堂捐款，很快籌集到將近三百萬元，我們把幾套房子打通，裝修好。

這就是今天的武漢下上堂教會所在地：

「武昌區閱馬場彭劉楊路 232 號天合大廈 5-412。」

我們請的設計師，一開始要收我們十五萬設計費，後來不僅不收錢，而且把家裡的一些物品都贈送給教會。我剛見他時，他兩隻手腕上都帶著佛珠，信主後全丟掉了。這樣的見證還有很多。

教會搬進新堂後，國保請我喝茶，問我：「你們買房子，怎麼都不和我們說一聲？」

我笑著回答說：「你們以前不是跟我們講讓我們搞個大一點的房子嗎？我們可都是按照你們的指示辦的啊！」

我是主的門徒，我們沒有敵人。因此我和管理部門相處時很注意尊重對方，注重談話的技巧。我經常告訴他們：「我們的信仰是真的。我們是真信仰，而你們是為了完成工作，你們何苦要給我們施加壓力呢？況且我們還常為你們禱告、關心你們。當然，我很感謝你們對我們的提醒，該做還是不該做，我們會再拿捏一下，我們也講究分寸。但有一點，考慮之後，教

人是被光照的微塵

基督與生命系列訪談錄

會決定要做的事情是一定要做的,冒再大的風險也要做。因為做不做,主耶穌決定,不是我們定,這是沒有辦法的事,請你們理解。」

他們多半會告訴我:「黃磊,我告訴你,你做這件事風險真的很大,我們也是把你當朋友才跟你這樣講!」

我感謝他們說:「我是真感謝你們把我當朋友。如果這次我真的坐牢了,到時候,你們來監獄裡探望探望我,感激不盡!」

我們之間的談話內容我從來不馬上公佈到網上,以免給他們增加壓力。我也把他們當朋友,經常為他們禱告。

2015 年 7 月,我和其他幾位牧者看到有關部門在拆除十字架的過程中出現了更多的攻擊性的行為,抓人、打人和火燒十字架成為常態,我們認為這已經是在對基督教信仰進行的公開的羞辱和迫害,於是發表了《我們還是為了信仰——致中國各地教會關於浙江省強拆教堂、十字架事件的公開代禱信》。

公開信發表之後,大約有五十家「三自教會」和三百家家庭教會報名參加這個禁食禱告接力,其中二百五十家左右勇敢地在網路上公開了他們教會的名字。

愛人如己:災區事工、食物銀行、發起全國基督徒獻血日

阿信:您的同工蕭文光牧師這樣評價您:「想法很多、很大,敢於去嘗試很多沒有人做的事。」2008 年汶川地震爆發後,您和國內一些牧者發起「中國基督徒愛心行動」,並投入災區事工三年,「武漢下上堂教會」在公益事工上也一直走在國內家庭教會的前列,請您略作介紹。

黃磊:2008 年初,「武漢下上堂教會」固定聚會的信徒已

經有一百多人。這時，中國南方遭遇凝凍，武漢也特別嚴重。教會冒著冰雪給貧困戶送棉被、禦寒衣物、食品。但那段時間，也有大量旅客滯留在火車站，汽車排成長龍停在高速路上，動彈不得；供應跟不上，一杯白開水賣到二十元，一盒速食麵要價五十元，但是我們教會卻沒有發動弟兄姊妹前去救助。這兩件事，既帶給我們感動，也讓我們悔改「光和鹽」的事工做得還遠遠不夠。

這年 3 月，北京錫安教會金明日牧師主持召開全國牧者研討會，差不多有二百名牧者參加。在會上，我分享了我們教會在年初凝凍期間做的事工和上帝帶給我們的感動。大會之後分小組討論，沒想到我這個小組來的人最多，大家對基督教愛心事工非常感興趣。

利用開會的間際，有朋友介紹我去民政部拜訪急難救助司司長王振耀先生。交談中，我請教王司長：「如果中國發生災難的話，我們作為基督教團體，能不能組織機構到災區去？」

王司長回答說：「當然可以！」

這時我脫口而出的一句話讓王司長印象深刻，我說：「中國要發生大的地震。」

這是 2008 年 3 月。

這次牧者研討會上，大家約定，今後中國一旦發生大的災難，教會要彼此搭配、聯合事工。家庭教會要公開做社會關懷的工作，用實際的愛心為主作見證。

回到武漢，我就和一直關心我的美國牧師保羅聯繫，請他幫忙聯繫美國基督教救災機構。沒過多久，美國最大的一家基督教救災機構就把他們的章程、救災技術、程式、安全注意事項等等寄給我。我緊鑼密鼓地請人翻譯。我們還約定，6 月 22

人是被光照的微塵

基督與生命系列訪談錄

日請該機構的負責人來武漢（往返機票自費）給我們講急難救助的事工原則和技巧。

2008 年 5 月 12 日下午 2 時 28 分，汶川地震爆發。

有幾個小時成都的電話打不通，線路通暢後，我和四川聖愛基金會的理事長孟長壽弟兄通話，約定當天成立「中國基督徒愛心行動」。

5 月 15 日，我帶領教會七人救災小組並帶著物質，趕到成都，並在成都波特酒店建立「中國基督徒愛心行動」總部，這是 1949 年之後中國家庭教會出現的第一個聯合事工機構。

這一年被媒體和學者稱為「中國 NGO 元年」。汶川地震爆發後，數百萬志工湧入災區，參與救災，各種民間草根公益機構也雨後春筍般地成立，「中國基督徒愛心行動」就是其中的一個。

我們在地震發生前就有預備，因此幾乎是最早進入災區。除了送去礦泉水、牛奶、食品、衣物之外，根據災區的實際需要，教會在武漢購買大量的手電筒、雨傘，差不多五千多台短波收音機。

我們特別關心災區婦女和孩子的需要，買了大量的嬰兒用品、紙尿褲、和婦女衛生用品。這方面的需要當時被大多數救災機構忽視，因此當婦女們拿到我們送給他們的物品時，很多人感動得流淚：「真謝謝你們，為我們考慮的這麼周全！」

我們當時得到一個異象：「讓所有在災難和貧困中有需要的人得到幫助；我們也權衡利弊，提出了適合中國現實情況的四條「事工原則」：**使老百姓得實惠，使政府得政績，使信徒得造就，使上帝得榮耀。**

在救災事工中，教會的弟兄姊妹也大得造就。差不多有一

半的人到過災區服務。我們也和全國差不多幾百家家庭教會同工，給災區送來幾千頂帳篷，每個帳篷上面都印上「中國基督徒愛心行動」和「耶穌愛你」的字樣。

我本來的計畫是在災區工作幾個月就離開。但 6 月的一天，凌晨四點我們買了生活所需的物資，從成都運到綿陽安縣秀水鎮金山村。那天天氣特別熱，發放完物資，大家感覺很累，正準備離開。這時一位滿頭白髮的老婦人，不停地拉著我的手哭，不住地重複一句話：「沒有希望了，沒有希望了！」

當時我沒有完全明白老太太的心情。離開後，我問同工：「剛才老太太不停地說『沒有希望了，沒有希望了』這句話是什麼意思？」同工提醒我說：「你看這個村子有什麼不一樣？」

我說還真看不出來。

他說：「你有沒有發現，這個村子裡幾乎沒有小孩！」

「哎呀！」我一下子明白了。原來，地震那一天，僅僅九十秒的地震，山體滑坡，把這個村唯一一所小學校全部埋沒，從老師到孩子沒有一位倖存者。這位老人的兩個兒子、三個孫子，全部喪生。

這位年過六旬的老太太，經歷如此的變故，打擊之大可想而知。我想起她哭訴時告訴我，她的頭髮就在地震發生後的那一晚全部白了。我以前從書上聽過伍子胥「一夜白頭」的故事，現在老太太讓我看到了真人。

我和同工趕快又去她家裡，送去米、菜、肉等生活必需品給她。他們這個村在山上，我們差不多每過兩三天就要送一次物資。一次回來的路上，我心裡很難受，想著這些災民很多失去了親人，經濟和物資上的幫助、短期的陪伴和鼓勵看來遠遠不夠，還需要有人長期留下來，陪伴和關愛他們的心靈，讓他

們慢慢地走出艱難，找到盼望。我邊走邊禱告，這時彷彿聽到有聲音對我說：「如果我要把你留下來，你願不願意？」

這時我面臨一個很大的挑戰，因為我明白陪伴的工作不是三五個月那麼簡單。我禱告主說：「主啊，如果你要讓我到這裡來的話。就告訴我，讓我完全的能夠放開。」

6月底，我回到武漢，得到妻子和兒子同意後，向醫院寫出辭職申請。一連提交了三次，最後醫院領導回覆說：「我們每天都看電視，清楚災區的慘狀，很震撼，也想幫助他們。這樣，我們同意你去，不用辭職，也為我們醫院盡份愛心。」

從那時起，直到 2011 年夏天，我大部分時間都待在綿陽。「下上堂教會」的日常牧養交給蕭牧師和其他同工。「中國基督徒愛心行動」和安縣縣政府簽訂正式的合作協定，在災情最為嚴重的幾十個村建立「文化工作站」。每個工作站內都設有文化室、圖書室、心理輔導室、兒童遊戲室四部分。建一個「文化站」要花費二十五萬左右。三年時間我們建了二十多個。每個工作站都有三至五名基督徒志工為災民提供日常的探訪、陪伴、應急、貧困救濟等服務。

三年之中，國內三百多間家庭教會，和超過三千多人透過這個平臺開展愛心服務。我們以實際行動實踐《聖經》中耶穌「愛人如己」的教導。

2008 年 12 月，三百多位北美和全球的華人牧者及一千多位信徒聚會三藩市，召開《一代人的見證》大型特會。會議專門安排我講述「中國基督徒愛心行動」在「汶川地震」發生後參與抗震救災和災後重建的見證。

2010 年 8 月 25 日，「美國首屆聖經世界觀聯合大會」在新墨西哥州舉行，大會是美國教會史上第一次由基督教和天主

教領袖聯合發起的聯合性行動，其主要目的是呼籲廣大的基督徒歸回以聖經為根基的傳統價值觀，回應世俗化社會對生命、婚姻、和信仰觀念的侵蝕和挑戰。

參加聯合大會的來賓大約有一千五百人，其中專門邀請了近二十位華人基督徒領袖代表參加。讓我異常驚訝的是，頒獎時我才發現自己是三位獲獎者之一。大會主持人告訴我這是他們給我和「中國基督徒愛心行動」的一個驚喜，表彰我們在2008年四川大地震中自發的聯合性救援愛心行動，和在重大自然災害面前關愛生命的卓越表現。

《聖經》中耶穌告訴我們：「你要盡心、盡性、盡意、盡力地愛主你的神。其次就是說：『要愛人如己』」。《聖經》還說：「世人哪，耶和華已指示你何為善，祂向你所要求的是什麼呢？只要你行公義、好憐憫，存謙卑的心，與你的神同行。」災區事工的經驗讓我深深地意識到家庭教會除了傳福音，還必須跟隨耶穌的教導，做一個好撒瑪利亞人，盡心、盡性、盡意、盡力地去愛你的鄰舍，為基督做「光和鹽的見證」。

和國內很多家庭教會牧者一樣，這些年來我一直謀求教會的公開化，力爭取得來自政府的合法註冊與認可。但是災區事工的經驗使我的觀點發生了變化：我認為家庭教會得到普通老百姓的認可、在老百姓心中「註冊」更為重要；如果政府給家庭教會註冊了，而我們卻沒有讓老百姓感受到我們的愛心，看不到造福社會和社區的好行為，對我們這一代基督徒來說，這簡直是一個極大的諷刺。這樣的註冊也不會從本質上改變我們的處境，沒有多大意義。

2010年，「武漢下上堂教會」開始籌畫在武漢建立中國第一家「愛心食物銀行」。

「食物銀行」（Food Bank）是遍佈全球的民間慈善組織，目前共有一百五十七家，主要目的是為社會貧困線以下的低收入人群提供膳食支持。「食物銀行」起源於美國，後經加拿大傳入歐洲，如今已經遍及歐洲十三個國家。中國的香港和澳門都有食物銀行。加拿大的「大溫哥華地區食物銀行」每週大約有二萬六千多特困人群前來領取食物；比利時的「食品銀行」成立於 1980 年代，到了 21 世紀初，九個省分建有分行，此外還設立了 665 個協會，大力開展社會救濟工作。

美國和歐洲這樣發達的西方國家都需要「食物銀行」，我們教會決定把這一模式引入中國，從武漢開始。從一開始，就按 NGO 的模式做，財務獨立，專人管理。負責同工在教會旁邊租一間二十到三十坪的房子，從教會借了五千元做開辦費，然後發動志工拿本《電話黃頁》給企業打電話，發單張，籌集物資和愛心捐款。

由於申報時管理部門堅決不同意用「食物銀行」這個稱呼，我們就改稱「愛心食物中心」。有同工專門寫了說明：

「武漢愛心食物中心」是由武漢的基督徒共同發起成立的民間組織，由志工組成的以救助弱勢群體為目的的慈善性、非盈利性民間組織。

「武漢愛心食物中心」以「服務社會、傳播愛心」為宗旨，宣導「施比受更為有福」的服務理念，讓社會各界愛心人士透過武漢愛心食物中心，以食物的形式幫助處於經濟困難中的家庭和個人。

這是中國大陸建立的第一家「食物銀行」，預備開業時，去民政部門註冊，得不到支援。我邀請他們派人來參加開業典禮，他們警告說：「你們就自己悄悄做，不允許其他教會參

加，也不要對外宣傳。」

開業前一天，我突然想起我太太以前單位的黨委書記，現任湖北省慈善總會的會長。我們認識。我就給書記打電話彙報我們成立「武漢愛心食物銀行」的目的和做法，盛情邀請他：「明天，我們的『食物銀行』舉行開業典禮，想邀請您光臨，給我們剪綵」。

「食物銀行？這個創意好！好事，我一定支持！」書記答應的很爽快。美國駐武漢總領事聽說這個消息，也打電話說要代表美國政府來恭賀，我們當然歡迎。

2010 年 11 月 1 日，「食物銀行」正式運行。新華網、武漢晨報、鳳凰網等多家媒體報導了武漢成立中國第一家「食物銀行」的新聞。其中一篇報導這樣說：

昨日下午，武漢市武昌區愛心食物銀行試運作揭牌儀式在閱馬場景觀樓負一樓舉行。

據瞭解，該食物銀行是國內首家愛心食物銀行，省慈善總會領導何運傑、美國駐武漢總領事館總領事蘇黛娜為愛心食物銀行揭牌，二十戶低收入家庭現場領取救助物資。

這家食物銀行面積約有二十平方公尺左右，靠牆擺放著三層的貨架，左邊貨架上擺滿了成袋的大米，右邊的貨架上一壺壺食用油擺得整整齊齊，身穿橘黃色工作服的志工們正忙著分發物資。

昨日下午，前來領取物資的低收入家庭共有二十戶，他們都是武昌區糧道街辦事處轄區內六個社區的居民。現場志工們向他們發放大米、食用油、衣服等物資，這些物資均由愛心企業和個人捐贈。

「今天為六個社區的二十戶貧困家庭提供了物資，我們計

畫在未來的一年至一年半裡，將資助家庭擴至三百個，再往後，我們還要把愛心食物銀行做得更大，爭取做成一個全武漢市愛心食物的配送中心，讓更多需要幫助的困難家庭及時得到幫助！」武昌區愛心食物銀行總負責人黃磊說。

自 2010 年成立以來，我們的「食物銀行」已經堅持了 5 年，教會裡有一半左右的弟兄姊妹參與到這個事工中來。教會從十一奉獻中提取百分之五，專門設立「好撒瑪利亞人」基金。除此之外，「食物銀行」沒有從教會再拿一分錢，全部由弟兄姊妹在十一奉獻之外，另外奉獻，或者向社會籌款。有很多大學生、中學生成為志工，加入到探訪隊伍中來。

目前，我們的服務對象已經從最初的三個社區擴大到廿二個社區，涉及一百戶特困家庭，受關懷的差不多有三百人。我們的工作方式是，首先由社區按照國家規定的貧困標準，向我們提供需要幫扶的對象，然後志工就去探訪這些家庭，建立幫扶檔案。我們每月給這些家庭發放足夠他們全家生活一個月的米和油。我們成立了社會關懷部，派志工每月至少一次去這些家庭探望。

端午節、中秋節，我們都會專門送禮物給他們，每年耶誕節，我們邀請這些人來教會，看我們的敬拜演出，中午請他們吃一頓大餐。

由於我們以實際行動實踐耶穌關於「好撒瑪利亞人」的教導，教會和社區關係變得很好，和社區百姓的關係越來越緊密。下面是一位志工探訪後寫的文章：

2011 年 5 月 26 日，武漢愛心食物中心九名志工，在武昌區慈善總會和糧道街各社區的相關領導的幫助帶領下，來到糧道街十六戶的特困家庭進行探訪和慰問。我們這九名志工都是

來自社會上各個行業的人士，其中有在校的大學生、剛剛踏入社會的大學畢業生、個體老闆、律師等等。

當我們進入這些特困家庭的時候，家裡幾乎都有一股黴臭味，而且這些家庭多半是有殘疾和重症的人，很多人都癱瘓在床，臥病不起。他們臉上沒有任何的笑容和希望，好像有一種死亡的氣息圍繞著他們。

然而，當我們這些志工帶著愛心來到他們的家中探望他們時，與他們溝通交流。慢慢地，我們也看到了這些特困家庭的人員臉上充滿了笑容，我們也鼓勵他們要用樂觀的精神看待社會，要堅強的生活下去……

這樣定期的上門探訪和交談讓很多特困人員非常感動。一次，我去探訪，一位老人告訴我，他們這些人都處在社會的最底層，說實話，平時連親戚都不願意跟他們來往。即使偶爾有人上門，也是辦完事就走，能不進門就不進門，嫌他們家裡髒、氣味難聞。這讓他們覺得活得沒有一點尊嚴。但是「愛心食物銀行」的志工來了，一坐就坐半個小時、一個小時，耐心地和他們談心，這讓他們感覺到自己也是有尊嚴的人。

我們幫他們打掃衛生，修理傢俱。有的老人輪椅壞了，我們也上門給他修好。老人半夜生病了，第一時間想到的是給「食物銀行」的人打電話，請弟兄姊妹送他們去醫院。我們還經常在教會為有急需的人發起募捐。

有些困難戶後來成了我們的同工和志工；有人甚至主動要求停止對他們的支持，說他們的生活已經可以自理，希望把名額讓給真正需要的人。

在這過程中，我們看到很多人生命慢慢地發生轉變。很多

人因此信主，其中最奇妙的是教會所在社區的一位工作人員的信主。她在教會公開作見證說：「我本來是被街道派來監督『下上堂教會』和黃磊牧師的，結果我每週來教會聽道，看到許多弟兄姊妹在社區長期做的愛心事工，我慢慢發現他們才是這個社會的良心，是整個社會的希望，我沒有辦法不佩服。後來我就信主了。不僅我信了，我還帶我女兒來教會信了耶穌。剛信的時候，我還很猶豫，要不要公開，現在我什麼都不怕，我不怕別人知道我是一個基督徒！我願意為耶穌作見證！」

2015 年，在教會所在的「讀書院社區」的幫助下，「武漢食物銀行」在民政部門註冊了一個 NGO，名字叫「武昌區愛心食物捐助中心」。

2015 年 12 月 3 日，經武昌區民政委、社區服務中心、區社區志工協會評定，我們機構榮獲「優秀志願組織獎」。

「愛心食物銀行」的公益模式現在已經被上海、吉林、桂林和陝西寶雞等幾家教會引進，服務所在的社區。我有一個夢想：「愛心食物銀行」成為中國家庭教會的一個品牌；只要有家庭教會的地方，就要有「愛心食物銀行」。

2012 年復活節前，教會又在全國家庭教會率先發起「中國基督徒愛心獻血日」活動。這件事的發起很偶然，2012 年初，教會一個姊妹的親戚，到武漢來做手術。但是醫院告訴病人沒有庫存缺血，因此無法立即做手術。這個姊妹就來向教會求助。教會幾個人去醫院獻血，病人也很快得到醫治。後來我無意中瞭解到，武漢市缺血非常嚴重，導致很多急症病人無法及時動手術。我進一步瞭解到，不僅武漢，全國都是如此。都在鬧「血荒」。

我覺得這個現象表面上是「缺血」，但問題並不這麼簡

單，深層的原因是人的自私和冷漠。這時我就有一個感動，我覺得神要給我們教會一個機會：用愛來消除人的冷漠與自私。同工就開始在教會動員，提出一個口號叫「獻出你我血，見證基督愛」。

這一年的 4 月 6 號，禮拜五，復活節的前兩天，教會組織了六、七十個人去義務捐血。經過血站檢查，最後合格捐血的共有二、三十人。

2012 年 11 月，我們在武漢家庭教會聯禱會上動員，最後有七八家教會、二百多弟兄姊妹積極參加。2013 年起，每次捐血都有十幾個教會、三百多人參加。

我們專門印發了《基督徒為什麼要積極獻血》和《組織獻血十步曲》等小冊子，從信仰、醫學、健康、捐血注意事項和組織捐血活動的程式和技巧等各方面回答弟兄姊妹可能會有的疑問，儘量讓我們的事工做到貼心和專業。

有些弟兄姊妹思想上有顧慮，說：「中醫講，獻血（捐血）會虧血氣啊！」我就專門請「血站」的負責人來給大家講捐血的知識和注意事項；我自己也是醫生出身，我介紹人體健康知識的話對弟兄姊妹也有權威。捐血前的主日，我會專門為弟兄姊妹講一篇道：「耶穌為我們獻出祂的寶血」。

由於積極獻血的人多，我們就主動找「血站」商談，希望為我們提供個別和周到的服務。「血站」領導聽說一次就有這麼多人集體獻血，高興極了，我們的要求全部答應。

這樣，每次捐血那一天，「血站」的捐血車就開到教會附近的廣場上，他們預先豎起一個巨大而五彩繽紛的充氣橡膠拱門，上面印上醒目的幾個大字：「中國基督徒愛心獻血日」。按照規定，「血站」會發給每位捐血者一個紀念品。我們就和

人是被光照的微塵

基督與生命系列訪談錄

他們協商說，我們不要你們製作的紀念品，我們希望你們以同等價格專門為我們製作一張「武漢通」公交卡，上面印上「中國基督徒愛心獻血」的字樣。拿到這張「公交卡」的弟兄姊妹都特別開心，特別有榮譽感。因為第一它很實用，也很特別，只有參加捐血活動的人才會有；第二，特別好傳福音。乘車時，經常有旅客好奇：「怎麼你的『公交卡』和普通的不一樣？」這可是天賜的傳福音的好機會啊！

捐血時，三百多位弟兄姊妹排著隊，依次穿過拱門，旁邊站著的弟兄姊妹唱著讚美詩，不停地鼓勵他們；有人從捐血車上下來，弟兄姊妹就趕緊送上雞蛋、麵包和大大的擁抱。

捐完血，大家都到教會集合，開始快樂的嘉年華！不獻血的弟兄姊妹我們也鼓勵參加，不過每人要奉獻五十元錢。義工們早早做好飯，熬好幾大鍋香氣噴噴的雞湯，不管捐血沒捐血，幾百人一起吃愛宴、喝雞湯、讚美敬拜、共沐主恩，開心極了！

現在，每年兩次的愛心捐血已經成為「下上堂教會」的一件「聖事」。我們也不斷在全國其他地方推廣這一事工經驗。2015 年，上海有三百多基督徒，桂林有七百多基督徒，溫州有一千多基督徒參加「中國基督徒愛心獻血日」活動；陝西寶雞的家庭教會也每年發起這一活動。

我們的目標是：有那麼一天，全國每一個城市都發起「基督徒愛心獻血日」活動。我們倡議，在一年裡選定兩天作為捐血日，一個在每年 3、4 月間，耶穌受難日前後，以表明我們對基督為人類流出寶血的回應；另一天固定在每年的 11 月 25 日，我們稱之為「中國基督徒獻血日」，邀請全國的基督徒在這一天愛心獻血。

11 月 25 日這一天不是什麼紀念日，也沒有任何特別的意

義。我們選定這一天有一個原因就是聖經《哥林多前書》十一章25節耶穌說的這段話:「飯後,也照樣拿起杯來,說:『這杯是用我的血所立的新約,你們每逢喝的時候,要如此行,為的是記念我。』」

聖經《約翰一書》三章18節說:「小子們哪,我們相愛,不要只在言語和舌頭上,總要在行為和誠實上。」眼下的中國,連「一個老人跌倒是否要扶起來」,都要引起全社會廣泛的爭議,足見「冷漠」已經成為社會通病。面對「血荒」頻頻、生命垂危,我們基督徒豈能繼續在口頭上空談基督之愛,而不果斷地站出來,用行動做一個愛的實踐者?

神用他的捨己和無私,把愛注入我們心間,也讓我們有能力去愛人;他也希望我們走出教堂、走向社會、奉獻愛心,把這份愛分享傳遞出去,讓社會上更多的人領受基督的大愛。

盼望藉著神的感動,有越來越多的中國家庭教會和基督徒,能夠站出來參與「愛心獻血日」活動,以實際行動幫助消除「血荒」;並在參與消除「血荒」的過程中,不斷擴大「中國基督徒愛心獻血日」的社會影響,並最終發展成為中國基督徒的一個節日。

這個節日將會是在滿足社會需要的前提下,用愛和付出,在普通老百姓的心裡慢慢紮根、發芽,自然長成。

我們願以此紀念主耶穌用血為我們所立的新約。

榮耀歸與愛我們的主耶穌,直到永永遠遠!

阿信 2016 年 2 月 6 日定稿

(附:感謝李莉、龔有玲、廖雅猛、趙晨星、郭超群等朋友為錄音文字整理所付出的辛勤努力。)

生命記錄系列3

人是被光照的微塵：基督與生命系列訪談錄

作　　者：余杰、阿信
社長兼總編輯：鄭超睿
編　　輯：汪佩慈、楊雪蓁
封面設計：馮君藍、馮鯨聲

出版發行：主流出版有限公司 Lordway Publishing Co. Ltd.
出 版 部：臺北市南京東路五段123巷4弄24號2樓
發 行 部：宜蘭縣宜蘭市縣民大道二段876號
電　　話：(03) 937-1001
傳　　真：(03) 937-1007
電子信箱：lord.way@msa.hinet.net
郵撥帳號：50027271
網　　址：http://mypaper.pchome.com.tw/news/lordway/

經　　銷：

紅螞蟻圖書有限公司
臺北市內湖區舊宗路二段121巷19號
電話：(02) 2795-3656　　傳真：(02) 2795-4100

以琳發展有限公司
香港九龍灣啟祥道22號開達大廈7樓A室
電話：(852) 2838-6652　　傳真：(852) 2838-7970

財團法人基督教以琳書房
臺北市忠孝東路四段210號B1
電話：(02) 2777-2560　　傳真：(02) 2711-1641

2016年4月　初版1刷
書號：L1602　　　　　　　　　　著作權所有 翻印必究
ISBN：978-986-92850-1-8（平裝）
Printed in Taiwan

國家圖書館出版品預行編目資料

人是被光照的微塵：基督與生命系列訪談錄
/ 余杰, 阿信作. -- 初版. -- 臺北市：主流,
2016.04
　　面；　公分. -- (生命記錄系列 ; 3)

ISBN 978-986-92850-1-8（平裝）

1.基督徒　2.見證

244.95　　　　　　　　　　　　105003935